해체의 설화학

서강학술총서
004

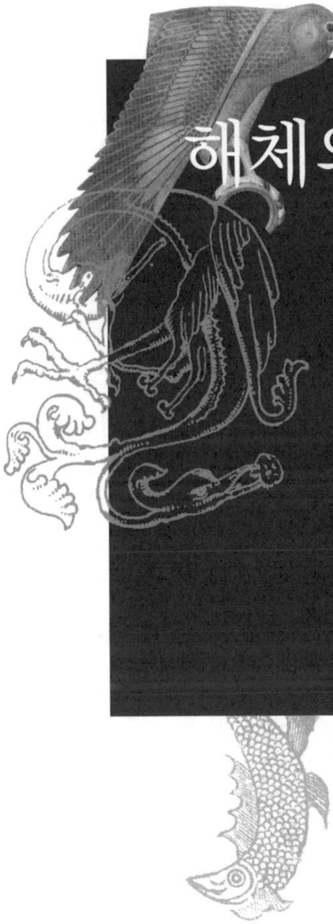

해체의 설화학

송효섭 지음

서강대학교출판부

서강학술총서 004
해체의 설화학

초판발행 | 2009년 2월 10일
지 은 이 | 송효섭
발 행 인 | 손병두
편 집 인 | 우찬제
발 행 처 | 서강대학교 출판부
등록번호 | 1978년 9월 28일 제 10-50호

주 소 | 서울특별시 마포구 신수동 1번지
전 화 | (02) 705-8212
팩 스 | (02) 705-8612

ISBN 978-89-7273-146-7 93810
ISBN 978-89-7273-139-9 (세트)

값 20,000원

* 잘못된 책은 구입하신 곳에서 바꿔드립니다.

* '서강학술총서'는 SK SUPEX 기금의 후원으로 제작됩니다.

책머리에

이 책에서 쓰인 '설화학'이란 말은 구술서사적 성격으로 구획되는 장르의 영역을 다루는 연구분야를 일컫는다. 보다 보편적인 서사의 개념을 구술성, 집단성, 연행성 등과 같은 의소들로 특수화시킨 설화라는 국지적 영역을 다루는 것이다. 이러한 특수화 내지는 국지화는 설화학의 관점이나 방법론을 구성하는 데 지대한 영향을 미친다. 설화에 대한 학문적 관심이 촉발된 이후, 설화에 대한 논의는 설화의 담화 자체보다는 그것의 기원에 중심에 두게 된다. 그 기원은 마음 한가운데 혹은 저 먼 시공의 어느 지점이었다. 설화를 민족주의적으로 채색할 때, 그것은 민족적 동질성을 이해하는 토대가 되었으며, 설화에서 무의식의 깊은 연원을 탐색할 때, 그것은 인간 심리의 보편성을 증명하는 자료로 받아들여졌다. 그런가 하면, 어느 특정한 시공에서 생겨난 설화가 진화나 변형을 거쳐 오늘에 이르는 흔적들을 탐색할 때, 그것은 역사학 혹은 지리학적인 전승 주체나 이동 주체로 자리매김되었다.

그러나 정말 그럴까? 내가 지금 듣고 말하는 설화의 기원을 인간의 깊은 내면이나 혹은 머나먼 시공의 어느 지점처럼 보이지 않는 곳에서 찾아내는 것이 과연 가능할까? 이러한 물음은 설화학 초기를 주도했던 초월에 대한 낭만적 전망과 열망에 대해 현재의 시점에서 던지는 가장 절실한 의문에서 비롯된다. 이 책은 이런 설화에 대한 낭만적 전망이 끝나는 지점에서 시작한다.

설화에 대한 다양한 관점들이 생겨났고, 또 생겨나고 있다. 언어학, 문학, 철학, 수사학, 인류학, 심리학 등과 같은 다양한 학문 영역에서 생겨난 이론들이 설화학과 연계되면서, 설화학은 스스로의 학문 영역을 구축하면서 한편으로는 해체해 갔다. 설화에 대한 낭만적 전망이 끝나는 지점에서 우리에게 주어진 것은 담화 혹은 텍스트로서의 설화이며, 그것은 무엇보다도 언어였다. 이제 모든 논의의 출발은 형이상학적인 관념이나 실재가 아닌, 언어로 구성된 텍스트이며, 그것을 규제하는 코드이다. 지금까지 받아들여진 체계가 실제로 이러한 담화로부터 시작된 것인지를 묻고, 그렇지 않다면 그러한 체계가 갖는 비체계성 또 그러한 비체계성을 합리화시키는 초월적 권위에 대해 의문을 던질 시점에 다다른 것이다. 이 책이 시작하는 지점은 우리가 흔히 구조주의라고 말하는 언어와 세계에 대한 새로운 관점내지는 방법론이다. 그리고 그러한 관점과 방법론이 다양한 상황 속에서 수많은 텍스트를 만나면서 새롭게 변형되어 가는 과정을 이 책은 기술한다. 이러한 과정에서의 여러 미세한 움직임들을 나는 '해체'라는 말로 나타냈다.

이 책에 쓰인 해체라는 말이 오늘날 운위되는 해체론과 무관하다고 주장할 생각은 없지만, 그렇다고 해서, 이 책이 오로지 해체주의에 근거하거나 그 실천을 목적으로 한 담론으로 받아들여지기를 결코 원하지 않는다. 이 책에서 해체는 데리다와 같은 해체주의자가 말한 해체와는 많이 다른 함의를 갖기 때문이다. 내가 이 말을 굳이 쓴 것은, 하나의 가설이 다른 가설을 촉발시킬 때 그 과정이 완전한 부정으로만 이루어지지 않는다고 보기 때문이다. 어느 정도 이전의 가설이 만들어낸 담론을 숙주로 하여, 그 담론의 틈새를 비집고 새로운 가설을 담은 새로운 담론이 만들어지는 것은 담론 생성에 개입하는 일종의 숙명과 같은 것이다. 따라서 어떤 가설은 반드시 그 이전의 가설들로 '얼룩져' 있다. 명쾌한 논박과 확고한 신념을 통해 만들어진 것처럼 보이는 어떤 가설도 이런 숙명에서 벗어날 수 없다. 만일 그런 것이 있다면, 그것은 가설도 이론도 아닌, 신념이거나 신화의 영역 어디에 가면을 쓰고 존재하는 거짓이거나 독단일 것이다. 해체는 그런 점에서 담론의 숙명이며, 설화학의 담론 역시 이러한 숙명에서 벗어날 수 없는 것이다.

그런데 이러한 숙명에 대한 인식은 구조주의라는 새로운 관점이 있기에 가능한 것이었다. 이 책에서 드러나는 해체의 활동은 이러한 구조주의적 사유를 토대로 한다. 그리고 그것은 매우 미시적으로 다양하게 드러남으로써, 설화학의 지층을 더욱 두텁게 한다. 두터울수록 그것을 드러내기는 어렵다. 촘촘한 의미의 수많은 결들을 드러내는 언어가 과연 존재할 수 있을까? 이 책이 명쾌한 논증보다는 두터운 기술의 방법에 의존할 수밖에 없었던 것은 그런 까닭이다.

이 책은 네 개의 장으로 나누어져 있다.

제1부의 장르론에서는 기존의 장르론이 갖는 비체계성을 통해 새로운 장르기술의 가능성을 모색했다. 구조주의적 관점에서 장르는 해체되어야 마땅하다. 구조라는 강력한 논리적 메타언어에서 볼 때, 장르는 너무도 국지적인 현상에 포박되어 있으면서도, 그것을 보편성으로 위장하는 것처럼 보이기 때문이다. 하나의 구술서사 텍스트를 놓고 신화인가 아닌가를 구분하는 것은 아무 의미가 없다. 그것은 언제나 '어느 정도' 신화적이며, 문제는 그 신화성을 어떻게 드러내는가일 뿐이다. 퍼스의 기호학의 세례를 통해 나는 이에 대한 새로운 가설을 모델로 제시해보았다.

제2부에서는 설화의 시학에 대해 다루었다. 구술성과 문자성은 매체에

관심을 갖는 시학에서 본질적으로 다루어져야 할 문제이다. 구술성과 문자성이 구술시학과 문자시학으로 나타나는 양상을 기술하면서, 아울러 구술시학과 문자시학의 관계에 대한 내 나름의 가설을 세워보았다. 역시 퍼스의 기호생성의 관점을 통해 문자시학과 구술시학으로 양분될 수 없는 해체의 지점을 담론화시키는 데 주력했다.

제3부에서는 설화의 의미론을 다루었다. 의미론이라고는 하지만, 의미론에 한정되는 것은 물론 아니다. 형태론, 통사론과 같은 영역과 연계된 의미론의 확장된 개념이 쓰인다. 여기에서는 설화의 줄거리로부터 논의가 시작된다. 프로프와 레비스트로스를 읽어가면서, 설화학에 관한 한, 이들 담론이 예리하게 부딪치는 지점들을 드러내보았다. 통합과 해체의 활동을 통해 이들 이론이 그레마스에서 어떻게 담론화되는가를 추적함으로써 설화학에서 의미론이 완성되는 과정을 살펴보았다.

제4부에서는 설화의 화용론을 다루었다. 3부가 구조주의적 관점에 토대를 둔 것이라면, 4부는 이러한 관점의 해체를 보여주고자 했다. 의미론이 화용론에 의해 해체되는 것은 기호가 존재하는 수많은 상황들에서 의미의 국지화가 일어날 필요성이 제기되었기 때문이다. 이러한 해체와 확산은 어느 방향으로 어떻게 전개될지 아무도 전망할 수 없다. 여기에서 다루어진 바르트, 라스티에, 리츠카의 담론은 그러한 산포적인 여러 움직임 가운데 내게 우연히 포착된 담론들에 불과하다. 이러한 해체의 과정 속에서도 이 세상에 존재하는 모든 것이 언어를 거치지 않고는 전달될 수 없다는 전제, 즉 언어 저너머에 존재하는 불확실한 초월적인 것에 대한 믿음을 버려야 한다는 전제는 굳건히 지켜지는 것을 볼 수 있었다. 해체의 도구가 언어 이외의 다른 것이 될 수 없음을 새삼 확인하게 된 것이다.

이 책은 하나의 전망과 기획을 통해 쓰여졌지만, 결코 유기적인 체계를 갖추었다고 보기는 어렵다. 전체의 체계가 마련되었지만, 그것을 기술하는 과정에서 불확실한 것으로 변하기도 했고, 일관적 기술방법론을 염두에 두었다가도 대상과 만나는 상황에서 그 일관성이 포기되기도 했다. 그러나 어쨌든, 복잡하고 불확실한 두터운 설화학의 지층에서 이 책은 그 복잡성과 불확실성에 대한 하나의 증언이 될 수 있으리라 믿는다.

언제나처럼 묵묵하게 원고정리를 도와준 제자 조동흠에게 감사를 표한다.

인문학 불모의 시대에 방대한 인문사회과학 학술총서를 기획한 기획위원회의 노고에 깊은 경의를 표한다. 이 책이 앞으로 진행될 뜻있는 여정에 누가 되지 않기를 바랄 뿐이다.

2008년 10월

송효섭

나의 어머니, 손일성님을 기억하며,

목차

제1부
장르론

1장
설화 장르의 본질론과 그 해체

1. 장르체계에 대한 의문

한국문학 연구에서 '설화'라는 말은 장르론적인 함의로 읽힌다. 설화와 구분되는 다른 장르, 예를 들어 시, 희곡, 소설 등과 같은 개념들과의 의미론적 차별성을 통해 설화의 함의가 밝혀진다. 그런가 하면, 구비문학이니 구술문학이니 하는 유개념의 종개념으로서 설화라는 개념의 위상이 결정되기도 하고, 설화라는 유개념에 구비설화와 문헌설화와 같은 종개념을 종속시키는가 하면, 신화, 전설, 민담과 같은 이른바 삼분법적인 종개념을 종속시키기도 한다. 한국문학 연구에서 지금까지 이러한 장르론적인 관습을 통해 설화는 다음과 같은 분류론적인 의미 장 안에서 그 위상이 드러나는 것처럼 보인다.

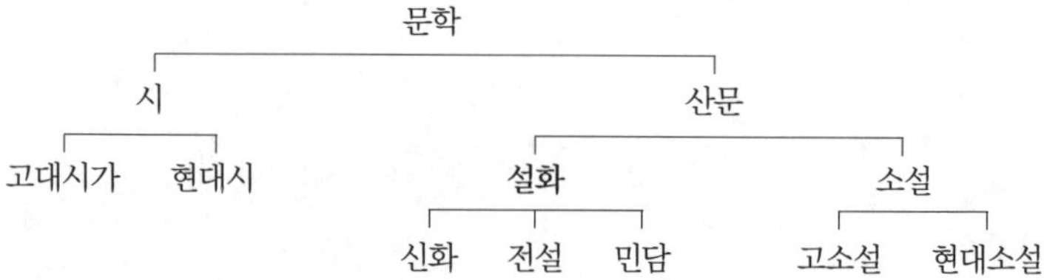

〈표 1〉 한국문학의 장르체계

국문학 개론서 같은 데서 흔히 볼 수 있는 이런 류의 체계는 이른바 한국문학이라는 범주 안에 들 모든 것들을 어떤 식으로든 분류하여 편입시키기 위해 억지로 만들어낸 결과물이다. 이러한 분류의 특징은 그 구분에서의 차이를 판별하는 기준이 일관적이지 않다는 것이다. 전체적인 체계를 만들고 그것을 고착시키는 과정에서, 이러한 비일관성은 묵과되었다. 때로는 시대에 따라, 때로는 양식에 따라 적당히 구분해 놓은 이러한 체계는 국문학 전체의 체계를 규정하는 것으로 받아들여졌고, 이를 통해 국문학과 관련된 여러 가지 제도와 권력이 분점되었다. 이러한 체계 안에 존재하는 항목은 물론 다른 항목과 열린 관계로 존재하지 않는다. 항목과 항목 간에 존재하는 논리는 사라지고, 그냥 그대로 수용할 수밖에 없는 지극히 비학문적인 경계들만이 남아있을 뿐이다. 각각의 항목은 그 자체로 본질적인 것으로 간주되어, 다른 항목과의 관계망 안에서 그 상대적인 유연성과 생산성을 발휘하지 못하게 된다. 설화라는 말이 우리에게 주는 첫 번째 함의 즉 장르론적인 함의 때문에 설화의 논리를 기술하기 위해서는 이러한 장르론에 대한 비판이 먼저 이루어져야 한다.

이 책에서 설화라는 말은 쓸 때, 그 장르적 함의는 이와 같이 설화가 갖는 장르적인 본질을 해체하는 지점에서 드러난다. 장르가 본질적 규범이라기보다는 담화의 자질을 코드화한 것[1] 이라는 구조적 관점이 설득력을 얻는 것은, 오늘날 생산되는 담화들이 매우 복합적 특성을 드러내며, 또 그러한 담화들 간의 뚜렷한 경계가 그어지지 않기 때문이다. 담화는 규범적 질서에 의해 생산되기보다는 스스로 질서를 만들어가며, 이러한 질서는 국지적인 장르의 질서보다는 보편적인 언어의 질서에 의존하는 것으로 간주되는 것이다. 이에 따라 앞서 〈표 1〉에서 제안한 도식에서 각각의 항목들은 더욱 불안정한 위상으로 변하게 되고, 그러한 불안정성으로 인해 하나의 항목은 다른 항목과 쉽게 결합하여 또 다른 항목을 낳게 된다. 하나의 항목과 다른 항목이 결합되기 위해서는 최소한 일관된 논리가 있어야 하는데, 그 논리는 이 세상에 단 하나만 있는 것은 아니다. 가령 한국문학의 장르론적인 체계를 기술할 때, 〈표 1〉과는 다른 그리고 더 체계적인 수많은 대안적 체계를 제시할 수 있다. 이러한 체계는 각기 다른 논리를 가질 수 있고, 그러한 논리들 간에 다양한 대화와 논쟁이 가능해진다. 그러다 보면, 수많은 장르론이 만들어지는데, 역설적으로 그것은 곧 지금까지의 본질론적인 장르론의 해체를 의미하는 것이다.

이 책에서 설화가 갖는 논리를 살피기 위해서 먼저 이렇게 설화가 해체되는 지점에서 불안정하게 존재하는 담론, 다시 말해 과거의 기억을 축적하고 현재의 상황에서 읽히며 미래에 어떤 영향을 발휘할, 일종의 진행 중인 담론을 포착하는 것이 필요하다. 그러나 어느 순간 포착되어 고정된 의미로 전달되는 대개의 설화들은 이러한 진행 중인 설화 담론과는 전혀 무관한 형이상학적 관념이 된다. 지금까지 수많은 설화에 관한 이론이나 논의에서 의미라는 이름으로 포착하여 정박시킨 관념들은 이런 관점에서 보면 별 의미를 갖지 못한다. 불안정한 설화는 그 불안정성을 존중하여 그에 맞는 언어를 통해 표출해내야 한다. 따라서 지금까지 우리가 사

---

1 Tzvetan Todorov, *Les genres du discours*, Seuil,1978,p.49.

용한 형이상학적인 언어로는 더 이상 그것이 가능하지 않다. 새로운 언어가 필요한 시점인 것이다.

2. 설화 장르의 불안정성

이 세상에 모든 텍스트는 불안정하다. 그것은 어떤 의미에 정박되지 못하기 때문이다. 그러나 텍스트에는 그러한 불안정성을 넘어서 정박을 향한 욕망이 언제나 드러난다. 텍스트가 해석될 수밖에 없는 것이라면, 그 해석은 이러한 정박을 지향하는 경우가 대부분이다. 그럼에도 불구하고, 해석은 언제나 미완결의 운명을 맞는다.

모든 텍스트에 대한 이러한 일반론에서 벗어나 설화라는 장르론적 함의를 가진 개념으로 돌아와 볼 때, 설화는 담화의 특성상 그 나름의 불안정성의 요소를 갖고 있다.

흔히 한국문학 이론에서 설화를 소설과 구분할 때, 그 유표적인 특성을 구비성이나 구술성에서 찾는다. 소설이 기술성이나 문자성을 구현하는 것과는 구별되는 자질로 보는 것이다. 기술성과 문자성은 텍스트로 고정되지만, 구술성이나 구비성은 현장에서 연행되거나 전통을 통해 전승됨으로써 텍스트로 고정될 기회를 잃게 된다. 다시 말해 설화는 시간과 공간을 부유하는 것이며, 어느 순간 그것이 포착된다 하더라도, 그것을 정박시키기는 쉽지 않다.

그런 점에서 설화의 기원을 말하는 것은 불가능하다. 기원이란 어떤 시점과 지점을 가리키는 것이다. 그것은 지리적인 것일 수도 있고 심리적인 것일 수도 있고 역사적인 것일 수도 있다. 그러나 어느 것이든, 설화가 가진 이 세상에 흩뿌려진 산포적인 속성상 우리가 그 기원을 추론해내는 것은 불가능하다. 굳이 기원을 말한다면, 우리는 언어적인 기원 혹은 기호적인 기원을 말할 수 있을 뿐이다.[2]

기원을 말할 수 없다면, 그 역사적 전개나 전파의 경로를 말하는 것 역시 불가능하다. 만일 어떤 설화가 시간이 지나 어떤 변이를 일으켰을 때, 또 어떤 지역에서 다른 지역으로 전파되어 어떤 변화를 겪었을 때, 그 설화를 동일한 설화라고 말할 수 있는 기준은 무엇인가? 바로 이런 동일성의 문제는 설화의 관념을 설정하는 중요한 기준이 되지만, 실제로 우리가 설화를 얼만큼 거시적이거나 혹은 미시적으로 보는가에 따라 동일성은 차이성이 되고, 차이성은 동일성이 될 수 있다. 설화에서 흔히 말하는 한 판본은 다른 판본에서 온 것이 아니라, 판본 그 자체, 다시 말해 텍스트 자체에서 의미가 생성된다. 굳이 기원을 찾는다면 다른 텍스트가 아닌 바로 그 텍스트 자체에서 찾아야 되는 것이다.

설화가 갖는 불안정성은 설화가 계속 재생되는 성질에서 오는 것이지만, 역설적으로 이러한 속성은 또한 설화가 갖는 불안정성을 끊임없이 위협하기도 한다. 설화는 그 기원을 알 수 없는 것이지만, 또한 끊임없이 그 기원이 있는 것처럼 발화되는 속성을 가지고 있다. 설화는 누군가에게 들은 것을 말하는 뮈토스로서의 속성을 갖는다. 이 세상에 수많은 텍스트에서 나타나는 '그 누구'를 찾아낼 수는 없지만, 설화가 텍스트로 드러날 때 거기에 '그 누구'가 그 모습을 드러낸다. 그것은 일종의 화자의 모습으로 나타난다. 설화의 화자가 있다면, 그 화자로 하여금 그 설화를 말하게 하는 또다른 화자를 설정할 수 있는 것이다. 그러나 그 화자는 실제 현실 세계에 존재하는 화자가 아니라, 철저하게 텍스트 안에 존재하는 담론적 화자이다. 이러한 화자가 어떤 역할을 하는가에 따라 설화의 성격은 매우

2 송효섭, 『탈신화 시대의 신화들』, 기파랑, 2005, pp. 80-97 참조.

달라진다. 그의 목소리가 비교적 강하게 드러나는 것이 설화이며, 그 가운데서도 그 목소리가 가장 뚜렷하고 강하게 드러나는 것이 신화라 할 수 있다. 그렇게 보면, 모든 설화는 어느 정도 신화적이며, 또 신화는 설화적인 속성에 바탕을 둔다고 할 수 있다. 이런 관점은 종래의 장르론적 관점과는 달리, 신화와 설화의 개념 간에 위계관계를 설정하지 않는다. 담론이 실현되는 과정에서 신화와 설화는 모호하게 그러나 담론의 상황에 적절하게 그 개념을 실천할 뿐이다. 장르론이 해체되는 지점이 바로 여기이며, 이 책에서 설화를 논의하는 출발점 또한 바로 이곳이다.

3. 설화에 대한 본질적 관점과 그 해체

설화란 무엇일까? 이를 알기 위해 한국에서 통념적으로 받아들여지는 설화에 대한 설명을 살펴보자.

> 설화는 문자 그대로 '이야기'를 말한다. 그러나 신변잡기를 전부 설화라고 하지는 않는다. 역사적 사실이나 현대적 사실을 말로 전하는 것도 설화의 범주에 넣을 수 없다. 설화는 일정한 구조를 가진 꾸며낸 이야기이기 때문이다. 물론 설화 중에는 사실을 가장하는 이야기가 얼마든지 있으나, 이는 어디까지나 사실이 아닌 사실적인 이야기이며, 사실 여부보다는 문학적인 흥미와 교훈 때문에 존재하는 것이다. (중략)
> 설화의 다음 특징은 구전된다는 데 있다. 설화의 구전은 일정한 몸짓이나 창곡과는 관련 없이 보통의 말로써 이루어지며, 이야기의 구조에 힘입어 가능하게 된다. 설화의 구전은 구절구절 완전히 기억해서 이루어지는 것이 아니고, 핵심이 되는 구조를 기억하고 이에 화자 나름대로의 수식을 덧보태어 이루어진다. 따라서 설화는 구전에 적합한 단순하면서도 잘 짜인 구조를 지니며, 표현 역시 복잡할 수 없다. 이 점은 특

히 소설과의 큰 차이이다. 소설의 구조와 표현은 복잡성과 특수성을 갖고자 하나, 설화는 그렇지 않다. 또한 설화는 구전된다는 특성 때문에 보존과 전달 상태가 가변적이다.

설화의 특징으로 산문성 또한 빼놓을 수 없다. 설화는 보통의 말로 구연되며, 규칙적인 율격은 발견되지 않는다. (중략)

설화의 구연 기회에는 대체로 제한이 없다. 신화 중에는 예외도 있을 수 있으나, 언제 어느 때나 가리지 않고 이야기를 하고 들을 분위기가 이루어지면 구연할 수 있는 것이 설화다. 특히 어느 일정한 기회에 구연하는 노동요, 무가, 가면극 등과는 다르다.

설화는 반드시 화자와 청자의 관계에서, 화자가 청자를 대면해서 청자의 반응을 의식하면서 구연된다. 스스로 즐기기 위해서 노래를 할 수는 있어도 이야기를 하지는 않는다. 그러나 화자로서의 자격에 제한이 없다. 일정한 수련을 겪어야만 화자가 될 수 있는 것도 아니고, 누구나 한 번 들은 이야기를 옮길 수 있다. (중략)

구비문학의 여러 장르 중에서 문자로 기재될 수 있는 기회를 가장 흔히 가지는 것이 설화다. 이는 설화가 양반이나 지식인을 포함해서 누구나 즐길 수 있는 것이기 때문이기도 하지만, 설화는 글로 적어도 변질될 가능성이 적은 탓이기도 하다. 문자로 기록된 설화, 즉 문헌설화는 이미 구비를 벗어나고 가변성이 사라져서 엄밀히 따진다면 이미 설화가 아니나, 문자로 정착되기 전에는 구구전승되었을 것으로 인정되고, 설화로서의 구조와 표현이 의식적으로 바뀌지 않는다면, 설화의 범위를 넓혀 이에 포함시킬 수 있다.[3]

비교적 상세하게 이루어진 설화에 대한 설명은 설화가 갖는 몇 가지 특징을 강조하여 보여주고 있다. 이를 요약해보면 다음과 같다.

---

3 장덕순 외, 『구비문학개설』, 일조각, 2006, pp. 37-39.

이야기성(허구성)
구전성
단순성
산문성
구연의 무제한성
구연의 상호대면성
문자로의 전환성

대체로 이러한 특징들의 유무를 통해 설화라는 장르의 위상을 결정하는 위의 기술은 분명히 설화를 하나의 문학 장르로 보는 관점에 바탕을 둔다. 따라서 앞서 제시된 특징을 통해 다른 장르들과 구분되는 설화만의 특성을 기술하려 한다. 그러나 과연 설화만의 특징을 기술하는 것이 가능한가? 이런 특징들을 어느 정도 가지고 있어야 설화라고 지칭할 수 있는가? 설화라는 장르로 규정되기 위해서는 이들 특성을 모두 갖고 있어야 하는가, 아니면 몇몇만 가지고 있어도 되는가? 이런 의문에 대해 위의 설명은 어떤 해답도 마련하지 않는다. 그 이유는 설화 장르라는 어떤 관념적 형상을 상상하고 그에 대한 설명을 하는 방식을 취하고 있기 때문이다. 다시 말해 설화라는 어떤 순수한 형태가 있다고 보고, 그것의 특징을 기술하기 위해 설화에서 실행될 가능성이 있는 다른 특징들을 배제하는 방식으로 기술한 것이다. 예를 들면 이렇다.

설화를 허구적 이야기라 한다. 이야기가 설화의 속성인 것은 분명하다. 이야기를 뮈토스라 한다면, 분명히 설화가 뮈토스로 존립하고 있음을 부정하기 어렵다. 그러나 그것만은 아니다. 설화에는 뮈토스라는 이야기의 속성과 함께 로고스라는 그 반대되는 속성이 함께 구현된다.[4]

문제는 설화를 이야기라 단정 짓는 데 있다. 이야기적인 것이 이야기적이지 않은 것과 상호작용하는 양상을 기술하지 않으면 설화의 구체적인 모습이 드러나지 않는다는 것을 간과하고 있다.

위에서 든 산문성 역시 이야기의 속성이긴 하지만, 이야기만의 속성은 아니며, 또한 꼭 설화가 산문적이기만 한 것도 아니다. 물론 그것이 노래처럼 노골적으로 운문적일 수는 없지만, 설화는 그것이 구연되는 과정에서 일종의 구술시학을 구현한다. 그것은 가령 반복되는 표현이나 구조 같은 것인데, 그것은 일종의 시적 속성과 닿아 있다.

위의 설명은 설화를 허구적인 것으로 단정한다. 허구란 도대체 어디까지를 말하는 것인가? 과거의 사실이나 현재의 사실을 말하면 설화가 아니라고 한다. 또 신변잡기는 설화가 아니라고 한다. 그러나 실제로 언어로 표출되는 과정에서 어느 정도의 허구화는 불가피하다. 언어와 사실 간에 존재하는 거리를 극복할 수 없는 언어의 속성상 사실이라고 말한 것도 어느 정도 허구적일 수밖에 없는데, 그렇다면 설화 개념의 범주는 이보다 훨씬 확대될 수 있는 것 아닐까? 삼국유사나 삼국사기의 여러 기록들 가운데 설화와 설화 아닌 것을 구분하는 것은 불가능하다. 사실과 허구를 구분하고, 거기에 각각 해당하는 장르를 배치하는 분류적 사유는 실제로 담론이 실천되는 복합적인 과정을 기술하는 데는 매우 부적절하다.

설화를 구전적이라 한다. 문헌 설화는 엄밀한 의미에서 설화가 아니라고 한다. 그러면서도 설화를 범위를 넓히면 설화에 포함될 수도 있다고 한다. 그렇다면 문헌 설화는 일종의 의사 설화 즉 가짜 설화가 되는 셈이다. 설화 아니면서도 설화인 것. 이것이 문헌 설화가 오늘날의 국문학 담론에서 갖는 역설적 운명을 보여준다. 그러나, 구전적이란 무엇을 말하

4 송효섭, op.cit., pp. 45–56 및 송효섭, 『초월의 기호학: 뮈토스와 로고스로 읽는 삼국유사』, 소나무, 2002, pp. 20–30 참조.

는가? 입에서 입으로 순수하게 전달되는 상황이 과연 존재하는가? 순수하게 기억에 의지하여 어떠한 문자적 의식도 배제한 채 구술로만 전승되는 담론이 과연 존재할 수 있을까? 혹 존재한다 하더라도, 우리는 그것을 어떻게 알 수 있을까? 모든 구전된 설화는 문자화된 뒤에야 비로소 우리에게 전달되는 것 아닌가? 그렇다면 그런 문자화된 설화는 문헌 설화라고 할 수 없는가? 더 나아가서 모든 설화는 결국 문헌 설화 아닌가? 여기에서 우리는 설화를 구전적이라 하는 논리가 얼마나 취약한 기반에 서있는지 알 수 있다.

설화를 구전적이라고 하는 것은 설화를 구비문학의 한 장르로 보는 관점에 기반한다. 구비문학이란 '말로 된 문학'을 의미하고 '글로 된 문학'인 기록문학과 구분된다고 한다.[5] 덧붙여 구전은 단지 '말로 전함'을 뜻하지만, '구비'는 '대대로 전하여 내려오는 말'이기 때문에 구비문학이라는 말이 적절하다고도 한다.[6] 따라서 설화도 '대대로 전하여 내려오는 이야기'로 받아들여져야 한다고 보는 듯하다. 이는 설화를 보는 매우 중요한 관점을 함의한다. 대대로 전해온다는 것은 과거 어느 시점에서부터 전해온다는 뜻이며, 여기서 중요한 것은 바로 그 과거 어느 시점으로부터 비롯된 '기원'이다. 구비문학으로서의 설화의 개념은 이러한 기원에 대한 지향성을 함의한다. 흔히 쓰는 전통이나 원형이라는 말이 구비문학 혹은 설화에서 중요하게 받아들여지는 이유는 그것이 곧 기원으로 간주되기 때문이다. 그런데 문제는 그것이 말로 전해온다는 점이다. 말이란 유동적이며, 사라져 없어지는 것이다. 어떤 상황에서 어떤 말이 발화되었다 하더라도, 곧 사라지기 때문에, 그 말이 어떻게 전해오는지를 알 길이 없

5 장덕순 외, op.cit., p. 19.
6 Ibid.

다. 설화가 이런 말을 통해 전해질 때, 그것은 산포적으로 널리 또 각기 다른 방식으로 연행되기 때문에 그것이 전해오는 기원으로 거슬러 올라가는 것은 불가능하다. 이 세상에서 모든 설화의 연행은 어떤 기원으로부터 전해 내려오는 것이 아니라, 예측할 수 없는 방식으로 변형되면서 전해 내려오는 것이다. 그리고 우리는 그 예측할 수 없는 경로를 추측할 길이 없다. 구비문학이라는 말이 갖는 모순은 바로 그것이다. 대대로 전해 내려오는 것이라 하지만, 어떻게 전해 내려오는지를 전혀 알 길이 없는 것이다. 때로는 이런저런 자료를 가지고 추측하기도 하지만, 이미 그 자료는 문자화된 것으로 '말'로부터 벗어난 것이다. 그렇다면 구전이니 구비니 하는 말이 갖는 의미도 퇴색되고 만다.

설화를 구비문학이나 구전문학으로 보지 말고, 구술문학으로 보는 것은 그나마 설화에 접근하는 보다 현실적인 방법이다. 구비문학은 기록문학과 대립 개념이지만, 구술문학은 기술문학과 대립 개념이다. 이들은 층위가 다르다. 어떤 층위로 오늘날 설화 텍스트를 보는가는 관점의 문제다. 구비문학과 기록문학은 모두 문학을 완결된 것으로 보는 관점에 선다. '구비'라는 말은 대대로 전해온다는 뜻이라 하는데, 거기에는 전해 내려오는 어떤 불변의 것, 다시 말해 완결된 어떤 것이 있다는 것을 전제한다. 기록문학이라는 말에서의 '기록' 역시 글로써 정착된 것이라는 의미가 있다. 이런 개념은 동적이기보다는 정적이며, 개방적이기보다는 폐쇄적이다. 설화는 대대로 그 전통을 간직하며 기록된 이후에는 하나의 문헌이 된다. 문헌이란 그 자체의 권위를 갖는 것이기 때문에, 또한 움직일 수 없는 정체성을 갖는다. 그러나 '구비'나 '기록'이라는 말 대신 '구술' 이나 '기술'이라는 말을 쓰면 사정이 달라진다. 여기서 '술'이란 동적인 개념이다. '술'이라 함으로써 말로써 풀어내거나 글로써 풀어낸다는 의미가 함의된다. 이것은 일종의 연행이다. 그런데 그 연행은 말에만 해당되는 것이 아니다. 글쓰기 역시 일종의 연행이라 할 수 있다. 이것은 완결될 수 없는 것이다. 말하기나 글쓰기는 계속되는 과정이며, 그것에 대해 어떤 담론을 만들어내는 것은 바로 그 과정을 포착하는 것이다. 이것은 정착된 것이 갖는 자기중심성의 도그마를 깨뜨리는 과정을 보여준다. 전통이라고 하는 것이 말하기나 글쓰기의 연행을 통해 깨어지면서, 새로운 것을 창조하는 모판이 된다. 그렇다면, 구술이나 기술은 바로 이런 창조의 과정에서 일어나는 것이며, 그 과정에서 변화하는 여러 상황이나 맥락과의 충돌과 조정이 드러난다. 구술이나 기술이라는 말을 쓸 때, 시공을 초월하여 존재하는 어떤 형이상학적 본질을 말하는 것이 아니라, 시간과 공간의 다양한 맥락에 적응하면서 생겨나는 새로운 담론을 말하게 된다. 언어가 실행되는 것은 언제나 그것이 펼쳐지는 상황과 관련될 수밖에 없으며, 따라서 화용론적인 관심을 이끌어내지 않을 수 없다. 구술이나 기술이라는 말을 쓸 때, 우리는 본질적 관념이 아닌 현재의 상황이나 맥락에 대해 말할 수 있으며, 그 안에서 생겨나는 여러 요소들의 복합적인 상호작용을 기술할 수 있게 된다. 설화를 구비문학이나 구전문학이 아닌 구술문학으로 보아야 할 까닭이 여기 있다.

한 걸음 더 나아간다면, '구술문학'이라는 말 역시 모순적이다. 옹이 지적했듯, 구술문학이라는 말에는 구술성과 문자성이 모두 함의되어 있다. 문학이라는 범주에서 하나의 하위범주로 갈라진 구술문학이라는 말은 그것이 갖는 구술성을 문학이라는 말이 갖는 문자성에 종속시킨다.[7] 연행론자들 역시 구연예술 *verbal art* 라는 말을 즐겨 쓰는데, 이는 물질이 아닌 의사소통으로 민속적인 것을 보려하기 때문이다.[8] 이 경우, 문학이라

7 Walter J. Ong, *Orality and Literacy: The Technologizing of the Word*, Methuen, 1982, pp. 10–15 참조.

8 Richard Bauman, *Verbal Art as Performance*, Waveland Press, 1977, pp. 4–5.

는 한정된 장르를 넘어서 구술 연행이 이루어지는 모든 것이 갖는 보편적인 시학을 추구하는 경향을 보인다. 앞서의 설명에서 설화를 굳이 허구적이라 한 것도, 문학이 허구적이라는 전제에서 비롯된 것으로 보인다. 그러나 과연 문학은 허구적인가, 혹은 허구적이어야 하는가? 오늘날 문학은 다양한 형태로 번식하는 과정에서 현실의 여러 맥락이나 다양한 텍스트들과의 상호텍스트성을 구현하며, 이에 따라 그 담화는 순수한 허구로만 드러나지는 않는다. 설화 역시 마찬가지이다. 이는 설화의 개념이 갖는 외연이 많이 확대될 가능성이 있음을 말한다. 설화를 문학이라 전제하는 것에 대해 옳고 그름을 따지기보다는, 그 전제의 해체를 통해 설화에 대한 새로운 담론의 가능성을 모색하는 것이 중요하다. 설화가 문학이라는 범주에서 빠져나옴으로써 설화의 가능성은 확대된다. 이는 마치 설화가 구비성이나 구전성에서 빠져나옴으로써 그것의 가능성이 확대되는 것과 같은 원리이다. 앞서 말했지만, 구술문학으로 설화를 보는 것 역시 이러한 해체적 조준에서 벗어날 수 없다. 이 책은 바로 그로 인해 생겨나는 가능성들을 담론화할 것이다.

앞서 설화에 대한 설명에서 추출된 단순성, 구연의 무제한성, 구연의 상호대면성, 문자로의 전환성은 바로 이런 구술성과 관련된 것이다.

설화의 표현과 구조가 단순하다는 전제는 자칫 진화론적인 함정에 빠질 우려가 있다. 단순하다는 것은 복잡하지 않다는 것인데, 단순하고 복잡한 기준을 세우기가 쉽지 않다. 설화도 얼마든지 복잡할 수 있고 소설도 얼마든지 단순할 수 있다는 말만으로는 부족하다. 설화가 단순하다는 생각을 전복시키면, 설화 담론에서 여러 다양한 의미가 솟아난다. 구조와 표현이 단순하다고 하는 것은 설화가 기억되는 것이라는 전제와 관련되는 것으로 보인다. 구조와 표현이 단순해야 기억이 쉽다. 내용뿐만 아니라 형식도 단순해야 기억이 쉽다. 기억에 관한 패리와 로드의 가설을 떠올리면,[9] 설화에도 그런 상투어구가 있다고 추측해볼 수 있다. 전체적인 구조를 기억하면, 부분적인 것은 그 구조에 채워놓으면 되니까, 구조가 단순하다고 말할 수도 있을 것이다. 그러나 꼭 그런 것만은 아니다. 레비스트로스가 말한 브리콜라주는 어떤 전체적인 구조를 염두에 두기보다는 부분부분을 상황에 따라 짜맞춤으로써 만들어진다.[10] 설화 역시 그렇게 만들어졌을 가능성이 크다. 설화가 구술 연행되는 것이고 따라서 반드시 어떤 연행상황을 전제하는 것이라면, 그 상황 상황에 따른 브리콜라주가 이루어졌을 것이다. 이것은 결코 단순한 표현과 구조로 이루어지지 않는다. 무한한 변수가 설화 텍스트 만들기에 개입하고 그에 맞는 복합적인 구조와 표현이 만들어진다. 자칫 설화를 단순하다고 말하는 것은 단순한 것을 원시적인 것으로 보고 복잡한 것을 현대적인 것으로 보는 진화론적 논리에 함몰된 탓은 아닐까?

구연의 무제한성 역시 설화의 구술성과 관련된 것이다. '언제 어느 때나 가리지 않고 이야기를 하고 들을 분위기가 이루어지면' 구연할 수 있다고 한다. 여기서 말하는 분위기는 구술 상황을 말하는 것이다. 구술 상황은 언제든 만들어질 수 있다고 하지만, 그러나 모든 설화가 '때를 가리지 않고' 구연된다고 보기는 어렵다. 모든 구술 연행은 그 연행 판이 마련되어야 한다. 구술로 연행되는 경우 만들어지는 판은 일종의 반성적 메타커뮤니케이션이 실천되는 장이다.[11] 구연이 이루어지기 위해서는 적게나마 기획된 판이 마련되어야 하고, 그것을 바탕으로 설화가 구연된다. 이때의 메타커뮤니케이션에서는 물론 그것을 지탱하는 코드가 필연적으

---

9 Albert B. Lord, *The Singer of Tales*, Harvard University Press, 1981, p. 4.

10 Cl. 레비스트로스, 『야생의 사고』, 안정남 옮김, 한길사, 1999, pp. 69–70 참조.

11 '반성적 메타커뮤니케이션'에 대해서는 Gregory Bateson, *Steps to an Ecology of Mind*, Ballantine Books, 1972, pp. 177–193 참조.

로 존재하고 그 코드는 일종의 공유된 약속처럼 나타난다. 설화 구연의 시학을 기술하는 것이 가능한 것도 이러한 코드가 존재하기 때문이다.

아무런 기획 없이 우연히 만들어지는 것이 설화의 순수한 형태라 하더라도, 우리가 그것을 접하는 것은 거의 불가능하다. 대개 구비설화라고 하여 수집된 것들은 설화의 수집과 채록이라는 현장조사의 결과물이다. 설화를 수집하기 위해서는 설화 구연의 현장을 인위적으로 만드는 경우가 보통이다. 다시 말해 일종의 기획물이 되는 것이다. 이는 불가피한 일이라 할 수 있다. 이 세상에 우연적으로 아무런 기획 없이 구연되는 설화만을 순수한 설화로 보는 관점은 설화에 대한 일종의 본질주의적 생각일 수 있다. 위의 설명은 이런 순수 혹은 본질주의에 입각한 기술이다.

구연의 상호대면성은 설화가 갖는 구술성을 가장 직접적으로 보여준다. 설화는 실제로 발신자와 수신자가 연행 현장에 함께 존재한다. 상호대면이란 이러한 연행 현장에서의 여러 가지 대화나 조정을 가능하게 한다. 특히 직접적인 접촉을 통해 설화 메시지를 더욱 감각적으로 수용하기도 한다. 그러나 그것 뿐일까? 대화란 늘 독백과 함께 하는 것이다. 대화에 참여하기 위해 인간은 스스로 자신의 메시지를 만드는 반성적 행위를 한다. 상호대면을 통해 일어나는 메타커뮤니케이션은 상황에 따른 여러 가지 조정의 역할을 포함하지만, 또한 그 과정은 지극히 반성적인 것이기도 하다. 그것은 상대방을 의식하는 것이기는 하지만, 자신을 돌이켜보는 것이기도 하다. 설화가 구연되는 것은 따라서 상호대면성만으로 설명할 수 없는 복합적인 과정이 내포되는 것이다. 상호대면성을 구술성의 특성이라 할 때, 이러한 상호대면성의 해체 가능성을 설화에서 포착하는 것은 설화가 갖는 본질적인 구술성에 대한 해체 가능성을 포착하는 것과 같다.

문자로의 전환 가능성 역시 설화의 구술적 본질에 대한 전제가 있어야 가능하다. 위의 설명은 설화는 문자로 전환해도 별로 그 의미가 달라지지 않는다는 전제를 달았다. 이것은 설화의 매체에 대한 중요한 관점을 드러낸다. 설화에서 매체의 역할을 철저하게 테크놀로지로 한정하는 것이다. 가령, 그것이 더 효율적으로 메시지를 전할 수 있는가 하는 문제 이외에 그 매체의 변화가 어떤 중대한 의미 변화를 초래할 가능성을 사전에 차단하는 것이다. 그러니까, 구비설화와 문헌설화를 구분하고도, 그것이 갖는 차이에 대해서는 관심을 갖지 않는 것이다. 이러한 생각은 구술성과 문자성에 대해 깊이 고민하지 않은 결과일 가능성이 크다. 뒤에서 이 문제를 집중적으로 논의하면서, 단지 구술성과 문자성이 별 문제없이 설화에서 쉽게 전환 가능하다고 보는 관점에 여러 가지 의문을 제기하게 될 것이다. 문자로 전환 가능하지 않은 측면들이 이른바 설화 텍스트에서 얼마든지 있을 수 있다. 그것을 처리하지 않고 설화를 구술성이나 문자성에 귀속시키는 것은 자칫 설화가 갖는 의미 생성의 가능성을 사전에 차단하는 결과를 낳는다.

설화에 대한 보편적이면서도 명료한 설명을 통해 볼 때, 설화는 '구술적 이야기'라는 속성을 갖는 것으로 보인다. 그러나 이러한 속성을 하나하나 살펴보면, 설화의 본질이 그렇게 견고한 정체성을 갖는 것처럼 보이지 않음을 알 수 있다. 아주 미세하고 다양한 움직임을 포착하면, 우리가 설화에 대해 갖고 있던 분명한 생각들이 전복되고 해체되는 것을 볼 수 있다. 우리가 설화에 대해 말해야 하는 것은, 설화의 본질에 대한 분명한 정의가 아니라, 이러한 본질이 그때그때 해체됨으로써 생성되는 설화 담론의 무한한 가능성이다.

2장
설화의 신화성과 반신화성[12]

1. 설화의 뮈토스와 로고스

'구술적 이야기'로서의 설화가 갖는 담론적 가능성을 실현시키기 위해, 먼저 '이야기'로서의 설화가 해체되는 지점을 탐색할 필요가 있다.

누군에겐가로부터 온 이야기, 그것을 뮈토스라 한다. 그 누구는 그 이야기에 대한 초월적인 권위를 갖는다. 설화가 갖는 유표적인 특징으로 구술성을 들 수 있는데, 이는 뮈토스와 밀착되어 담론으로 실천되는 경향이 있다.

설화가 구술적으로 실천되는 상황을 가정해보자. 누군가 내게 이야기를 말한다. 나는 그 이야기를 기억한다. 기억이란 일종의 각인이다. 내게 새겨진 그것을 바탕으로 나는 누군가에게 그 이야기를 한다. 내가 이야기를 하는 동안 내 머리에 새겨진 기억이 활동한다. 그 기억은 어쩌면 강박

12 이 장은 필자가 2007년 6월 헬싱키와 이마트라에서 열린 제 9차 세계기호학대회에서 "Mythical Thinking and Anti-mythical Thinking: Two Semiotic Models"라는 제목으로 발표한 내용을 이 책의 체제에 맞게 수정 보완한 것이다.

적인 것일 수도 있다. 내가 이야기하는 과정에서 나는 그것으로부터 완전히 자유롭기 어렵다. 그러면 그 기억은 무엇으로 이루어져 있는가? 그것을 단지 줄거리 정도로만 단순화시키기에는 그것이 갖는 성질은 너무도 복합적이다. 유고슬라비아의 구술서서시를 전승하는 과정을 연구한 패리와 로드에 따르면, 그 전승과정에 작용하는 기억은 상투적인 어구들이다.[13] 대체적인 줄거리도 기억하지만, 실제로 그 이야기를 연행하려면 군데군데 상투적으로 들어가는 어구들도 기억해야 한다. 줄거리에 대한 기억은 전체적인 틀을 기억하는 것이지만, 상투어구에 대한 기억은 형식화된 부분들을 기억하는 것이다. 때에 따라 전체에서 부분이 실행되기도 하지만, 부분들이 마치 모자이크처럼 조합되어 전체가 만들어지기도 한다. 구술로 전승되는 설화에 대한 기억이 과연 이런 텍스트와 관련된 것에 그칠까? 기억이 갖는 속성상 그보다는 더욱 복합적인 기억이 작용할 것으로 보인다.

예를 들어, 발화자에 대한 기억이 있을 수 있다. 분명히 누군가에게 들었다면 그리고 그것을 누군가에게 다시 말한다면, 나는 내게 말해준 그 누군가가 갖는 설화 화자로서의 권위를 존중하는 것이다. 이러한 기억이 내가 이야기하는 설화에 어떤 식으로든 영향을 끼치지 않을 수 없다. 그런가 하면, 이야기를 들었던 상황에 대한 기억도 있을 수 있다. 언제 어디서 어떻게 들었는지를 기억하면서, 나는 새로운 상황에서 그 설화를 다시 말한다. 물론 새로운 상황에서는 그에 맞게 설화를 이야기하지만, 그러나 내가 이미 가지고 있었던 설화 연행에 대한 기억이 바탕이 되는 것은 자연스러운 일이다. 그 밖에도 아마 여러 가지 복합적인 요소들이 내 머리 속에 기억으로 각인되어 내가 말하는 설화 담론의 실천에 영향을 미칠

13 Lord., op. cit.

것이다.

설화는 이러한 기억이 강한 영향을 미친다. 그 기억은 재생을 요구한다. 기억에 포박된 나는 그 기억이 시키는 대로 담론을 만들어낸다. 우리가 흔히 말하는 뮈토스는 그렇게 만들어지는 것이다.

뮈토스는 전승된 것을 말한다. 그러나 단지 전승된 것의 의미를 넘어서 이 말은 그것에 대한 수용의 한 경향에 대해 말하고 있다. 뮈토스는 누군가의 목소리를 말하는 것이다. 그 목소리는 앞서 말한 기억을 지배하고 그 바탕에서 담론을 생성시킨다. 그것은 설화의 형태로 나타난다. 설화는 '–은 –이다'라는 구문이 아닌 '–은 –하다'라는 구문들로 이루어진 것이다. 진위 판정이 아닌 실제로 실행된 사실을 말하는 것이다. 누군가가 실제로 실행된 사실을 말할 때, 그것을 진위판정에 입각하여 수용하지 않고, 이야기 자체를 그대로 수용할 때, 이를 뮈토스라 한다. '–가 –하다'라는 사실이 그 자체로 진실로 받아들여지는 상황은 그에 부수될 수 있는 여러 가지 의문이나 회의를 사전에 차단한다. 뮈토스는 따라서 그에 대한 어떠한 대화도 불가능한 담론을 만들어낸다. 이러한 상황이 극단에 이를 때, 이른바 설화는 신화의 모습으로 나타난다.

설화는 언제나 이러한 신화의 싹을 그 안에 품고 있다. 적어도 기억을 통해 설화가 받아들여질 때, 이미 그 기억을 지배한 초월적 권위는 그 설화로 하여금 보다 극단적으로 신화적 특성을 드러내도록 유도한다. 그러나 그러한 권위가 얼마나 힘을 발휘하는지는 상황에 따라 얼마든지 달라질 수 있다. 설화에서 신화의 싹이 움트는 상황은 매우 가변적이며, 따라서 신화가 만들어지는 상황을 우리는 가정하거나 추론할 수밖에 없다.

설화가 담론화될 때 작용하는 기억과 그 기억을 지배하는 초월적 권위가 작동하는 과정은 담론에 신화적 사유가 형상화되는 과정이다. 그러나 담론은 언제나 복합적이다. 단지 신화적 사유가 온전히 반영되어 생성된 담론은 이 세상에 존재하지 않는다. 이 세상에 순수한 신화는 없다. 신화가 만들어지는 순간, 이미 그 담론에는 그에 대항하는 반신화가 생성되고 있다. 신화와 반신화라는 구조적인 양항성을 바탕으로 담론을 읽을 때, 우리는 담론을 단지 구조적인 체계로 환원시키는 데 만족해서는 안 된다. 왜냐하면, 신화와 반신화라는 상반된 경향은 담론의 거시적인 틀에서부터 미시적인 형상에 이르기까지 매우 치밀하고 섬세하게 작용하기 때문이다. 이들은 서로 길항하고 전도시키며 해체한다. 이러한 작용 자체가 만들어내는 것은 구조적인 양항성 넘어서 새로운 차원의 담론이 생산될 가능성이다.

설화는 그것이 갖는 기억에 대한 의존성으로 인해 뮈토스적인 성향을 띠지만, 뮈토스는 항상 로고스와의 작용을 통해 실행되기 때문에, 설화 담론에서 이들 간에 일어나는 여러 미세한 작용을 기술하지 않고는 설화 담론의 불안정성을 드러내는 것은 불가능하다.

2. 설화의 통사론과 '뮈토스/로고스'의 확충

뮈토스와 로고스 간의 상호작용에 의해 만들어지는 설화 담론을 기술해내기 위해 먼저 이들이 작용하는 양상을 모델화시켜 볼 필요가 있다. 뮈토스를 향한 경향과 로고스를 향한 경향은 각각 '–은 –하다'에 진실성을 부여하는 경향과 '–은 –이다'에 진실성을 부여하는 경향이라 할 수 있다. 그러나 만일 이러한 대응 관계를 설정한다면, 명료한 양항대립의 구조가 만들어지기는 하지만, 설화 담론이 갖는 복합적인 실현 양상을 기술해낼 수는 없다. 따라서 이러한 복합성을 수용할 수 있는 개방된 모델을 고안하는 것이 필요하다.

이를 위해 파리기호학파가 제안한 모델을 그 출발점으로 삼고자 한다.

구조적 관점에 입각하는 한, 뮈토스와 로고스는 그것이 갖는 복합적인 함의에도 불구하고 일단 하나의 구조적 항목으로 환원된다.[14] 그리하여 의미론적 구조의 가장 심층에 존재하는 것으로 가정된 기호사각형의 작용에 투여된다.[15]

〈표 2〉 뮈토스와 로고스의 기호사각형

이러한 도식은 뮈토스와 로고스가 양항대립항으로 설화의 심층에서 작용을 하고 있음을 보여주기 위한 것이다. 앞서 말했듯, 뮈토스는 '-하다'를, 로고스는 '-이다'를 바탕으로 한다. 따라서 이러한 동사들을 〈표 2〉에 맞추어 배치하면 다음과 같은 기호사각형이 만들어진다.

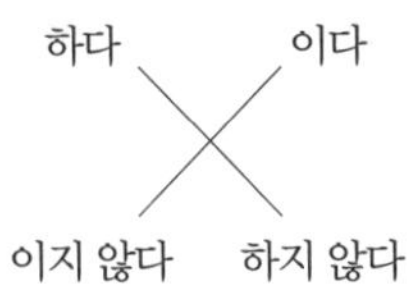

〈표 3〉 '하다'와 '이다'의 기호사각형

이들 두 기호사각형은 뮈토스와 로고스가 담론에 배치되는 지형뿐만 아니라, 이들 간의 작용을 통해 이루어지는 담론의 실천을 보여준다.

이러한 복합적인 관계를 보이기 위해 몇 단계의 기호학적 조작이 필요

14 뮈토스와 로고스의 여러 가지 함의에 대해서는 송효섭, 『초월의 기호학』, pp. 20-30 참조.

15 기호사각형에 대해서는 A.J.Greimas *Du sens: Essais sémiotiques*, Seuil, 1970, pp. 136-140 참조.

하다. 역시 파리기호학파가 '하다'와 '이다' 간에 이루어지는 양태화로부터 추론한 서사 프로그램을 그 출발점 으로 삼는다.[16]

조종	자질화 / 행위 (능력) – (수행)	인정
인식적 (하게 하다)	실천적 (할 수 있다) (이게 하다)	인식적 (~인 상태이다)

〈표 4〉 파리기호학파의 서사 프로그램

이러한 네 단계에서 능력과 수행이 뮈토스와 주로 관련된다면, 조종과 인정은 로고스와 주로 관련된다. 이들은 각기 파리기호학파에 의해 실천적 차원과 인식적 차원으로 명명된 것이다. 설화에서 조종은 누군가에 의해 이루어진다. 조종자는 어떤 생각(인식)을 가지고 어떤 기획에 의해 조종한다. 조종자가 스스로를 조종하는 이른바 '재귀적 조종'도 있을 수 있지만, 일단 이들은 구조적 차원에서 구분된다. 그는 실제적인 행동에 옮기기보다는 생각하고 기획함으로써 설화의 전개를 좌우하는 존재라 할 수 있다. 또 설화에서 어떤 행위가 이루어진 뒤, 그 행위에 대해 어떤 생각(인식)을 갖고 판정하는 존재가 있다. 등장인물의 행위가 미친 영향을 평가하는 것은 곧 설화가 갖는 의미를 규정하는 것과 같다. 그런 점에서 인정에 참여하는 주체 역시 행동을 하지는 않지만, 설화가 갖는 의미를 규정하는 매우 중요한 역할을 한다. 어쩌면 이들 조종자인 인식적 주체는 설화에서 일종의 메타적인 역할을 주도한다고 할 수 있다. 이에 비한다

16 Anne Hénault, *Narratologie, sémiotique générale*, PUF, 1983, p. 65.

면, 어떤 능력을 가지고 과업을 수행하는 행위주체는 설화에서 가장 중요한 '-하다'의 주체가 되기는 하지만, 그 자체로 어떤 의미의 발생에 직접 관여하지는 않는다. 이는 뮈토스가 갖는 속성을 보여주는 것이다. 뮈토스는 초월적 권위로서 수용됨으로써, 거기에 덧붙여질 어떤 의미가 생겨날 수 없는 것이다. 그러나 이 세상에 의미가 발생하지 않는 담론이 존재할 수 있을까? 설화 역시 마찬가지다. 결국 설화는 뮈토스에 필연적으로 로고스를 덧붙이게 되는 것이고, 그것이 설화 담론 안에 이미 이러한 구조화된 형식으로 나타나는 것이다. 이를 도식으로 보이면 다음과 같다.

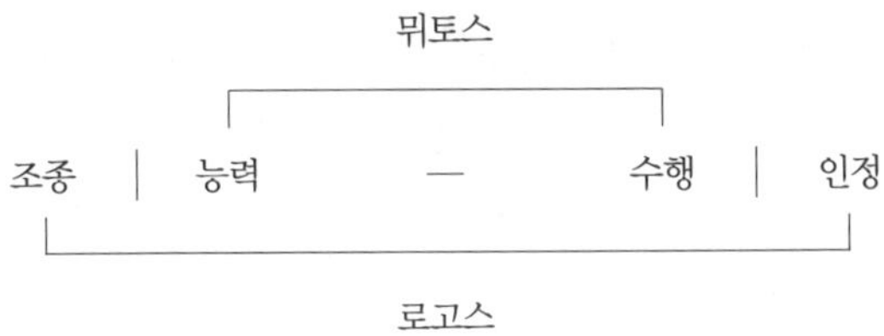

〈표 5〉 서사 프로그램에 작용하는 뮈토스와 로고스

설화 담론에서 로고스는 물론 조종자나 인식적 주체와 같은 설화 안의 행위항*actant*[17] 에 의해서만 실현되는 것은 아니다. 설화 담론이 실천되는 전체적인 소통 상황에서 본다면, 우리는 설화의 뮈토스에 대한 다양하고 복합적인 로고스의 여러 주체들을 상정할 수 있다. 그것은 언어적이거나, 역사적이거나 문화적이거나 사회적인 다양한 층위에서 작용하며, 설화 담론에 대한 해석의 확충은 이러한 작용을 다양하게 드러낸다. 해석에서 드러나는 주체들은 설화 안에서 행위항으로 역할을 수행하는 인물뿐

17 '행위항'에 대해서는 이 책, pp. 220-221 참조.

만 아니라, 이러한 인물과 기호학적 관련성을 갖는 것으로 해석되는 여러 다양한 존재들이다. 이들은 설화로부터 추론된 존재들인데, 이들이 하는 역할은 설화가 갖는 다양한 로고스를 실현하는 것이다.

설화에서 로고스는 매우 포괄적이고 복합적이다. 설화에서 '-하다'로 나타나는 행위에 덧붙여진 모든 잉여적인 의미는 이러한 로고스에 해당된다. 다시 말해, '-하는 행위는 -이다'와 같은 문장으로 표현되는 것이 그것이다. 그러나 어떤 설화든 이러한 잉여적인 의미는 명시적이든 암시적이든 드러나게 되어 있다. 이것은 뮈토스에 결착된 로고스를 보여주는 것이다. 이러한 로고스는 언어학적인 논리-통사론, 의미론, 화용론적 논리-뿐 아니라, 도덕적, 사회적, 역사적, 문화적 등과 같은 모든 영역에서 발견되는 논리를 포함할 수 있다. 이러한 논리를 구현하는 주체는 설화 안에서 담론화되어 있으며, 담론의 여러 층들을 헤집으면 이러한 로고스의 주체들이 그 모습을 드러낸다.

로고스의 주체들이 말하는 로고스는 뮈토스에 대한 것이다. 뮈토스가 제거된 순수한 로고스가 설화에는 나타나지 않는다. 가장 기본적으로 앞서 서사 프로그램에서 조종의 주체는 앞으로 일어날 사건들을 기획하는데, 그러기 위해서는 그럴만한 명분을 가져야 한다. 그 명분은 설화가 의존하는 중요한 로고스이다. 조종의 주체가 아직 일어나지 않은 사건을 기획한다면, 인정의 주체는 이미 일어난 사건에 대해 판정한다. 여기에는 있는 것과 나타난 것 사이에 존재하는 기호학적 관계가 실현된다. 일어난 사건이 과연 진실인가, 거짓인가 하는 문제는 설화에서 사건이 갖는 중요한 명분을 결정한다. 그레마스가 제안한 다음과 같은 기호사각형은 이를 잘 보여준다.[18]

---

18 A.J.Greimas, *Du sens II: Essais sémiotiques*, Seuil, 1983, p. 72.

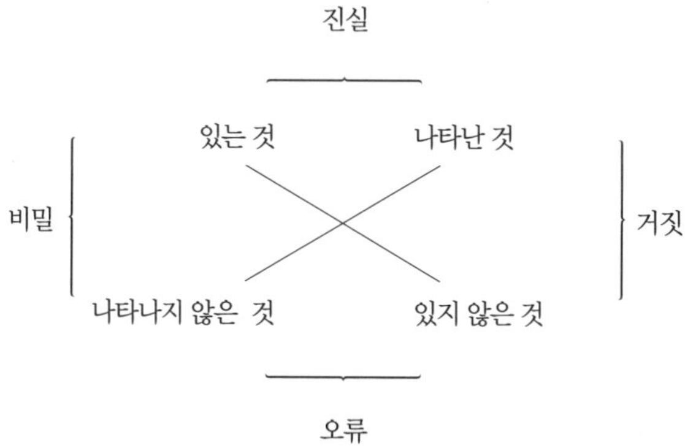

〈표 6〉 진위판정의 기호사각형

이는 로고스가 갖는 매우 전형적인 모습을 드러내는 것이지만, 실제로 설화에서 로고스는 훨씬 다양하게 실현된다. 설화는 상황 속에 놓이고, 그러한 상황에 맞는 화용론적인 의미가 생성된다. 여기에는 필연적으로 해석이 개입한다. 앞서 서사 프로그램 안의 조종과 인정의 주체는 해석을 통해 새로운 주체들로 재생산된다. 여기에 중대한 사유의 전환이 포착된다. 〈표 5〉에서 로고스의 주체가 보다 확충된 해석적 상황에서 뮈토스적 주체로 해석되는 상황이 벌어지는 것이다. 이것은 매우 보편적인 이론적 가능성이지만, 우리가 여기에 이름을 붙인다면, 신화적 사유의 확충이라고 할 수 있다. 조종과 인정의 과정에서 뮈토스에 대한 로고스가 만들어지지만, 이러한 로고스가 더 큰 해석적 상황에서 뮈토스가 될 수 있다는 것이다. 로고스가 강해지면, 다시 말해 '-이다'로 나타나는 사태가 하나의 확신으로 변하면 그것은 더욱 구체적인 '-하다'로 변질될 수 있는 것이다. 여기에는 인간이 확신을 만들어가는 과정이 있으며, 그것은 로고스가 뮈토스를 끌어들이는 것이다. 그리하여 뮈토스는 확장되고, 그 뮈토스를 제어할 새로운 로고스가 만들어진다. 이것을 하나의 사고의 경향이라 한다면, 설화에서 그것은 다음과 같은 도식으로 나타난다.

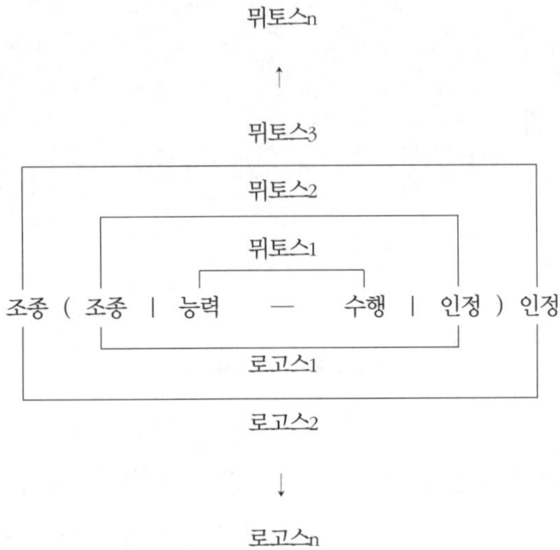

〈표 7〉 서사 프로그램에서의 뮈토스와 로고스의 확충

사고가 진행되면서 이러한 도식은 필연적으로 더욱 확장될 수밖에 없다. 그렇다면 이렇게 뮈토스가 확장된다는 것은 로고스의 약화를 의미하는가? 이 도식은 그렇지 않음을 보여준다. 뮈토스가 확장될수록, 새로운 뮈토스를 통제하는 새로운 로고스가 나타난다. 이것은 사유의 확충이며, 한편으로는 담론의 확충이기도 하다. 설화가 해석되는 과정 안에서 설화의 의미작용을 기술할 때, 그것은 분명히 어떤 움직임이나 방향을 갖는 것으로 간주되어야 한다. 그것은 그러나 '설화가 어떤 방향을 갖는다' 혹은 '설화가 어떤 의미를 갖는다'와 같은 단순한 진술로 표출해서는 안 된다. 설화를 기술할 때, 해석은 설화 안에 존재하는 행위항으로서의 인물뿐 아니라, 수많은 담론적 주체들을 추론해낸다. 이러한 주체들은 설화 텍스트 바깥에서 갑작스럽게 침투하는 것이 아니라, 설화 담론 안에서 그 존재를 드러낸다. 그것이 존재를 드러낼 수 있는 까닭은 그것이 철저히 언어적 존재에 머물기 때문이다. 설화의 해석은 이러한 존재들을 기술하는 일이다.

설화의 서사 프로그램은 통사론을 함축하고 있다. 조종에서 인정에 이르는 네 단계의 분절 단위는 나름대로의 필연적인 논리를 갖는다. 그것은 인식에서 실천으로 그리고 다시 인식으로 진행하는 과정을 보여준다. 이러한 연결 안에서 뮈토스와 로고스가 서로 길항하면서 또한 서로를 증폭시키는 과정이 〈표 7〉과 같은 모습으로 나타난다. 그것은 설화가 그 신화적 사유를 의미작용을 통해 드러내는 과정이다. 신화적 사유는 하나의 본질로 드러나는 것이 아니라, 이와 같이 이야기의 전개 안에서 중첩적으로 이루어지는 메타적 사유의 생성을 통해 드러난다.

3. 신화적 의미작용과 반신화적 의미작용을 위한 모델

이제, 설화의 통사론을 떠나, 뮈토스와 로고스가 기호학적인 상호작용을 통해 신화적 사유와 반신화적 사유를 구현하는 양상을 살펴보자. 이러한 양상은 두 개의 모델로 제시된다. 이러한 모델은 신화적 사유와 반신화적 사유의 기호작용을 보여주는 것이며, 앞서의 설화의 서사 프로그램을 통해 뮈토스와 로고스의 상호작용과 보완적인 관계를 갖게 된다.

신화적 사유가 언제 일어나는지를 구분하는 명확한 시점이나 지점을 찾아낼 수는 없다. 설화 혹은 더 나아가 텍스트 일반이 갖는 불안정한 속성으로 인해 어떤 설화를 읽으며 신화적 사유와 반신화적 사유를 통시적으로 혹은 공시적으로 구분하는 것은 불가능하다. 만일 그런 구분을 텍스트의 분석을 통해 할 수 있다면, 이는 텍스트의 불안정성을 잠시 중지시키고 잠정적인 상태에서 잠정적인 구분을 하는 것에 불과하다. 이는 마치 비디오를 보며 영화나 드라마와 같은 영상물을 분석하기 위해 잠깐 '멈춤' 기능을 활용하여 화면을 정지시키고 그것을 분석하는 것과 같다. 그것은 구조주의에서 말하는 공시성을 명확하게 드러내지만, 그것이 텍스트가 아님은 역시 너무도 분명하다. 구술로 말하여진 설화는 물론 문자로 정착된 설화 역시 그것이 갖는 불안정성에서 벗어나기 어렵고, 따라서 뮈토스와 로고스라는 의미 단위를 통한 분석 역시 〈표 2〉와 같은 구조적인 도식으로 마무리되지 않는다. 그렇다면, 우리는 좀더 실제적인 텍스트의 실현 상황에 맞는 뮈토스와 로고스 간의 관계를 상정해야 한다. 그래서 다음 그림을 그려 본다.

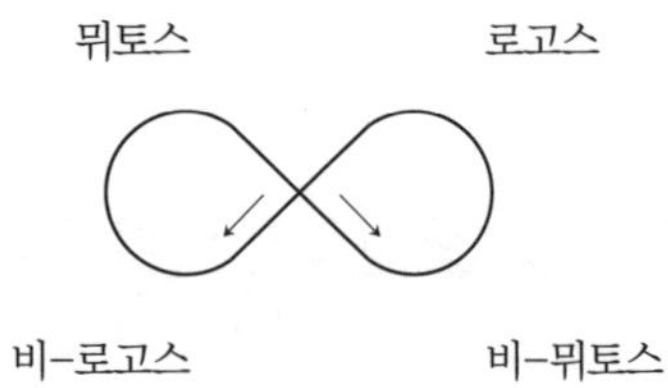

〈표 8〉 뮈토스와 로고스의 상호 생성 관계

이 그림은 뮈토스와 로고스 간에 이루어지는 상호 생성의 관계를 보여준다. 뮈토스는 로고스로부터 나오고 로고스는 뮈토스로부터 나온다. 이 그림이 〈표 2〉과 다른 점은 분절성이 존재하지 않는다는 것이다. 이는 뮈토스와 로고스 간에 이루어지는 생성의 문제가 구조적인 분석을 통해 드러날 수 없음을 말한다. 그렇다면, 이러한 분절 넘어에 존재하는 움직임들은 어떻게 기술할 수 있을까? 그 이전에 우리는 언어가 이 세상에 일어나는 모든 움직임들을 죄다 기술할 수는 없다는 근본적인 한계를 먼저 인정해야 할 것이다. 가능한 한, 모든 수단을 동원하지만, 그렇다고 그것이 전부라고 확언하지 않는 선에서 또다른 담론의 가능성을 모색하는 것이 지금 할 수 있는 가장 현실적인 대안으로 보인다.

인간이 어떤 생각을 할 때, 뮈토스와 로고스는 함께 작용한다. 문제는 바로 이 '함께'라는 말이다. 그것은 단순히 동시성인가, 아니면 어느 정도 인과성을 갖는가, 아니면 분명한 통시성의 바탕에서 연결되는가? 이런 여러 가지 의문들이 생겨난다. 이를 해결하기 위해 우리는 먼저 이와 관련된 몇 가지 추론법들을 고찰해볼 필요가 있다.

뮈토스와 로고스를 일종의 추론의 과정으로 생각하면, 다음 세 가지 가능성이 떠오른다.

첫째, 로고스에 의해 촉발된 어떤 생각이 가설을 세우고, 그 가설을 증명하기 위해 이런저런 뮈토스를 끌어들인다. 설화에서 이른바 이념이니 주제니 하는 것을 논할 때 흔히 충성이니 효도니 하는 유교적 가치를 찾아내는 경우가 많다. 충이니 효니 하는 로고스가 하나의 가설이 되면 설화의 담론은 모두 이를 위해 '끌어들여지는' 운명을 맞는다. 문제는 이러한 로고스가 절대적인 전제로 작용한다는 데 있다. 일단 이것을 연역적 추론이라 하자.

둘째, 수많은 뮈토스들에서 로고스를 추론할 수 있다. 이를 통해 '개연적인' 로고스가 생성된다. 설화를 읽으며 우리가 흔히 하는 방식이다. 이른바 해석이란 여러 텍스트의 세부 사항들을 고려하여 의미를 찾아내는 것이다. 이것 역시 앞서 연역적 방식과 같은 오류에 빠진다. 그것은 해석된 의미에 절대성을 부여하는 과정에서 일어난다. 개연성을 개연성으로 인정하기보다는 그것을 확실성으로 바꾸려는 욕망이 해석 담론에서 흔히 드러나는 것이다. 이것은 또다른 차원에서의 로고스의 뮈토스화라 할 수 있다. 이것을 귀납적 추론이라 할 수 있지만, 결국은 앞서의 연역적 추론으로 돌아가려는 욕망을 드러내는 문제에 부딪친다.

셋째는 추론을 〈그림 8〉이 보여주는 순환성에 귀속시키는 방식이다. 설화에 대한 하나의 가설을 설정하고, 이를 통해 여러 경우들을 검증한다. 그 검증의 결과를 통해 다시 가설을 수정한다. 이런 가추적 추론[19] 으로 설화를 읽는 것은, 먼저 어떤 가설적인 로고스를 설정하고 이에 맞는 뮈토스를 끌어들이되, 그 과정에서 생겨나는 여러 미세한 충돌이나 마찰을 통해 다시금 로고스를 새로이 생성시키는 것이다. 설화를 이러한 방식으로 읽을 때, 삼국유사의 손순매아 설화가 아무리 효라는 로고스를 드러내는 설화라 하더라도, '꼭 그렇지만은 않은' 다른 읽기의 가능성 앞에 열려 있다. 그렇다면 이런 방식으로 설화를 읽을 때, 우리가 할 수 있는 것은 무엇일까? 아마도 어떤 하나의 관념이나 이념으로 설화를 규정하는 것은 아닐 것이다. 그것을 끊임없이 의문시하는 회의의 몸짓이 언어를 통해 드러나게 되고, 그래서 언어는 완결되지 않은 불안정한 상태를 기술하게 된다.

여기에서 우리는 해체적 담론에 관한 두 가지 중요한 논점을 제기할 수 있다.

하나는 언어가 불안정한 상태를 기술함으로써 어떤 확신을 주지는 못하지만, 그러나 언어 자체는 하나의 완전한 실천으로 간주될 수 있다는 점이다. 대상이 불안정할수록, 언어는 그것에 대해 환원된 하나의 관념을 '명료히' 드러내기보다는 불명료하지만 어떤 관념이 생성되는 모든 과정을 철저히 드러내는 이른바 담론적 실천을 수행한다. 끊임없이 충돌

19 가추적 추론에 대해서는 (eds.) Charles Hartshorne & Paul Weiss, *Collected Papers of Charles Sanders Peirce 2*, The Belknap Press of Harvard University Press, 1965, p. 374 참조.

과 마찰을 만들고 그 과정을 그대로 글쓰기를 통해 보여주는 일이야말로, 설화 텍스트에서 뮈토스와 로고스 간의 불안정한 관계를 가장 구체적으로 보여주는 일이다. 이것은 매우 역설적 사태라 할 수 있는데, 이러한 필연적인 사태를 직면하지 않고 회피할 경우, 자칫 자기기만적 언어를 생산할 수 있다.

또 하나의 논점은 가추적 추론의 과정에서 가설과 경우 사이의 충돌과 마찰이 빚어내는 해체적 속성이다. 뮈토스와 로고스가 결착하여 서로를 확충시킴으로써 생겨나는 신화적 사유의 증폭을 제어하는 또다른 사유는 뮈토스와 로고스의 결착에 대해 끊임없이 문제를 제기하는 사유일진데, 그러한 사유는 곧 해체적 사유라 할 수 있는 것이다. 그렇다면, 설화에서 뮈토스와 로고스 간의 관계를 기술하는 글쓰기에는 이런 해체적 사유의 침투가 불가피하다. 이런 해체로의 열림은 이 책에서 설화의 논리를 기술하는 데, 매우 중요한 단서의 역할을 한다. 다시 말해, 이 책은 이 세 번째의 추론을 바탕으로 설화에 대한 글쓰기를 시도하는 것이다.

다시 논의를 뮈토스와 로고스 간의 관계로 돌려보자. 이들의 상호작용을 통해 신화적 사유와 반신화적 사유가 드러나는 보편적 과정을 모델화해 보기로 하자.

출발은 앞서 여러 형태로 제시했던, 뮈토스와 로고스 간의 기본적인 양항대립이다.

(뮈토스 ←——→ 로고스)

〈표 9〉 뮈토스와 로고스의 기본적인 양항대립

여기서 사유는 두 갈래의 상반된 방향으로 전개될 수 있다. 먼저 신화적 사유가 드러나는 과정을 기술하자.

〈표 9〉는 인간의 사유에서 작동하는 두 개의 요소를 설정한 것이다. 신화적 사유는 일반적인 인간의 사유로부터 어떤 방향으로 전개되는 것이다. 다시 말해 그것은 뮈토스의 증폭을 낳는다. 설화가 갖는 구체성은 이러한 증폭의 기반이 되며, 앞서 말했듯 뮈토스의 증폭은 로고스의 증폭을 수반한다. 그렇다면 신화적 사유의 방향은 그와 반대되는 반신화적 사유로부터 시작된다. 그것은 뮈토스와 로고스로 이루어진 인간의 사유 자체가 로고스로 간주되는 지점이다. 따라서 다음과 같은 도식이 그려진다.

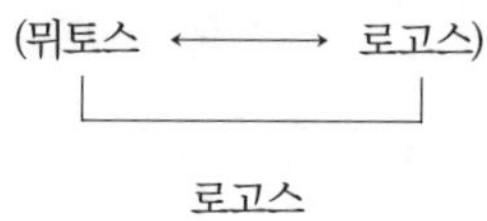

〈표 10〉 뮈토스와 로고스로 이루어진 인간의 사유가 로고스로 간주되는 지점

이는 신화적 사유가 작동되기 전 멈추어진 인간의 사유의 한 모습을 가정한 것이다. 실제로 이러한 멈추어진 마음은 존재하지 않는다. 마음은 마치 흐름과도 같다. 하나의 흐름은 마음 안의 뮈토스와 로고스가 보다 극단적인 뮈토스와 로고스가 되고자 하는 것이다. 설화에서의 이야기는 더욱 강한 신념을 통해 각인되고, 그 이야기의 구체성이 신념을 더욱 각인시키는 증폭적인 흐름이 나타난다. 그리하여 로고스로 존재했던 마음은 어느 지점에서 뮈토스로 화한다. 그 순간, 가설은 이야기가 되고 의심은 확신으로 변한다. 그러나 그 지점은 구조적인 분절점으로 나타나지는 않는다. 따라서, 다음과 같은 완결되지 않은 증폭의 도식을 가설적으로 그려본다.

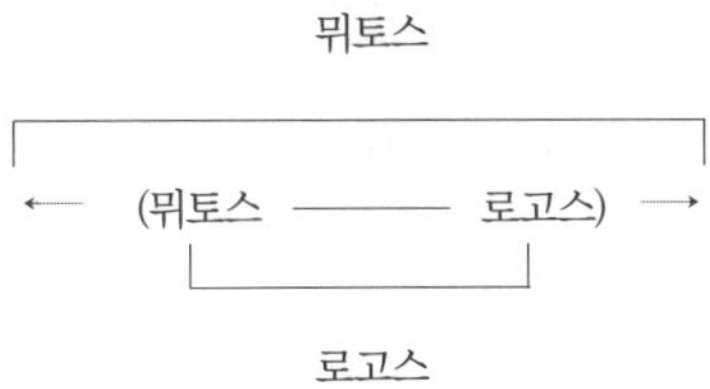

〈표 11〉 뮈토스의 증폭

여기서 점선으로 된 화살표는 사유의 미완결성 혹은 진행성을 드러낸다. 어떤 지점에서 이러한 변환이 일어난다고 할 때, 바로 그 변환은 또다른 새로운 변환을 예비한다. 기호학적 작용은 〈표 11〉과 같은 형식으로 지속되는데, 그것은 새롭게 만들어진 로고스와 뮈토스가 로고스가 되고 여기에서 신화적 사유의 증폭을 통해 새로운 뮈토스가 만들어지는 과정이다. 퍼스가 말한 무한한 세미오시스[20] 를 연상시키는 이러한 작용은 인간의 사유가 어떤 방향으로 진행되는 과정을 보여주는 것이다. 결국 인간의 마음은 이러한 진행적인 기호작용에 내맡겨짐으로써, 기호로 표출될 수 있게 된다. 다음 그림은 필자가 제안한 신화적 사유의 기호작용을 보여주는 최종적 모델이다.

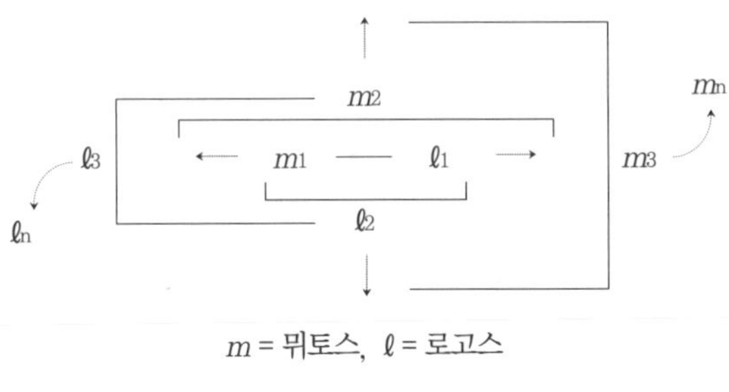

〈표 12〉 신화적 사유의 기호작용

20 퍼스의 기호작용에 대해서는 ibid., p. 156 참조.

이 그림이 일종의 증폭을 드러내는 도상적인 형상을 보여준다면, 이에 길항하는 반신화적 사유는 이와는 대립되는 도상적 형상을 보여줄 것이라 예측할 수 있다.

반신화적 사유가 기호작용으로 드러나는 양상을 모델화하기 위해, 가장 기본적인 도식(〈표 9〉)으로 되돌아가보자. 뮈토스와 로고스로 이루어진 내 사유의 움직임이 하나의 뮈토스로 간주하는 순간, 그 뮈토스로부터 빠져나오는 나의 반신화적 사유가 시작된다. 그것은 다음과 같은 도식이 된다.

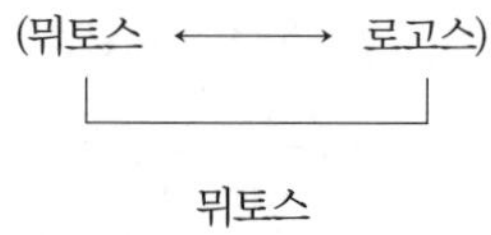

〈표 13〉 뮈토스와 로고스로 이루어진 인간의 사유가 뮈토스로 간주되는 지점

이러한 사유는 뮈토스를 강화시키기보다는 그것을 뮈토스로 간주하는 로고스를 끌어들임으로써 그것을 약화시키려 한다. 뮈토스가 갖는 힘이 새로이 끌어들인 로고스에 의해 약화되는 양상은 다음과 같은 그림으로 나타난다.

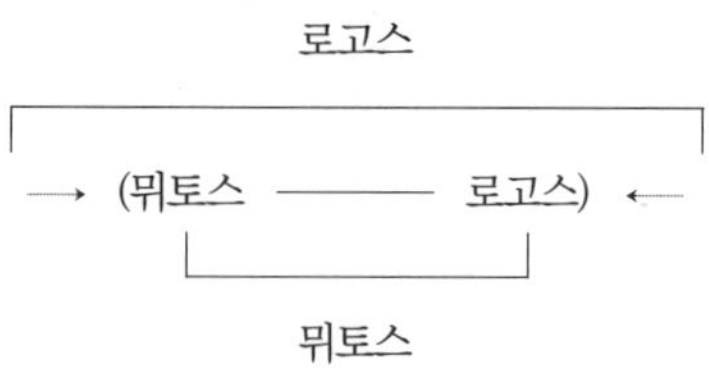

〈표 14〉 로고스의 증폭

이러한 과정 역시 명료한 분절성을 구현하지 않는다. 어느 정도는 분절적이지만, 그 분절성으로 포착되지 않는 움직임은 점선으로 표시될 수밖에 없다. 이러한 기본적인 도식은 앞서 〈표 12〉와 같은 방식으로 연결되지만, 그것과는 반대의 방향으로 이루어진다. 그것은 외부로 향한 증폭이라기보다는 내부로 향한 수렴과 같은 도상성을 구현한다. 그리하여 반신화적 사유의 기호작용을 드러내는 최종적 모델이 완성된다.

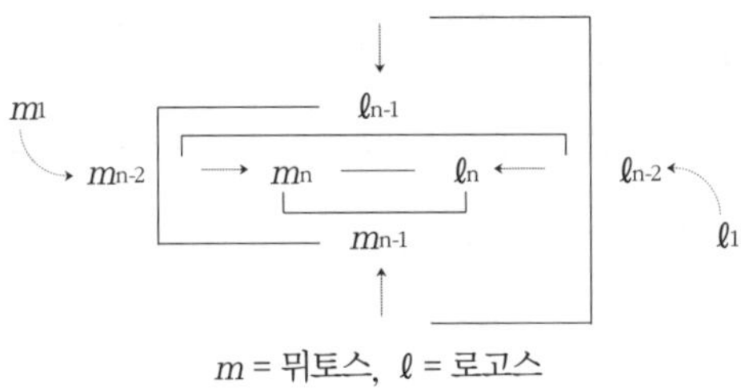

〈표 15〉 반신화적 사유의 기호작용

최종적으로 제안된 두 개의 모델은 인간 사유의 보편적 흐름을 보여주는 것이며, 설화에서 담론화되어 드러나는 것이다. 제안된 두 모델이 갖는 의미를 요약해보자.

첫째, 이 모델들은 인간 사유의 미완결성 혹은 진행성을 보여준다. 퍼스가 말한 무한한 세미오시스와 같은 것으로, 최종적인 해석소를 향해 나아가지만, 그것이 무엇인지를 말할 수는 없다. 그것을 무엇이라 명명하는 순간, 그것은 하나의 관념이나 본질로 환원된다. 그러나 모든 움직임은 이러한 환원 이전에 의미를 생성하는 기호작용으로 존재한다. 이 모델들은 점선의 화살표를 통해 어떤 방향으로 나아가지만, 그것의 최종 도달점이 무엇인지를 보여주지는 않는다. 이것은 인간의 사유 혹은 마음의 움직임을 가장 구체적으로 드러내는 것이다.

둘째, 이 모델들은 분절성과 비분절성을 함께 구현한다. 앞서 이 모델이 제안되기까지의 과정을 기술했는데, 그 과정에서 주로 구조주의적인 조작이 이루어졌다. 그러나 어느 시점에서 그러한 구조적 분절로 포착되지 않는 움직임이나 생성이 눈에 띄면서 어쩔 수 없이 불확실한 표식(점선 화살표)을 사용하게 된다. 이 세상에 존재하는 실재들이 분절적이라든지 비분절적이라든지 말하는 것은 부적절하다. 그것은 세상을 보는 관점과 전략의 문제다. 구조주의는 분절의 전략을 사용한다. 그러나 이러한 전략을 사용하면서, 분절되지 않는 부분을 드러내려는 욕망을 갖는다면, 그것은 일종의 해체적 욕망이다. 이 모델들은 이러한 욕망을 구현한 것이고, 그것은 어느 정도 전략적으로 실행된다.

셋째, 이 두 모델은 서로 대립되는 형상을 보여주지만, 그렇다고 구조적인 양항대립으로 항목화할 수 있는 것은 아니다. 앞서 말했듯, 이 모델들은 미완결성과 진행성을 드러내는 것이고, 따라서 분명한 분절 단위가 될 수 없다. 이들이 담론에서 구현될 때, 하나의 모델이 드러내는 흐름이 다른 모델이 드러내는 흐름을 극복하여 종합에 이르는 변증법적 과정을 보여주는 것도 아니다. 신화적 사유와 반신화적 사유의 대립이 어떤 종합에 이르는 궁극을 가정하는 것은 형이상학적 오류에 빠지는 지름길이다. 담론에서 이들은 매우 미시적으로 실현될 가능성이 크다. 아주 작은 세부사항에서 우리는 이들이 벌이는 충돌을 목격할 수 있는데, 그것은 우리가 '탈' 이라는 접두어를 붙일 수 있을 움직임들 같은 것이다. 다시 말해 두 개의 상반된 사유는 서로 독자적으로 존립하는 것이 아니라, 서로에 대해 기생적 관계를 갖는다. 그러기에 그들은 당당하게 대립하기보다는 틈새를 노리고 그 틈새에서 새로운 재생을 꿈꾸는 것이다.

설화에서 이러한 두 흐름이 드러나는 것도 역시 이런 양상에서 벗어나지 않는다. 앞서 말했듯, 모든 설화는 어느 정도 신화적이며, 따라서 그런 관점에서 모든 설화는 신화와 반신화, 뮈토스와 로고스 간의 관계를 통해 기술할 수 있다. 그리고 이러한 관계에 작용하는 규칙이 기술된다면, 우리는 이것을 해체론적 장르론의 한 실천으로 간주할 수 있다.

제2부
시학

1장
설화 시학의 해체론적 함의

설화를 '구술적 이야기'로 보는 일반적인 통념에서, '이야기'에 해당하는 것을 내용이라 한다면, '구술적'에 해당하는 것을 표현이라 할 수 있다.[21] 우리는 '구술적/문자적' '이야기/탈이야기'라는 양항대립에 입각하여, 모든 담론을 네 가지로 분류할 수 있다. 그러나 설화를 이러한 분류적인 구조 안에 배치하는 것은 이 책의 의도와는 거리가 있다. 앞서 뮈토스와 로고스 간의 기호작용을 통해 신화적 사유와 반신화적 사유가 생성되는 과정처럼, 구술성과 문자성 간에도 담론 안에서 하나로 환원될 수 없는 여러 미세한 기호작용이 일어난다. 이는 이 세상에 온전한 구술성도 온전한 문자성도 실현되지 않음을 전제로 한다. 설화는 구술적이지만, 또한 문자적이다. 그러나 단지 설화는 '구술적이며 문자적이다', 혹은 '설화는 구술적이거나 문자적이다' 등과 같은 절충론적 명제에 머무른다면, 의미가 없다. 설화의 구술성과 문자성에 대한 여러 가지 보편적인 명

---

21 '내용'과 '표현'의 구분에 대해서는 Louis Hjelmslev, *Prolegomena to a Theory of Language*, (trans.) Francis J, Whitfield, The University of Wisconsin Press, 1969, pp. 47–60 참조.

제를 통해 그것이 해체되는 지점을 살피면, 보다 미세한 설화의 의미 생성이 드러날 것이다.

1. 구술성과 문자성

구술성과 문자성에 대한 문제는 인간의 사유와 깊은 관련을 갖는 보편적인 문제이다. 언어를 어떤 방식으로 사용하는가는 인간이 어떻게 사유하는가와 직결되는 것이다. 물론 이에 대한 여러 가지 이론이 있다. 흔히 구술 언어와 문자 언어가 촉발하는 사유의 틀을 설정하는 작업을 통해 구술성과 문자성을 분할하는 대분할 이론은 비문자 사회와 문자 사회, 비문자 시대와 문자 시대를 명확히 구분함으로써, 이들 간에 분명한 단절이 있음을 암시한다.[22] 다시 말해 문자의 발명이 초래한 혁명적 변화를 강조하거나 문자를 통해 만들어진 문명이나 문화의 우월성을 강조하기도 한다. 이러한 논란의 기원은 고대로 거슬러 올라간다.

그리스에서 호머의 서사시의 전통은 구술성이 구현되는 양상을 보여주는 것이다. 호머 시대 그리스인들은 상투어에 큰 가치를 부여했는데, 이는 시인들뿐만 아니라 구술적으로 지각된 현상 세계 혹은 사유의 세계가 사고의 정형화된 구성에 의존했기 때문이다. 구술 문화에서 지식은 계속 반복되지 않으면 사라지게 되고, 따라서 정형화된 사고 패턴은 지혜의 효과적인 관리를 위해 본질적인 것이었다. 그러나 플라톤 시대에 문자가 정착되면서, 지식의 저장은 반복적인 정형이 아닌 기술된 텍스트에 의존하

22 Ruth Finnegan, *Literacy and Orality: Studies in the Technology of Communication*, Basil Blackwell, 1988, pp. 12–14.

게 되었다. 이미 정형화된 사고와 그것을 표현하는 상투어구가 얼마나 시대에 뒤떨어지고 비생산적인가를 깨달은 플라톤은 그러한 방식으로 시를 쓰는 시인을 자신의 공화국에서 추방한다고 하였다.[23] 이는 뮈토스에서 로고스, 신화에서 철학으로의 전환을 드러내는 계기를 보여주는 것이다.

그러나 구술성에서 문자성으로의 전환이 순조롭게 이루어진 것은 아니다. 플라톤 자신도 새로운 테크놀로지라 할 수 있는 문자에 대한 우려를 표명한다. 그에 따르면 문자로 쓴 글은 지식을 전달하는 비인간적이고 기계적인 방식이며, 물음에 대답할 수도 없고 기억을 파괴시키는 것이다.[24] 글에 의해 자신의 철학을 나타낸 플라톤이 이러한 우려를 표명한 것은 플라톤 자신에게도 이러한 구술성과 문자성 간에 해결할 수 없는 충돌과 갈등이 문제시될 수밖에 없는 사태를 보여준다. 이러한 역설적 사태는 구술성과 문자성에 대한 논의에서 매우 상징적인 의미를 갖는다. 그 후, 구술성과 문자성에 관한 수많은 담론들이 구술성과 문자성의 어느 한 쪽에 경사하는 논의를 펼쳤지만, 이러한 플라톤이 겪은 역설적 사태에서 완전히 벗어나지는 못했다.

구술성과 문자성을 구분하는 대분할 이론은 음성중심주의*phonocentrism*와 문자중심주의*graphocentrism*라는 두 개의 큰 흐름을 낳는다.[25] 이러한 흐름은 구술과 문자를 단지 테크놀로지의 차원에서만 보아서는 생겨날 수 없다. 테크놀로지란 순전히 방법적인 것으로 이념에서는 중립적인 것처럼 보인다. 그러나 테크놀로지는 단지 테크놀로지에 그치지 않는다. 거기에는 어떤 이념이 결부된다. 다시 말해 말만 할 수

---

23 Ong, op.cit., pp. 23–24.

24 Ibid., p. 24.

25 음성중심주의와 문자중심주의에 대해서는 Daniel Chandler, "Biases of the Ear and Eye", http://www.aber.ac.uk/media/Documents/litoral/ 2008.8.18. 참조.

있는 사람과 글도 쓸 수 있는 사람 간에는 세계를 바라보는 지평이 다를 수밖에 없고 따라서 다른 이념을 가질 수밖에 없다. 이것이 대분할 이론의 전제다.

구술성과 문자성에 대한 성격을 살피는 것은 언어가 본질적으로 무엇인가를 살피는 것과 같은 맥락에서 이루어진다. 즉 언어는 소리인가 문자인가 하는 문제가 제기될 수 있는 것이다. 물론 '언어는 소리이면서 문자이다'와 같은 절충적인 명제에 머물 수도 있다. 그러나 그러한 명제는 아무 것도 말하지 않는 무의미한 명제에 불과하다. 적어도 언어가 무엇인가에 대한 생각은 구술성과 문자성 가운데 어느 한 쪽을 중심으로 그것이 비롯된 기원과 그것이 촉발하는 영향과 같은 실행에 대한 관찰을 통해 재고될 수 있다. 가령 구술성은 구술성이 실현되는 어떤 기원이 있을 것이며, 그로 인한 어떤 효과가 있을 것이다. 가령 글이 아닌 말의 기원을 말할 때, 눈에 보이는 화자가 그 기원이 될 수 있다. 그것이 막연하다면, 화자가 갖고 있는 어떤 생각이 그 기원이 될 수도 있다. 그런데 그 기원을 우리가 추론하는 것은 그 말이 실행된 결과를 통해서이다. 어떤 담화에서 구술성의 특징은 이런 추론을 거쳐서야 비로소 드러난다. 문자성 역시 글에서 일어나는 커뮤니케이션의 사태를 면밀히 살피고 또한 어떤 추론을 통해 기원과 그 효과에 대해 진술할 수 있다. 이런 모든 문제는 언어가 전달을 실행하는 과정에서 일어나는 것으로, 그 과정에서 어느 것이 더 언어적인 데 가까운 것인가와 같은 판단을 해볼 수 있다. 이는 언어가 궁극적으로 무엇을 위해 존재하는가에 대한 물음과도 직결된다. 이에 대한 해답은 가령 구술성을 통해 일어나는 커뮤니케이션의 효용성이 문자성을 통해 일어나는 커뮤니케이션의 침투로 인해 훼손되는 것으로 나타날 수도 있고, 반대로 그것이 증대되는 것으로 나타날 수도 있다. 설화에서 구술로 전승되는 상황이 있는데, 그 설화를 문자로 기록했을 때 설화는 설화의 특성을 잃어버렸다고 할 수도 있고, 설화의 특징을 보존했다고 할 수도 있다. 이런 관점의 문제가 곧 언어란 무엇인가 혹은 설화란 무엇인가와 같은 물음에 자연스럽게 개입하게 되는 것이다. 구술성과 문자성을 분할된 것으로 보는 대분할 이론에는 이런 대립적 관점이 강력하게 개입될 수밖에 없다.

일반적으로 모든 언어는 먼저 구술적으로 실행된다. 이 세상에 수많은 언어들이 있는데, 이들은 모두 구술적으로 실행 가능한 언어들이다. 구술로 실행되는 언어 가운데 문자를 갖고 있는 언어는 소수에 불과하다. 따라서 대부분의 언어가 구술성만을 실행한다고 할 수도 있다. 만일 언어의 보편적인 성격을 연구하는 언어학에서 그 연구 대상을 잡는다면, 문자성이라는 특수한 자질이 실행되는 언어보다는 모든 언어가 갖는 구술성의 자질과 관련된 것을 선택하게 될 것이다. 언어학에서 가장 작은 단위를 연구하는(그래서 가장 기본적인 것으로 간주되는) 음운론의 경우, 철저하게 언어가 소리로 실현되는 규칙을 연구하는 것이다. 이러한 바탕에서야 비로소 문자성이 운위될 수 있다면, 적어도 언어가 문자성을 실행하는 것은 유표적 자질이라 할 수 있다. 이러한 관점이 보다 극단화되면, 언어는 본래 구술적인 것인데, 문자라는 테크놀로지가 발명되어 본래의 구술적인 것을 보존하는 역할을 하게 되었다는 데로 나아가게 된다. 이때 문자란 본질이 아닌 단순한 도구에 불과한 것으로 간주된다. 이렇게 구술성을 본질적인 것으로 생각하는 관점을 음성중심주의라 하는데, 이러한 생각의 토대를 이해하기 위해서는 구술성이 갖는 성격에 대해 면밀히 살펴볼 필요가 있다.

2. 구술성과 음성중심주의

말은 그것이 실행되는 현장이 있어야 한다. 누구와 대화를 하든 혹은 혼자말을 하든 나의 말이 발화되는 상황이 있으며, 그 상황은 나의 발화에 직접적으로 영향력을 발휘한다. 글쓰기 역시 어떤 상황에서 이루어지기는 하지만, 눈에 보이는 지시적 컨텍스트는 잘 드러나지 않는다. 이러한 점은 구술성이 현실세계와 여러 가지로 직접적 관련성을 가짐을 말한다. 일반적으로 언어는 현실세계와 관련을 가질 수밖에 없는데, 그 관련은 두 가지로 나타난다. 하나는 언어가 현실세계에서 실행되는 양상으로 나타나고 다른 하나는 현실세계가 언어에서 표상되는 양상으로 나타난다. 이 점에서는 말과 글이 다르지 않다. 마치 인간이 세계에 존재하면서 세계를 표상하듯, 언어 역시 지시적 세계에 존재하면서 그것을 표상하는 것이다. 그런데, 그 현실세계의 성격과 그것의 표상 관계에서 말과 글은 다르게 나타난다.

말이 어떤 상황에서 행해지는가? 만일 우리가 구술성의 특징을 밝히려면, 순수하게 문자성과 무관하게 구술성이 실행되는 상황을 가정해 보아야 한다. 이때 인류학에서 말하는 원시 구술 문화에서 인간이 언어에 대해 가졌던 생각들이 좋은 참조가 될 것이다. 말리노프스키는 원시 구술인들에게 일반적으로 언어는 사고의 대응기호가 아닌 하나의 행위 양식임을 지적한 바 있다.[26] 행위란 단지 표상 행위에 그치지 않는다. 행위란 상태를 변화시키기 위한 것이며, 말을 하나의 사건이나 행위로 본다는 것은 말을 통해 상태를 변화시키는 것을 의미한다. 이때 말은 어떤 힘을 갖는 것으로 간주된다. 사냥꾼이 물소가 움직이지 않거나 죽었을 때, 그것을

26 Ong, op.cit., p. 32.

볼 수도 있고 냄새 맡을 수도 있고 만져볼 수도 있지만, 만일 그가 물소의 소리를 들었다면 이는 무엇인가 일어나고 있다는 것으로 경계를 늦춰서는 안 된다. 이러한 의미에서 모든 소리 특히 구술 발화는 살아있는 유기체로부터 나온 것으로 매우 역동적인 것이다.[27] 구술 문화에 유포된 이러한 생각은 말 자체뿐만 아니라 말을 하는 주체에 대해서도 그대로 적용된다. 말로써 주술이 행해질 때, 주술 자체의 힘뿐만 아니라 주술을 행하는 주술사의 힘 역시 매우 중요하게 받아들여진다. 이러한 양상은 말이 행해지는 현장에서 매우 보편적으로 일어날 수 있다. 다시 말해, 권위가 인정되는 발화자가 권위가 인정되는 말을 한다. 그 말은 위력을 발휘하여 현실을 변화시키는 것으로 받아들여진다. 그렇다면 이러한 커뮤니케이션이 일어나려면, 이러한 힘이 발휘되어야 할 상황이 마련되어야 할 것이다. 그것은 무언가 현실적으로 해결해야 할 문제가 생겼을 때를 말하며, 말은 그런 문제를 해결하기 위해 동원된다. 주술과 같은 극단적인 상황이 아니라 하더라도, 우리는 현실에서 그런 상황들을 흔히 목격할 수 있다. 예를 들면, 사회의 타락을 지탄하는 목소리가 높을 때, 사회 원로의 '한 말씀'은 귀감처럼 받아들여질 수 있다. 이때 중요한 것은 그 권위 있는 원로의 육성이다. 그가 한 말씀을 한 행위 혹은 사건은 사회를 정화시키는 기폭제가 될 수도 있는 것이다.

말이 이와 같이 어떤 현실적 상황과 직접 관련되어 실행되는 것이라면, 그 말이 나타내는 것 역시 이러한 현실적 상황과 직접 관련된다. 말은 문자화되기 이전의 상태이므로, 그것의 현장에서 벗어날 수 없다. 말은 현장을 떠나면 더 이상 들을 수 없다. 그러기에 말에는 늘 지시적이거나 지표적인 요소들이 강하게 들어있다. 의미론적으로 밝혀지지 않은 의미가

27 Ibid.

상황에 의해 밝혀지는 화용론적 의미 생산이 이루어지는 것이다. 그렇다면, 말에는 글과는 전혀 다른 방식의 현실에 대한 표현이 있고, 그것은 또한 현실에 대한 사유를 보여주는 것이다.

옹은 구술성의 특징을 논하면서, 그것이 갖는 부가적, 투쟁적, 감정이입적, 항상적*homeostatic* 성격을 말한 바 있다.[28]

그가 말한 이러한 특성은 말의 표현에 관련된 부분도 있고, 그 표현에 의해 표상되는 내용에 대한 부분도 있다. 그러나 단순히 표현처럼 보이는 것도 거기에 현실에 대한 생각이 담겨있다.

옹이 말을 '부가적'이라 한 것은 가령 말에서 '그리고'와 같은 표현을 자주 쓰는 데서 나온 것이다. 이는 정교하고 규범화된 문법에 의존하는 문자적 담론과는 구별되는 속성이다.[29] 그런데 여기서 '부가적'이란 말의 속성이기도 하지만, 현실의 속성이기도 하다. 현실이란 어쩌면 단순히 '그리고'의 연결일 수도 있다. 우리가 현실을 이야기라 한다면, 그 이야기는 그냥 뮈토스 그 자체로 나타날 뿐이다. 거기에는 거리두기를 통한 메타적인 의미 부여가 없다. '그리고'가 아닌, '그래서' '그러나' '그럼에도 불구하고' 등이 쓰인다면, 그것은 단순한 뮈토스가 아닌 로고스가 되는 것이다. 즉 이야기에 어떤 논리가 부여되는 것이다. 구술성이 부가적인 특성을 갖는다는 것은 말이 글보다 이러한 논리성으로부터 벗어난다는 뜻이고, 이는 말이 현실과 거리를 두기보다는 현실에 직핍한 특성을 갖는다는 것을 말한다. 말은 현실의 필요에서 행해지고 또 그러기에 현실에 직핍한 표상을 하는 것이다.

'투쟁적' '감정이입적' 역시 말이 이와 같은 메커니즘을 통해 현실과

28 Ibid., pp. 37–46.

29 Ibid., pp. 37–38.

직접적인 관련을 갖게 됨을 말한다. 말이 투쟁적 어조를 갖는다는 것은 인간의 삶에서 이루어지는 여러 투쟁이 글에서 이루어지는 추상화를 거치지 않은 채 그대로 드러난다는 것인데, 이러한 것이 서구문화에서 글의 도움을 통해 고도의 수사학이나 소크라테스나 플라톤의 변증법으로 발전한다.[30] 말은 또한 감정이입이 이루어지기 쉬운데, 그 감정은 발화자에게 어떤 구체적 상황에서 촉발된 것이다. 감정은 구체적 상황으로 나타나는 현실에 대한 것이며, 그러한 감정이 이입된다는 것은 현실을 이성적으로 판단하여 대처하기보다는 그때그때 즉각적인 반응을 통해 대응함을 뜻한다. 이 경우 현실이란 어떤 논리를 통해 해석할 대상이 아니라, 내가 절실하게 정서적으로 반응하는 가장 구체적인 형상으로 나타난다. 말을 통해 감정이 이입되는 상황은 어떤 형태로든 그러한 감정을 처리하는 사태로 발전할 가능성이 크다. 말은 이와 같이 발화자가 말을 하는 상황에서 비롯되고 따라서 그 상황에 가장 알맞은 실행이 이루어진다.

구술을 통해 말로써 발화가 이루어지는 것은 바로 지금 그것이 이루어짐을 뜻한다. 구술 사회는 현재와 더 이상 관련되지 않는 기억들은 털어버림으로써 현재를 균형과 항상성의 상태로 유지시킨다.[31] 그 말이 어떤 일반적인 정의를 갖는가와 관계없이 현재 이 말이 어떤 상황에서 쓰이는가에 따라 의미가 실현된다. 이러한 항상적 성격은 말 자체의 담론적 의미보다는 바로 현재 우연히 실현될 수 있는 의미가 중요함을 말한다. 말은 비록 항상적인 의미론을 실현하지 않지만, 말을 통해 현실은 항상성을 갖게 된다.

구술성이 실현되는 상황이 현실이라면, 그러한 구술성을 통해 표상되

30 Ibid., pp. 43–45.

31 Ibid., p. 46.

는 것 역시 현실이다. 그 현실의 모습은 문자성의 실현을 통해 그려지는 현실과는 다르다. 앞서의 논의를 통해 구술성을 통해 그려지는 현실의 모습이 어느 정도 윤곽을 드러냈다. 어떤 개념이나 논리로 파악되지 않는 것, 지금 일어나는 모습 그대로의 것, 총체화되지 않으며 어떤 메타적 반성도 허용하지 않을 만큼 직핍한 것, 어쩌면 우리가 살고 있는 지금 이 상황 자체와 가장 가까운 것이 말로 표출되는 것이다. 그러기에 그것은 현실의 상황에 가장 직접적인 영향력을 행사할 가능성을 갖는 것이기도 하다.

구술성이 갖는 또하나의 중요한 특성은 그것이 실행되는 기원에 관한 것이다. 말은 어디에서 오는가? 그 기원은 분명히 글의 기원과 다르다. 앞서 말이 실행되는 현장에서 말의 기원은 발화자로 나타난다. 발화자는 목소리를 통해 말을 실행한다. 그러면 목소리는 어디에서 오는가? 가령, 전적으로 말만이 존재하는 사회, 다시 말해 문자가 쓰이지 않는 사회를 가정한다면, 목소리의 기원은 어떤 문자적인 것과도 무관한 순수한 다른 목소리가 될 것이다. 흔히 말하는 입에서 입으로 전해오는 '구비적' 상황이 만들어지는 것이다. 그렇다면, 이러한 전승을 가능하게 한 것은 무엇일까? 그것은 다름 아닌 발화자의 기억이 될 것이다. 오늘날 포스트모던 시대에 상호텍스트성이 문제되듯이, 순수한 구술 문화에서 역시 이러한 상호텍스트성이 일어난다. 누군가의 목소리를 받아들여 기억하고, 그 기억을 재생하여 나의 말을 만들어내는 일이 벌어지는 것이다. 말에 의한 상호텍스트성은 글에 의한 상호텍스트성과 차이가 있다. 텍스트 간의 상호작용이 주로 기억에 의존함으로써, 말에 의한 상호텍스트성은 기억술에 의한 반복적 재생에 의지할 가능성이 큰 것이다.

기억의 메커니즘을 잘 실행시키기 위해서는 이를 위한 일정한 전략이 필요하다. 모든 정보와 지식도 문자가 없다면, 기억에 의해 보존해야 하는데, 그러기 위해서는 그것이 기억에 가장 잘 맞는 형태로 만들어져야 한다. 형태란 곧 언어의 형태를 말한다. 흔히 지식이나 정보가 어떤 형이상학적인 관념으로 나타나는 것이 아니라, 구체적인 표현으로 나타난다면 기억을 유지시키는 구술성의 기제도 이러한 표현에서 찾아볼 수 있다. 가령, 리드믹하고 균형잡힌 패턴들, 반복이나 전도, 두운이나 각운 등과 같은 표현들뿐만 아니라, 심지어는 기억에 알맞은 구문이 만들어질 수 있다.[32] 이렇게 만들어진 지식이나 정보의 특징은 비교적 공유되기 쉽다는 특징을 갖는다. 누구든 일정한 패턴의 표현을 사용하기 때문에, 그러한 패턴에서 벗어나는 생각을 하려 하지 않는다. 이것은 기억에서 비롯된 문제이긴 하지만, 기억을 공유하는 집단에 의한 사유의 통제가 또한 존재할 수 있음을 보이는 것이다.

옹이 말한 구술성의 특성 중, 축적적, 잉여적, 보수적 특성은 모두 이러한 기억과 관련된 것이다.

축적적이란 언어에 수많은 정형구들이 이미 존재하고 있음을 말한다. 언어란 그때그때 상황에 따라 새롭게 만들어지는 것이고, 특히 문자를 쓰는 글쓰기의 경우, 새로운 표현을 통해 새로운 관념을 표출하는 방향으로 나아가는 경향이 있다. 그러나 지식이나 정보의 보존이 기억에만 의존할 경우, 그때그때 새롭게 만들어지는 언어로는 그 보존이 불가능하다. 문자로 보존이 이루어진 다음에는 그것을 토대로 한 새로운 창조가 이루어지지만, 보존 자체가 문제가 될 경우, 그것을 위한 다른 전략이 필요하다. 많은 집단적 표현이 축적되었다는 것은 그만큼 많은 지식이 보존될 수 있다는 것을 말한다. 예를 들어, 병사는 그냥 병사로 표현하기보다는 '용맹스러운 병사'로 표현한다든지 공주를 그냥 공주로 표현하기보다는 '아름다운 공주'로 표현한다.[33] 그럼으로써 병사나 공주에 대한 어떤 지식이 보

32 Ibid., p. 34.

존된다. 그러나 이러한 보존은 또한 병사나 공주에 대한 새로운 생각을 막기도 한다. 옹이 구술성의 특징으로 든 보수적 특성은 바로 이런 데서 온다. 문자로 지식이 저장된다는 것은 인간의 마음 밖에 지식이 저장된다는 것을 말한다. 마음 밖에 문자로 저장된 지식은 누군가에 의해 읽혀지고 비판된다. 그것은 더 이상 신비한 지식이 아니라, 누구에 의해서도 논박이나 수정이 가능한 지식이고, 그러기에 역설적으로 생산적인 지식이 된다. 구술성은 지식이 인간의 기억에 저장된다는 것을 말하며, 그 기억 안의 지식은 어느 순간 발화를 통해 사라지는 말에 의해서만 표출된다. 그러기에 그것은 신비한 것처럼 보인다. 신비한 지식에 대한 많은 기억을 저장한 사람의 초월적 권위가 인정되는 것은 그런 까닭이다. 늙은 현자는 새로운 지식을 만들어내는 사람이 아니라, 오랜 경험을 통해 많은 기억을 저장한 사람을 말하는데, 흔히 우리가 '지혜'라고 부르는 것이 그러한 것이다. 구술 사회에서 존경을 받는 이러한 사람들은 대개 과거의 경험에서 벗어나지 않으려는 보수성을 갖고 있다.[34]

옹이 말한 말의 잉여성 역시 기억의 문제와 관련을 갖는다. 글과는 달리 말은 말을 하는 순간 사라져버린다. 글은 읽었던 앞부분으로 되돌아가 반성적으로 다시 읽을 수 있지만, 말은 그럴 수 없다.[35] 따라서 말을 하면서, 그때그때 앞의 맥락과 연결시키는 말이 들어가는 것은 불가피하다. 그것은 말이 전하는 메시지에서 벗어난 잉여적인 것처럼 보이지만, 생각을 자연스럽게 연결시키는 촉매의 역할을 한다는 점에서 매우 중요한 것이다. 그것은 곧 기억을 원활히 하는 것이며, 분절되거나 분석적인 것과는 다른 인간의 자연스러운 사고의 흐름을 보이는 것이다. 흔히 말을 잘

---

33 Ibid., p. 38.
34 Ibid., pp. 41–42.
35 Ibid., pp. 39–42.

하는 것 즉 웅변에 능하다는 것은 이러한 잉여성을 잘 활용하는 것을 말하며, 그것은 인간 내면의 영혼과 같은 것을 직핍하게 표현하는 것으로 받아들여진다.

지금까지 살폈듯, 구술성이 문자성과 구분되는 특징은 그것이 실행되는 현장과 그것이 전승되는 기억의 측면에 있다. 말이 실행되는 현장은 실제 발화자와 수화자가 같은 현실에 직시적으로 연관되어 있어야 하며, 따라서 말의 보편적인 의미론만으로 실현되지 않는 의미가 화용론적으로 실현된다. 이것은 말이 단지 말에 머물지 않고, 현실에 깊숙이 관여할 수 있음을 말한다. 또 기억이란 인간의 마음 안에 지식이 저장됨을 말하는데, 이것은 마음 바깥에서 어떤 도구 즉 문자를 통해 저장된 지식과는 다른 것이다. 기억이란 어떤 집단적이거나 상투적인 표현에 의존하여 그 지식을 유지하는데, 그렇다 하더라도 그것은 너무 유동적이어서 어떤 경우에는 전승이 불가능한 것처럼 보이기도 한다. 다시 말해 글로써 명확하게 쓰여지지 않는 것은, 언제 어떻게 변할지 모르는 것이기도 하다.

이러한 구술성에 대한 관점은 다를 수 있다. 구술성에 의해 전승된 지식이야 말로, 인간의 내면에서 직접 비롯된 것이어서, 다른 어떤 문자로 위조된 지식보다 진실하다는 관점이 있을 수 있다. 이른바 음성중심주의자들의 관점이 그러한 것이다. 그러나 다른 관점도 있다. 문자가 갖는 가능성에 주목하여, 문자를 통해 구술로 전할 수 없는 지식이 저장되고 생산된다고 보는 관점이 그것이다. 대분할 이론을 통해 문자성이 갖는 이러한 독자적인 가치를 존중하는 관점은 매우 보편적인 것이다. 문자가 주는 축복, 그것이야 말로 인류가 오늘날 진보된 문명을 갖게 된 가장 큰 이유가 되는 것이다. 이것을 문자중심주의라 한다. 이를 살피기 위해 문자성이 갖는 특성이 무엇인지 알아보기로 한다.

3. 문자성과 문자중심주의

인간이 기억을 저장하거나 사고의 단편을 나타내기 위해 공간에 어떤 표시를 한 것을 문자라 한다면, 문자의 역사는 구술의 역사만큼 오랜 것일 수 있다. 그러나 이것은 그저 하나의 기호에 불과할 뿐 문자라 하기 어렵다. 문자는 소리와 일정한 연계성을 가져야 하고, 이러한 연계를 실현하기 위한 분절성이 있어야 한다. 이러한 문자는 구술 언어가 하지 못한 언어적 기능을 수행하게 되고, 이러한 변화를 통해 인간은 획기적인 문화의 한 전기를 마련한다.

웅변을 통해 인간을 설득하는 수사학이 아닌, 논리를 통해 인간을 설득하는 철학은 문자가 있어야 가능하다.[36] 논리를 찾는 것은 관계들 간에 이루어지는 필연성을 탐구하는 것인데, 그것을 드러내기 위해서는 분석적인 사고가 필요하다. 분석이란 어떤 대상을 전체적으로 놓고 실행되는데, 이를 위해서는 전체와 부분 간의 관련성을 찾아내는 능력이 필수적이다. 시간적인 흐름이 아닌 공간적인 배치 안에서의 관계를 탐구하기 위해서는 말을 하는 것보다는 문자 행위를 하는 것이 더 적절하다. 문자가 철학뿐만 아니라, 모든 학문의 전제가 되는 것은 이를 통해 이러한 분석적 관점이 표출되기 때문이다. 인간이 문자를 사용하는 것이 인간의 인지 행위 능력을 신장시키는 데 얼마나 절대적으로 작용하는 지에 대해서는 여러 가지 논란이 있지만,[37] 문자를 통해 지식을 저장하고 전달하는 새로운 효율성이 개발되었다는 점은 논란의 여지가 없는 듯하다.

문자성이 갖는 특질을 살피기 위해 앞서 구술성의 특질을 살필 때 보았던 두 가지 측면, 즉 맥락과 기억의 측면에 대해 고찰할 필요가 있다.

---

36 Ong, op.cit., p. 109 참조.

맥락이란 언어가 실행되는 주변 상황을 말한다. 그러나 맥락이란 말은 이보다 정교한 의미가 함의되어 있다. 단지 주변 상황에 그치는 것이 아니라, 언어의 실행에서 포착되어 논리화될 수 있는 것을 말한다. 맥락을 살피기 위해서는 언어의 실행에 대한 관찰부터 시작해야 하는 것은 그런 까닭이다. 그리고 그것은 텍스트에서 추론되어 또하나의 연장된 텍스트가 되는데, 우리가 그것을 컨텍스트라 하는 것도 그런 까닭이다. 구술성의 실현에서도 현실의 맥락은 중요하지만, 문자성에서 현실의 맥락은 더욱 문제적인 것으로 다가온다.

앞서 구술성의 논의에서 말은 어떤 현장에서 실행되면서, 또 그 현장을 반영한다고 하였다. 이것은 글에서도 마찬가지다. 그러나 글이 쓰여지는 현장은 말이 실행되는 현장과는 전혀 다르다.

글은 그것이 쓰여지는 현장의 맥락을 글에 직시적으로 드러내지 않는다. 이는 글이 현실과 어느 정도 거리를 둘 수 있음을 말한다. 글은 글 나름의 논리에 의해 진행되는 것으로, 현실의 직접적인 영향을 받지 않는다. 글이 맥락으로부터 자유롭다는 말은 그러나 글이 전혀 맥락에 구애받지 않음을 뜻하는 것은 아니다. 글은 다른 의미에서 맥락과 깊은 관련을 가질 수 있다. 앞서 컨텍스트를 텍스트의 연장이라 했는데, 글은 이러한 의미에서 말에 비해 그러한 성격이 강하다. 말에서 컨텍스트란 이미 주어진 것, 다시 말해 말을 하는 사건이 벌어지면 당연히 거기에 존재하는 모든 것이 컨텍스트가 되지만, 글이란 그러한 컨텍스트가 미리 주어지지 않

---

37 대체로 이러한 논의는 구술성과 문자성이 인간의 인지나 사고에 절대적으로 작용한다는 결정론을 경계한다. 이는 실제로 구술성과 문자성이 분명하게 구분될 수 없는 현실 상황에 대한 고려가 작용하는 것이다. 이러한 작업들은 면밀한 현지조사를 통해 대분할 이론이 갖는 문제점을 제기하고 있다.
Silvia Scribner & Michael Cole, *The Psychology of Literacy*, Harvard University Press, 1981. Finnegan, op.cit.

고 텍스트를 통해 추론해내야 한다. 그런 의미에서 글은 컨텍스트로부터 자유로운 것처럼 보이지만, 다른 의미의 컨텍스트를 창조하는 것이다.

컨텍스트를 창조한다는 것은 글이 갖는 생산성으로 연결된다. 말은 그것이 실행되는 현장에서 모든 커뮤니케이션이 종료되지만, 글은 그 커뮤니케이션이 늘 미완성으로 남는다. 글은 시간과 공간을 초월하여 사건을 불러일으킨다. 그 사건은 다름 아닌 '읽기'라는 사건이다. 글은 읽히기 위해 존재하며, 시공을 초월하여 언제든 읽힐 가능성을 갖고 있다. 그것은 수많은 의미 생성 사건들에 대한 가능성, 그리고 수많은 컨텍스트의 생산 가능성을 말한다. 그것은 지시대상의 세계에서 분리된 철저한 언어적 사건이다. 이러한 언어적 사건은 그러나 현실세계와 전혀 무관하게 진행되지 않는다. 말이 실행되면서, 거기에 맞는 현실에 대한 지식이 저장되고 전달되듯이, 글도 거기에 현실에 대한 다양한 메시지가 담긴다. 다만 그것은 그때그때 만들어지는 언어적 체계에 따라 달리 해석될 뿐이다. 이러한 언어적 체계를 다른 말로 '담론'이라 한다. 담론이란 현실과 조응하여 언어가 그때그때 만들어내는 체계를 말한다. 그것은 체계인 이상, 그 나름의 자율성을 갖는다. 다만 그 자율성이란 현실 세계로부터 고립된 것으로 나타나는 것이 아니라, 현실과의 관계를 통해 새롭게 만들어지는 것으로 나타난다.

이러한 담론의 세계는 언어가 현실을 반영하는 도구라고 보는 형이상학적 입장에서는 허구처럼 보인다. 커뮤니케이션이 직접 이루어지는 상황에서 인간은 어느 정도 내면의 영혼이나 진실을 보여줄 수 있지만, 글이라는 간접적인 매체가 개입하면 인간은 그 자신의 내면을 글에 그대로 반영하지 않고 무엇인가 꾸며내거나 위장할 수 있다. 진리가 인간의 마음 안에 있지 않고, 글 혹은 글로 된 책 속에 있게 된다면 그것은 이미 인간의 내면에서 멀리 벗어난 것이다. 그것은 내면에서 우러나오는 목소리,

마치 리드믹한 흐름처럼 자연스러운 목소리가 아니라, 정교하게 기획되고 계산된 하나의 인공물로 나타나는 것이다.

그렇다면, 거기에서 작가란 무엇인가? 말에 발화자가 있다면, 글에는 작가가 있다. 현실 세계의 작가는 글을 쓰면서 앞서 말한 담론 세계를 만들어낸다. 작가는 글을 쓸 때마다 각기 다른 담론 세계를 만들어낸다. 거기에서 발화자의 역할을 하는 작가는 담론 체계가 달라짐에 따라 다른 모습으로 나타난다. 글은 어찌 보면 작가의 죽음을 의미하는 것이다. 살아 있는 목소리가 아니라, 화석화된 글자 안에서 작가는 마치 책갈피 안의 마른 꽃잎처럼 죽어있다. 로버트 브라우닝이 '페이지와 페이지 사이에서 / 시들어가는 노란 꽃들'이라 읊은 것은 언어로 된 텍스트의 심리적 등가물을 표현한 것이다.[38] 플라톤이 글을 비인간적이라 한 것도 그런 의미에서이다.[39]

그러나 관점을 달리 하면, 문자가 존재하는 맥락 그리고 그러한 맥락에서 생산되는 의미는 말을 통해 생산되는 의미를 넘어서 새로운 인식의 지평으로 나아간다. 기본적으로는 지식의 저장이 안정적으로 이루어지고, 또 이에 따른 지식의 활용 역시 활성화된다. 또 산포적으로 전달되는 메시지가 앞서 말한 새로운 컨텍스트들을 만들어냄으로써, 하나의 목소리가 가졌던 권위가 해체되고, 수많은 목소리들이 만나는 장이 마련된다. 그것이 곧 학문이나 철학을 촉발시킨 계기가 되고, 또 책이라는 새로운 발명품의 보급으로 인해, 이러한 지적인 활동이 대중화될 수 있게 된다. 이러한 책에 쓰여지는 지식은 앞서 구술적 지식처럼 상투적이거나 집단적인 것이 아니라, 참신하고 개성적인 것일 수 있다. 현실에 대한 관점 혹

38 Ong., op.cit., p. 81.

39 Ibid.

은 진리에 대한 관점이 달라지는 것이다. 현실에 글은 말처럼 불쑥불쑥 개입할 수 없다. 현실은 어느 정도 거리를 두고 관찰하고, 분석하고, 해석하는 대상으로 받아들여지기 때문에, 글이 바로 현실의 문제를 해결해주지 못한다. 주술사가 행했던 것과 같은 권위는 존재할 수 없고, 나약한 말들, 즉 로고스가 횡행하게 된다.

말은 기억을 통해 전해진다. 글이 가진 가장 혁명적인 역할은 바로 이 기억의 기능을 대신하게 되었다는 것이다. 우리는 구술 문화에서의 기억에 관한 한, 일종의 낭만적 관념을 갖고 있는 듯하다. 설화를 비롯한 구술로 전승되는 문학이 일종의 집단적 기억에 의존한다는 생각이 그것이다. 또 그럼으로써 구술 문화에서 기억은 보다 더 정확하게 이루어진다는 생각이다. 그러나 구디에 따르면, 기억에 집단적 기억은 없으며 단지 개인적 기억만이 있을 뿐이다. 또 구술 문화에서보다 문자 문화에서 기억은 더 정확하게 이루어진다.[40] 구술 문화에서 전승이 하나의 기억을 하나의 계통을 통해 이어가는 방식으로 이루어질 수 없기 때문에 완전한 기억의 보존이란 불가능하다.[41] 또 기억이 구술 문화에만 존재하는 것도 아니다. 문자가 쓰이면서도 기억은 이루어졌고, 때에 따라서는 문자가 기억을 도와주는 역할을 할 수도 있다.

결국 문자로 된 글쓰기에서 우리는 그 기원으로 두 가지를 말할 수 있다.

하나는 기억이고 다른 하나는 다른 글이다. 문자 문화에서의 기억이란 어쩌면 '오염된' 기억일 수 있다. 구술만이 존재하는 문화에서의 기억을

---

40 Jack Goody, *The Power of the Written Tradition*, Smithsonian Institution Press, 2000, pp. 43–44.

41 이른바 구비문학 연구에서 흔히 하는 전승에 대한 연구가 바로 이런 관점을 기반으로 한다. 대개 특정 유형의 설화가 전승되는 과정을 추적하는 역사주의적이거나 전파론적인 관점이 그것인데, 그러한 관점이 얼마나 전승의 여러 가능성을 하나로 환원시키는 오류를 범하고 있는지 알 수 있다.

순수한 기억이라 한다면, 문자 문화에서의 기억은 그 기억에 문자성이 각인될 가능성이 큰 것이다. 이러한 변질된 기억은 우리가 구술성을 논하면서 상정했던 그런 기억의 속성에서 벗어나게 된다.

문자 문화에서 기억을 되살리기 위한 특별한 언어적 장치가 마련되지는 않는다. 다시 말해 글을 쓸 때, 우리는 이 글이 기억처럼 보존된다는 전제하에서 쓴다. 글을 쓰는 작가나 글을 읽는 독자 모두 언제든 다른 글을 참조하고 그와 대화할 준비가 되어 있다. 문자 문화에 젖은 사람들의 오염된 기억은 그러나 구술 문화의 순수한 기억보다 더 유연하게 상황에 맞게 변질될 수 있다. 문자 문화에서 글을 쓰거나 읽는 사람들이 갖는 기억은 그것이 그다지 집요한 것이 아니기 때문에, 언제든 새로운 기억으로 대체될 수 있다. 이러한 기억의 변질은 다른 말로 하면, 사유의 변화를 통한 새로운 담론의 창조로 나아감을 뜻한다. 글중심주의자들이 문화의 발전에서 글의 역할에 주목한 것은 바로 이런 측면에서이다.

문자 문화에서 생겨난 것은 그때그때의 상황에서 만들어지는 컨텍스트, 그리고 그러한 컨텍스트에서 생성된 새로운 의미의 가능성이다. 쓰기와 읽기의 사건은 서로 분리되어 실행되지만, 또한 언제든 만날 수 있는 가능성을 갖는 것이기도 하다. 시공으로 제약된 상황을 넘어서 이러한 사건이 일어나는 곳은 다름 아닌 담론의 공간이다. 담론의 공간은 현실 안에 실재하는 공간도 아니고, 형이상학적인 관념 속의 공간도 아니다. 그것은 언어가 작용하는 공간이며, 그러한 작용으로 인해 권력이나 제도와 같은 힘의 새로운 배치가 일어나는 공간이다. 이러한 공간에서 읽기와 쓰기의 구분은 해체될 수 있다. 이러한 지점은 언어가 인간의 인식을 규제하는 틀로 자리 잡는 지점이며, 그로 인해 종래의 형이상학적인 주체가 언어적 주체로 변화하는 지점이다. 문자로 이루어진 글에서 저자는 보이지 않는다. 단지 담론화된 저자가 독자에 의해 읽힐 뿐이다. 저자와 독자가 수많은 커뮤니케이션의 상황에서 다른 모습으로 드러나는 것은 우리가 수많은 책을 읽는 경험을 통해 목격할 수 있다. 초월적인 권위를 갖는 목소리로부터의 해방, 이것이 문자성이 우리에게 내린 축복의 하나다.

4. 보편시학과 그 해체

지금까지의 구술성과 문자성의 논의를 통해 이들이 단지 테크놀로지의 문제에 그칠 수 없음을 보았다. 말을 하는가, 글을 쓰는가는 인간의 사유가 어떤 곳을 지향하는가의 문제와 깊이 관련되어 있다. 이 세상에 어떤 초월적인 본질이 존재한다면, 그러한 초월적 본질에 가까운 것은 말이다. 말은 몸으로부터 직접 쏟아내며, 그것에 대한 실증적인 근거를 통해 정당성을 획득한다. 구술성을 지탱하는 기억도 이러한 본질을 어떻게 유지하는가에 초점을 맞춘다. 그러나 글은 이러한 초월적 본질에서 멀어진다. 글은 저자가 있다 하더라도, 독자가 그를 대면하지 않음으로써 익명화시킨다. 이에 따라 독자 역시 익명화된다. 저자와 독자는 화자와 청자와는 달리 담론적 저자와 담론적 독자가 되는 것이다. 화자와 청자는 이 세상에 하나뿐이지만, 담론적 저자와 담론적 독자는 수없이 많다. 다시 말해 이들은 수없이 생산되었으며, 앞으로도 수없이 생산될 것이다. 이러한 생산의 공간이 바로 담론의 공간이다.

다시 장르론으로 돌아가보자. 설화를 구술로 전승된 이야기라 할 때, 설화는 이런 문자성이 만들어내는 담론의 공간에서 영원히 격리된 채 존재하는가? 만일 그렇지 않다면, 설화의 매체성은 어떻게 기술될 수 있는가? 이러한 문제에 답하기 위해, 구술성과 문자성이 실제로 설화에서 실행되는 양상에 대해 관찰해볼 필요가 있다. 이것은 매체가 갖는 특성이 설화성을 드러내는 데 작용하는 양상을 살피는 것으로, 이른바 '시학'의 문제라 할 수 있다. 설화의 시학은 설화의 매체가 갖는 복합성으로 인해 매우 복합적으로 드러난다. 우리가 구술시학과 문자시학을 구분한다면, 설화의 시학은 이러한 대립이 해체되는 지점에 불안정하게 위치하게 되는 것이다.

1) 보편시학으로서의 문자시학

구술성과 문자성이 설화에서 실현되는 양상은 곧 언어가 시학적 기능을 수행하는 양상을 말한다. 따라서 설화가 구술적인가라는 의문에 대한 해답은 설화의 시학에 대한 검토를 통해 얻을 수 있다.

아리스토텔레스에 의해 쓰여진 시학의 개념은 일종의 예술에 대한 과학과 같은 것이었다. 시와 예술이 어떤 이데아를 표현한다고 본 플라톤과는 달리 아리스토텔레스는 시와 예술도 마치 생물학에서 생물의 유기체적 구조를 해부하듯이 그 언어의 구조가 해부되어야 한다고 생각한다. 이러한 탈형이상학적 관점은 언어 넘어서에 존재하는 것에 대해 말하기보다는 표현 매체로서의 언어의 작동 자체에 대해 말하는 것이 더 실제적이라는 오늘날의 형식주의적인 관점과 맞닿아 있다. 오늘날 시학이라는 말이 쓰이는 것도 이러한 형식주의적인 관점에서 출발하는 것으로 보인다.

형식주의에서 말하는 형식은 내용과 대립되는 개념이다. 형식과 내용을 분리된 것으로 보고, 주로 형식을 만드는 기법에 관심을 기울이는 형식주의는 이른바 내용을 하나의 부산물 정도로 취급한다. 이러한 문제점을 인지한 구조주의자들은 텍스트에서 형식과 내용을 관계적으로 이해하는 새로운 모델을 제시하기도 하였다.[42] 시학이란 형식에 대한 물음에서 출발했지만, 이러한 형식에 개입하는 다양한 요소들에 대한 배려 없이는 또한 시학이 존립하기 어려웠다. 그것은 언어가 그것이 표상하는 현실과 갖는 매우 복합적인 관계로부터 기인한다.

구조주의적 관점을 통해 끊임없이 시학의 문제를 탐구한 야콥슨의 논의를 출발점으로 삼아보자.

그에 따르면, 시학은 우선 '언어적 메시지를 예술 작품으로 만드는 것은 무엇인가?'에 대한 물음을 다룬다.[43] 시학의 주된 주제가 다른 예술 혹은 다른 종류의 언어적 행위와의 관계에서 언어예술이 갖는 차이를 다루는 것이기 때문에, 시학은 문학연구에서 주도적인 자리를 차지할 수 있다는 것이다. 또 시학이 언어 구조를 다루는 것인데, 언어학이 언어 구조에 대한 총체적 학문이기 때문에 시학은 언어학의 핵심적 부분으로 간주될 수 있다고도 하였다. 그리고 시학에서 다루는 많은 기법들은 단지 언어예술에 국한된 것이 아니기 때문에, 이러한 시학이 언어 예술 넘어서까지 확대될 수 있다고 하였다.

이러한 야콥슨의 시학의 개념은 오늘날 우리가 쓰는 일반적인 시학의 개념에 가까운 것이다. 시학에서 중요한 것은 언어 자체이며, 더 나아가 그 언어가 어떻게 사용되는가 하는 문제이다. 이러한 시학의 개념에는 언어의 예술을 실현시키기 위해 특별히 사용하는 규약이 있음이 암시되어 있다. 여기에 '예술적/비예술적' 혹은 '예술적 언어/비예술적 언어'와 같은 양항대립이 전제되며, 양항 중 전자에 방점을 둠으로써, 그것은 예술 혹은 문학 중심주의와 같은 이념을 구현한다. 또 모든 언어예술은 특별한 언어적 기법의 산물이며, 그러한 기법은 언어 아닌 다른 모든 예술의 기법이 될 수 있다는 생각은 일종의 언어중심주의적인 사고라 할 수 있다.

42 야콥슨은 이러한 문제를 적극적으로 해결하려 한 대표적인 학자이다. 또 예름슬레우가 제안한 언어구조의 모델도 이러한 의도를 담고 있다.

43 Roman Jakobson, *Language in Literature*, (eds.)Krystyna Pomorska & Stephen Rudy,The Belknap Press of Harvard University Press, 1987, p. 63.

이 경우, 회화나 음악, 연극이나 영화 등 어떤 예술도 이러한 언어로부터 비롯된 기법으로부터 벗어날 수 없는 것으로 간주된다.

이러한 생각은 19세기 말부터 20세기에 이르는 동안 형성된 예술에 대한 새로운 사조로부터 싹튼 것이다. 러시아 형식주의의 배경으로 미래파 운동을 꼽는 것은 그런 까닭이다. 19세기 말부터 20세기 초에 이르는 과도기에 문학예술에서 가장 주된 흐름은 상징주의 시학과 미래주의 시학이었다. 시적 예술의 '본질'을 탐색하고 이러한 본질을 당대의 시뿐만 아니라, 과거, 현재, 미래에 걸쳐 영원히 존재하는 것으로 본 상징주의 이론가들과는 달리 미래주의자들은 이러한 독단적인 일반화를 거부하고, 시적 언어의 완전한 자율성을 주장하였다. 이들은 단지 자연주의적인 조응이 아닌 여러 가지 라임, 두운, 조응과 같은 시적 유포니를 활용함으로써 언어학적 사실들의 내적인 역동성을 표출할 수 있었다. 이는 시의 주제에 대한 관심에서 시의 형식에 대한 관심으로의 전환을 보여주는 것이었다.[44] 이러한 전환은 모두 당시 유행하던 예술에서의 아방가르드적 분위기와 관련된 것이다. 여기에서 중요한 것은 전통적인 것, 누구에게나 익숙한 것에서 해방되어, 기존의 관습을 깨뜨리는 것, 그리하여 대상에 대한 새로운 인식을 촉발하는 것이었다. 야콥슨이 말한 시학도 이러한 것에 대한 과학적 탐구를 말하는 것이었다.

필자는 러시아 형식주의에서 프라그 학파의 구조주의를 거치면서 생성된 야콥슨류의 시학이 시방 이 책에서 다루는 구술성과 문자성의 문제와 깊이 관련되어 있다고 본다. 앞서 말한 구술성과 문자성의 여러 속성들이 시학적으로 구현될 때 그러한 매체성은 언어예술을 예술적으로 만

44 미래파 시학과 러시아 형식주의 간의 관계에 대해서는 Victor Erlich, *Russian Formalism, 3th edition*, Yale University Press, 1981, pp. 46–50 참조.

드는 데 나름대로의 기여를 하게 되는 것이다. 그런데, 이러한 시학이 구현되는 과정에서 구술성과 문자성은 동일한 위상을 갖지 않는다. 앞서 말했던, 시학이 추구하는 언어중심주의 혹은 예술중심주의적 관점은 적어도 구술매체보다는 문자매체에서 더욱 뚜렷하게 드러나는 것으로 보인다.

이를 증명하기 위해 러시아 형식주의와 프라그 학파에 의해 제기된 시학의 면모를 좀더 상세히 살펴보기로 하자.

이들 시학에서 가장 핵심적인 문제는 예술의 자율성이다. 예술의 자율성은 그 자율성을 유지시키는 특별한 언어의 사용이 전제되어야 한다. 그리고 그러한 사용은 독자로 하여금 특별한 미감을 갖게 한다. 이에 대해서는 널리 알려진 슈클로프스키의 다음과 같은 언명을 참조해보자.

> 예술의 목적은 사물에 대한 감각을 그것에 대해 알려진 것으로서가 아닌 지각된 것으로 드러내주는 것이다. 예술의 기법은 대상을 "낯설게 하는" 것이며, 형식들을 난해하게 하는 것이며, 지각의 어려움과 길이를 증가시키는 것인데, 왜냐하면 지각의 과정이 미학적 목적 그 자체이며, 이로부터 연장되어야 하는 것이기 때문이다. 예술은 대상의 예술성을 경험하는 방식이며, 대상 자체는 중요하지 않다.[45]

예술의 목적이 알려진 것으로서가 아닌 지각되는 것으로 사물을 드러낸다는 것은 사물에 어떤 고정적인 본질이 존재하기보다는 그때그때 새롭게 지각되는 유동성이 있다는 것인데, 이는 예술의 목적이 초월적인 목소리를 전하는 것이 아님을 분명히 하는 것이다. 내가 어떻게 받아들이느

---

45 Victor Shklovsky, "Art as Technique", (trans. & intro.)Lee T. Lemon & Marion J. Reis, *Russian Formalist Criticism Four Essays*, University of Nebraska Press, 1965, p. 12.

냐는 예술에서 매우 중요하다. 그것은 마치 글이 유포되어 누구에게든 읽히고 해석되는 양상과 흡사하다. 또 예술은 대상을 낯설게 함으로써, 대상에 대한 새로운 해석을 가능하게 한다. 이 경우, 예술은 대상과 친숙하고 자연스러운 관계를 갖기보다는 낯설고 불편한 관계를 갖는다. 이는 예술과 대상의 분리, 다시 말해 언어와 현실의 분리를 보여주는 것이다. 상징주의 시학에서 말하는 언어와 대상의 자연스러운 조응은 더 이상 존재하지 않는다. 언어와 대상을 이와 같이 분리시킨다는 것은 그런데 이들에게 언어를 대상에 종속시키는 것이 아니라, 대상을 언어에 종속시킴을 의미한다. 언어를 대상에 종속시킬 경우, 언어는 단지 대상을 명명하는 라벨이거나, 아니면 기껏해야 대상을 나타내는 수단에 불과하다. 그러나 대상을 언어에 종속시킬 경우, 언어는 그 자체로 하나의 세계를 구성한다. 이 책에서 주로 말하는 '담론' 역시 이런 언어의 자율적 체계에 기반한다. 그러나 앞서 담론에 대한 설명에서 언급했듯, 담론이란 그것의 내용을 분명히 갖는다. 단지 고정된 내용이 아닐 뿐, 담론이 형성되면서, 제도, 권력, 이데올로기 같은 것이 형성된다. 이러한 생각은 모두 대상을 언어에 종속하는 관점에서 비롯된 것이다.

미래주의 시학에서 러시아 형식주의를 거쳐 프라그 학파에 이르는, 그리고 오늘날의 구조주의와 후기구조주의, 해체주의에 이르는 일련의 흐름에는 바로 이러한 대상과 언어를 분리하고 대상을 언어에 종속시키는 언어중심주의적 관점이 존재해 왔다. 그리고 그것의 출발점은 소쉬르의 기호 개념이다. 파롤 이전의 랑그 체계 안에 기호들이 존재하고, 그 기호는 기표와 기의로 이루어진다. 이러한 체계 안에 대상이나 현실은 더 이상 존재하지 않는다. 소쉬르는 기표와 기의만을 말했을 뿐, 지시 대상에 대해서는 말하지 않는다. 그렇다면 그러한 지시 대상들 즉 현실에 무수히 산재한 그것들은 도대체 어디로 갔을까? 그것은 여전히 그 자리에 있을 뿐이다. 다만 언어를 통한 커뮤니케이션이 실현되는 상황에서 이들은 기의로 체계화되어 기표로 표출될 뿐이다. 그것은 우리의 인지 체계 안에 존재하며, 분절된 말로써 전달된다. 그러니까, 기호화되지 않은 어떤 대상도 소쉬르에게는 아무런 의미가 없다. 그것은 커뮤니케이션의 상황 밖에 존재하는 것이다.

이러한 생각은 슈클로프스키가 대상보다는 지각의 과정 자체를 예술의 목적이라고 한 언명과 상통한다. 소쉬르에게 기호는 이미 대상들의 세계로부터 격리되어 있다. 기호는 그 자체로 체계를 만들어 나간다. 인간이 무엇을 새롭게 지각한다는 것은 대상을 새롭게 기호화한다는 것을 의미한다. 가령, 대표적인 기호체계라 할 수 있는 신호등의 체계도 처음부터 존재하지 않았다. 그것은 인간이 세계를 새롭게 지각하여 만들어낸 결과라 할 수 있다. 이 세상에 수많은 기호체계가 존재하고, 앞으로도 존재할 것이다. 이것은 우리가 예술을 지각할 때, 수많은 사람들에 의해 혹은 한 사람이라 하더라도 수없이 많은 상황 안에서 다르게 지각하는 것과 마찬가지다. 소쉬르가 언어에 대한 고정된 관념을 해체하듯, 슈클로프스키 역시 예술에 대한 어떤 고정 관념도 해체하고 있다. 이러한 해체의 싹은 인간이 언어를 대상과 분리하여 생각하면서 그 모습을 드러내기 시작하는데, 오늘날 기표들의 자유로운 유희를 말한 데리다는 이러한 생각을 가장 극단적인 지점까지 몰아간 예라 할 수 있다.

언어와 대상을 분리시킴으로써, 시학은 언어가 스스로 작동하는 양상에 관심을 기울인다. 그렇다면, 언어가 예술성을 구현하기 위해 작동하는 메커니즘은 무엇일까? 이것은 형식주의자들의 가장 첫 번째 관심사였다. 앞서 슈클로프스키의 언명에서 보았듯, 그것은 어떤 기법을 통해 대상을 낯설게 하는 것으로 나타난다. 형식주의는 가장 먼저 대상으로부터 언어를 격리시키고, 그 다음에는 그 언어 가운데 특수한 기법이 활용되는 메커니즘을 찾아가는 과정을 밟는다. 러시아 형식주의 시학에서 특수한 기법은 인간의 지각에 영향을 미치는 효과를 위해 만들어진다. 이러한 양상은 형식주의라 해서, 단지 언어를 고정된 형식으로만 이해하지 않음을 말한다. 인간의 지각에 영향을 미치기 위해서는 그때그때 상황에 맞는 기법이 창출되어야 하는데, 그런 점에서 형식주의는 언어 자체의 문제뿐만 아니라, 그것이 실행되는 커뮤니케이션의 상황까지도 고려하지 않으면 안 되는 것이다.

슈클로프스키가 말한 낯설게 하기를 통한 효과는 영원히 지속되는 것이 아니다. 만일 그런 것이라면, 그것은 이른바 '본질'이라는 이름으로 불리울 터인데, 형식주의적인 관점에서 그러한 본질은 없다. 한때 낯선 것이 시간이 지나면 낯익은 것이 된다. 다시 말해, 한때 예술적이었던 것이 시간이 지나면 예술적이 되지 않을 수 있다. 그것은 인간의 지각에서 더 이상의 어려움이나 지연이 일어나지 않음을 말한다. 이러한 상태를 '자동화'라 하는데, 이는 프라그 학파의 이론에서 '전경화'와 대립되는 개념으로 쓰인다.[46] 무카조브스키 말대로, 자동화는 사건을 도식화시키지만, 전경화는 이러한 도식을 깨뜨리는데, 시적 언어의 기능은 발화의 전경화가 극대화될 때 발현된다. 전경화란 텍스트의 어떤 부분이 앞으로 돌출되는 사태를 말한다. 돌출되는 부분이 있다는 것은 반대로 이러한 돌출의 배경이 되는 부분이 존재함을 말한다. 무카조브스키가 말한 이러한 개념은 텍스트가 어떤 단위로 분절되거나 분석되고, 그 단위 중 어느 하나가 다른 것에 비해 특수한 기능을 할 수 있음을 말한다. 그러나 이것 역시 낯설게 하기와 같이 인간의 지각을 통해 수용되는 과정에서 그리고 그러한

46 '자동화'와 '전경화'의 개념에 대해서는 Jan Mukařovský, "Standard Language and Poetic Language",(trans.) Paul L. Garvin, *A Prague School Reader on Esthetics, Literary Structure, and Style*, Georgetown University Press, 1964, pp. 19–20 참조.

수용의 전체 맥락에서 매우 가변적이 될 수밖에 없다. 상황에 따라 전경화되었던 부분은 배경으로 물러날 수 있고, 배경에 있는 것으로 지각된 것이 전경으로 돌출될 수 있다. 러시아 형식주의에서 예술의 기법이 상황에 따라 달리 쓰일 가능성을 열어두었다는 점은 매우 중요하다. 그것은 곧 구조주의와의 만남을 의미하기 때문이다. 예술적 텍스트가 텍스트 자체의 구조를 가지고 있다는 생각에서 그러한 구조가 가변적일 수 있다는 생각으로 확대된 것은 곧 구조주의적 사유로부터 생겨난 결과라 할 수 있다. 전경화되는 부분과 배경화되는 부분의 관계는 구조적 관계이다. 구조적 관계는 상황에서 만들어지는 것이다. 이러한 부분들 간의 관계를 일종의 종속관계로 볼 때, '지배소'라는 개념이 생겨난다.[47] 하나의 요소는 다른 요소를 지배함으로써 예술작품을 유기적인 구조로 만드는데, 이때 지배하는 요소가 바로 지배소이다. 이러한 지배소의 개념이 성립하기 위해서는 먼저, 예술 작품이 구조적 단위나 층위로 분절될 수 있다는 점, 이들 단위들의 관계가 일종의 위계관계로 이루어진다는 점, 그리고 마지막으로 이러한 위계관계는 가변적이라는 점이 전제되어야 한다. 시학이란 바로 이러한 구조가 갖는 역동성을 기술하는 것이다. 이를 위해서는 형식주의 시학이 갖는 지나친 텍스트 중심성, 즉 텍스트가 갖는 자율성에 대한 경사에서 벗어나야 한다. 굳이 우리가 구조주의를 형식주의와 구분한다면, 바로 그 지점이 여기에 있는 것이다.

앞서 낯설게 하기, 전경화, 지배소와 같은 개념에서 보았듯, 이들은 텍스트 내재적으로 실현될 수 없는 것이다. 이러한 개념에서 역동적인 변화의 함의가 포착된다면, 그것 역시 구조적인 용어로 포착하는 것이 구조주

47 Ibid., pp. 20–21.
Jakobson, op.cit., pp. 41–46 참조.

의 시학에서 필요한 일이다. 그러기 위해서는 텍스트를 그것이 전달되는 상황에서 기술해야 하며, 이 경우, 그러한 상황 안의 여러 요소들 역시 구조적 관계로 기술되어야 한다. 이러한 구조주의의 관점은 형식주의가 가졌던 텍스트의 자율성의 신화를 해체하는 것이기도 하다. 소쉬르가 말한 공시성에 통시성이 틈입함으로써, 우리는 공시태에 대한 기술만을 고집하는 구조주의에서 역동적 구조의 기술을 목표로 하는 새롭고 유연한 구조주의로 나아갈 수 있다. 이것은 미래주의 혹은 아방가르드적인 분위기에서 생겨난 형식주의 시학에 대한 또 다른 대안적 시학이 가능할 수 있음을 보이는 해체의 한 실천이 될 수 있다.

언어와 대상을 분리하여 언어학을 하나의 자율적인 과학으로 정립하면서, 아울러 언어학을 인문학의 중심에 놓고자 한 야콥슨을 일단 언어중심주의자라 말할 수 있지만, 그가 말한 언어는 닫힌 체계로만 존재하는 것이 아니라, 그것이 실행되는 복합적인 상황에서 작동하는 움직이는 체계로 존재한다. 그가 말한 시학의 실천에는 후설의 현상학이나 퍼스의 기호학, 게슈탈트 심리학과 같이 인간의 지각과 상황 안에서의 의미작용을 다루는 다양한 학문들에 대한 열린 수용이 전제되어 있다. 언어와 대상의 분리에서 출발하여 차츰 대상이 언어로 틈입하는 과정을 언어 체계로 기술해내는 것은 곧 언어 체계의 외연이 확대되는 과정이며, 그러한 확대는 필연적으로 그 이전의 고정된 체계에 대한 해체를 전제한다. 구조주의에 해체의 의미가 함의된다면, 이는 하나의 구조가 닫힌 체계에 머물지 않고, 또다른 구조를 생성하는 필연적인 구조화의 작용에서 비롯된다. 야콥슨의 시학에서 이런 해체와 구조화의 역동적인 움직임은 곳곳에서 발견된다.

슈클로프스키를 비롯한 러시아 형식주의자들에게 가장 핵심적인 문제는 예술적 기법에 관한 것이었는데, 야콥슨의 시학적 관심 역시 이로부터 출발하는 것이다. 그러나 야콥슨에서 이러한 관심은 보다 구조화된 담론으로 실행된다. 그가 말한 '기예'*artifice*라는 개념은 바로 예술적 기호를 나타내는 말인데, 문제는 이러한 개념이 도출되는 과정이 구조화를 통해 이루어진다는 점이다. 단순히 낯설게 하는 것을 넘어서, 예술적 기호는 다른 일반적인 기호들과 구별되는 구조적 위상을 갖는다. 그러한 위상을 기술하기 위해서는 역시 구조적인 분절과 그 분절된 단위들 간의 재결합이라는 일종의 구조화의 과정을 거친다. 그가 생각한 양항대립의 구조는 '인접성/유사성', '사실성/귀여성'이며, 이들 양항대립의 항들이 결합되어 네 개의 기호가 도출된다.[48]

사실적 인접성 = 지표 기호(현재)

사실적 유사성 = 도상 기호(과거)

귀여적 인접성 = 상징 기호(미래)

귀여적 유사성 = 기예(무시간적)

여기서 먼저 야콥슨이 제시한 양항 대립부터 살펴보자.

'사실성/귀여성'에서 '사실성'이란 현실에 존재하고 있는 양상 자체를 가리킨다. 언어에 관해 논의할 때, 그 지시대상인 현실에 대한 논의를 피하기는 어렵다. 그러나 소쉬르는 대상의 세계는 체계화될 수 없는 것이기 때문에 논의의 대상에서 제외한다. 그럼에도 불구하고 대상의 세계는 언어에 이런저런 방식으로 틈입한다. 이것은 구조의 기술에서 드러나는 해체의 조짐이다. 야콥슨은 바로 이 점을 포착하고, 그것을 또한 구조화한

48 '기예'의 개념에 대해서는 ibid., pp. 451–452 및 송효섭, 『문화기호학』, 아르케, 2000, pp. 112–113 참조.

다. '귀여성'이란 '부여된 성질'을 말한다. 본래 현실 세계에 있는 것이 아니라, 거기에 인간이 어떤 의미를 부여하는 것이다. 그럼으로써 그것은 현실로부터 한 단계 도약한다. 다시 말해 현실과 구분되는 또다른 체계가 만들어지는 것이다. 소쉬르가 기표와 기의 간에 존재하는 자의성에 대해 말할 때, 그것은 바로 이러한 귀여성이 존재함을 말한 것이다. 이러한 사실성과 귀여성 모두를 기호 분류의 틀로 활용했다는 것은 야콥슨이 이러한 두 가지 성질을 모두 기호적인 것으로 수용했음을 말한다. 현실과 직접 관련을 갖는 기호가 있을 수도 있다는 생각은 소쉬르와는 전혀 다른 퍼스의 기호학에서부터 온 것이다. 그리하여, 그의 기호 분류는 기본적으로 퍼스의 기호 분류에 의존한다.

'인접성/유사성'의 양항 대립은 야콥슨 시학의 가장 기본적인 축을 이루는 것이다. 그런데 이러한 두 가지 특성 역시 앞서의 사실성과 귀여성과 거의 유사한 의미를 갖는다. 다만 다른 것은 '인접성/유사성'은 적어도 두 개의 항목 간의 관계의 문제에 관한 것이라는 것이다. 인접해 있는 성질은 현실에 존재하는 사태로 나타난다. 그러나 유사한 성질은 인간의 인지작용이 개입하여야만 드러난다. 인간이 유사하다고 생각해야 유사한 것이 되는 것이다. 이러한 양항 대립은 야콥슨이 시적인 것, 혹은 예술적인 것을 논의할 때 집요하게 활용된다. 인간의 인지작용이 개입하는 유사성이 병행이나 은유와 같은 것으로 실행됨으로써, 시적 기능이 구현된다고 보는 것이다.

이러한 두 가지 양항대립을 거칠게 대응시키면, '사실성'은 '인접성'과 '귀여성'은 '유사성'과 상응한다고 할 수 있다. 다시 말해, 사실적 인접성과 귀여적 유사성은 서로 상응하는 것끼리의 결합을 통해 기호가 갖는 성질을 가장 극단적으로 나타낼 수 있다. 그런 점에서 보면, 지표 기호와 기예는 기호가 갖는 양극성을 구현하는 두 개의 항이 된다. 이것은 러시아 형식주의자들이 흔히 말하는 '표준 언어'와 '시적 언어'와 같은 양항 대립[49] 을 보여주는 것이다.

그러나 야콥슨이 말한 기호의 분류는 이러한 양항 대립에 머물지 않는다. 앞서 말했듯, 여기에 절묘한 해체의 전략이 숨어 있다. '사실적 유사성'이나 '귀여적 인접성'과 같은 관계는 그 자체로 해체적인 생산성을 보여준다. 유사성은 본래 부여된 성질이지만, 그것이 사실로 받아들여지는 상황은 인간과 그가 지각하는 대상이 서로 모순되면서도 또한 교류가 이루어지는 것을 보여준다. 또 본래 현실에서 명백하게 인접적인 것이지만, 그것이 인간에 의해 관습화된다면 귀여적인 것이 된다. 이것 역시 인간이 그가 접한 현실과 모순 관계 속에 존재하며, 아울러 그 모순을 생산적 방식으로 해결하는 양상을 보여준다. 이러한 것은 언어를 사용하는 인간이 언어를 단지 사실을 지시하는 도구로만 보는 것도 아니고, 또 인간이 언어를 사실로부터 분리하여 하나의 유희의 도구로만 삼는 것도 아님을 말한다. 언어란 이러한 양극단 사이에서 무수하게 많은 미세한 결들을 생산해낸다. 야콥슨의 이러한 분류는 바로 인간이 기호를 사용하는 과정에서 생겨나는 다양한 기호작용을 구조적으로 기술해낸 결과다. 여기에서 제시된 네 가지 유형은 앞서 말한 양항성을 전도시키는 기호작용의 결과로 나온 것이라는 점에서 해체적이라 할 수 있다. 인간이 언어를 통해 기호작용을 한다는 전제에서 이러한 네 가지 분류항으로 환원시킬 수 없는 보다 다양한 움직임들이 현실에서 포착될 수 있다. 그것은 구조의 틀을 제시하면서 그것에서 벗어나는 것을 포착하는 해체의 전략이 될 수 있는데, 우리는 야콥슨의 시학에서 그러한 것을 읽어낼 수 있다.

야콥슨의 시학에서 뚜렷이 드러나는 것은 커뮤니케이션의 상황에 대

49 Mukařovský, op.cit., pp. 17–30.

한 배려라 할 수 있다. 커뮤니케이션의 상황 안에 존재하는 요소들을 항목화하고 이들 요소들이 언어의 실행에서 하는 역할을 논의한 것[50] 을 단지 하나의 요소가 하나의 기능에 대응하는 양상을 기술한 것으로만 해석해서는 안 된다. 각기 다른 요소들이 커뮤니케이션 상황에 존재하면서, 각기 다른 언어적 기능을 수행하지만, 실제로 어떤 발화가 이루어질 때, 어느 특정한 요소만이 작용하거나 어느 특정한 언어의 기능만이 수행되지는 않는다. 시에서 시적 기능이 발현되는 것을 드러내는 것이 시학의 역할임은 분명하다. 시적 기능이란 야콥슨에 따르면, 메시지 자체에 초점이 맞추어짐으로써 구현된다.[51] 그렇다면 시학이란 바로 예술 텍스트에서 메시지 자체에 어떻게 초점이 맞추어지는가를 탐구하는 것이다. 시적 기능의 경험적인 언어학적 기준을 야콥슨은 언어 행위의 가장 기본적인 두 가지 양식, 즉 선택과 결합을 통해 설명한다.[52] 화자가 어떤 표현을 하기 위해서는 수많은 가능성이 앞에 놓여 있으며, 그 중의 하나를 선택할 수 있다. 이러한 선택이 이어지면서 발화가 만들어지는데, 이것은 결합의 결과라 할 수 있다. 그에 따르면, 선택은 등가, 유사성과 비유사성, 동의어와 반의어의 기반에서 이루어지며, 결합 즉 시퀀스의 구성은 인접성의 기반에서 이루어진다. 따라서 시적 기능이란 등가의 법칙을 선택의 축

---

50 야콥슨이 제시한 커뮤니케이션의 항목들과 그에 상응하는 기능은 다음과 같다

컨텍스트(지시적 기능)
메시지(시적 기능)
발신자(감정표시 기능)　　　　수신자(환기적 기능)
접촉(친교적 기능)
코드(메타언어적 기능)

Jakobson, op.cit., pp. 66–71.

51 Ibid., p. 69.

52 Ibid., p. 71.

에서 결합의 축으로 투사한 것이다.

이러한 과정을 통해 시적 기능이 구현될 때, 우리가 예상할 수 있는 것은 메시지가 겉으로 드러나는 결합의 양상과는 달리 실제로는 같은 언어 단위가 계속 반복될 것이라는 점이다. 하나의 언어 단위가 다른 등가적인 언어 단위와 연결되거나, 혹은 유사하거나 비유사한 언어 단위와 연결되는 양상은 메시지가 어떤 틀에서 벗어나지 않은 채 그것의 형상의 변화만을 보여주고 있음을 말한다. 그리하여 그것은 일종의 병행과 같은 것으로 나타난다.[53]

메시지에서 언어 단위가 반복되어 실행되면서, 수신자는 언어에 대한 독특한 경험을 하게 된다. 메시지가 전해질 때, 당연히 그에 수반되는 지시 대상의 환기가 반복으로 인해 지연된다. 언어가 바로 지시 대상으로 연결되는 것이 아니라, 하나의 언어 안에서 언어 단위들 간의 관계가 돌출되어 수용된다. 그것은 수신자로 하여금 언어가 지시하는 현실이 아닌 언어 자체에 몰입하게 한다. 이것이 바로 야콥슨이 말하는 메시지 자체에 초점을 맞춘다는 뜻이다.

그런데, 이러한 시적 기능의 구현은 매우 복합적으로 이루어진다. 무엇보다도 반복되는 언어 단위들의 층위가 매우 다양할 수 있다. 음소, 낱말, 구, 문장 등과 같은 언어 단위가 설정된다면, 이들 각각의 단위들이 앞서 말한 반복의 원리에 의해 발화를 실현시키고 텍스트를 만들어낼 수 있다. 만일 음소가 반복된다면, 이를 통해 매우 청각적이며 그리하여 음악처럼 들리는 시가 생산될 수 있을 것이다. 낱말이 반복된다면, 거기에는 이미 의미의 문제가 작용하면서 다양한 은유가 만들어질 수 있을 것이다. 구나 문장의 반복도 이러한 소리와 의미 더 나아가서는 텍스트를 통해 추론되

53 Ibid., p. 81.

고 해석될 수 있는 병행의 코드를 만들어낼 수 있을 것이다.[54]

전통적인 미터나 운율론 혹은 작시법과 같은 이론들이 소리의 반복에 초점을 맞춘다는 점에서 바로 이러한 시적 기능의 구현에 관해 논하는 것이며, 은유와 환유의 양항 대립을 통해 문화의 전체적인 코드를 해석하는 과정 역시 문화 안에서 작동하는 반복의 원리를 탐색한다는 점에서 문화의 시적 기능을 드러내는 문화 시학이라 부를 수 있다. 메시지 자체에 초점을 맞추는 시적 기능은 단지 언어의 기능에 그치는 것이 아니라, 문화의 여러 다양한 현상들을 기술하는 데서도 드러날 수 있다. 설화의 시학이라는 말을 이 책에서 쓰는 까닭도 여기에 있다.

시적 기능이 비록 메시지 자체에 초점을 맞추는 것이라 해서, 그것이 메시지를 커뮤니케이션에 작용하는 다른 요소들로부터 절대적으로 고립시키는 것으로만 이해해서는 안 된다. 만일 시적 기능을 고립된 것으로 본다면, 그것은 구조주의에서 가장 경계하는 본질주의에 빠질 수밖에 없다. 시적 본질 같은 것이 있다고 보는 상징주의 시학과는 전혀 다른 관점에 서는 것이 구조주의 시학이다. 시적 기능이 구현되는 과정에서 언어의 다른 기능과 어떤 작용을 하는 지에 대해서는 지금까지 구체적으로 논의된 바가 없다. 다만, 야콥슨은 이것을 구조에서의 위계의 변화, 다시 말해 지배소의 변화에 따라 시적 기능이 발화에서 다른 양상으로 실행될 가능

54 구나 문의 반복은 그보다 작은 음소나 낱말의 반복보다는 명시적으로 드러나지 않기 때문에, 추론의 과정을 거쳐 해석될 가능성이 크다. 해석은 다양한 맥락에서 가능한데, 그렇다면 시적 기능이 구현되는 양상 역시 다양한 맥락에서 해석될 수 있는 것이다. 이러한 점은 야콥슨이 말한 '메시지 자체에 초점을 맞추는' 시적 기능을 넘어선 것처럼 보이지만, 실제로는 맥락을 해석에 끌어들인다는 점에서 메시지에 수렴하는 것으로 해석할 수 있으며, 오히려 시적 기능이 더욱 확대될 가능성을 보이는 것이다. 또한 야콥슨이 말한 커뮤니케이션의 여섯 요소들이 구현하는 언어의 기능들이 서로 간의 경계를 넘어서는 양상으로 나아갈 수 있다는 점에서 '해체적' 인 시적 기능의 구현이라 말할 수 있다.

성에 대해서만 언급한 바 있다. 그는 시에서 지배적인 시적 기능에 어떤 다른 기능이 부수적으로 연루되는가에 따라 다른 장르가 실현된다고 하면서, 삼인칭에 초점이 맞추어진 서사시는 지시적 기능에 주로 연루되고, 일인칭에 초점이 맞추어진 서정시는 정서적 기능에 주로 연루되며, 이인칭에 초점이 맞추어진 시는 환기적 기능에 주로 연루되는데, 이때 일인칭이 이인칭에 종속되느냐 아니면 이인칭이 일인칭에 종속되느냐에 따라, 간청적이거나 훈계적으로 나타난다고 하였다.[55] 이러한 논의는 구조를 정태적인 것이 아닌 역동적인 것으로 본 야콥슨의 탁월한 견해를 보여주는 것이지만, 한편으로는 언어학자로서의 그의 한계를 보여주는 것이기도 하다.

지금까지의 논의를 통해 우리는 다음과 같은 보편적인 시학의 영역을 가정할 수 있다. 그것을 야콥슨이 말한 언어의 커뮤니케이션에 참여하는 여섯 가지 요소들 간의 관계 안에서 설정해 보기로 하자.

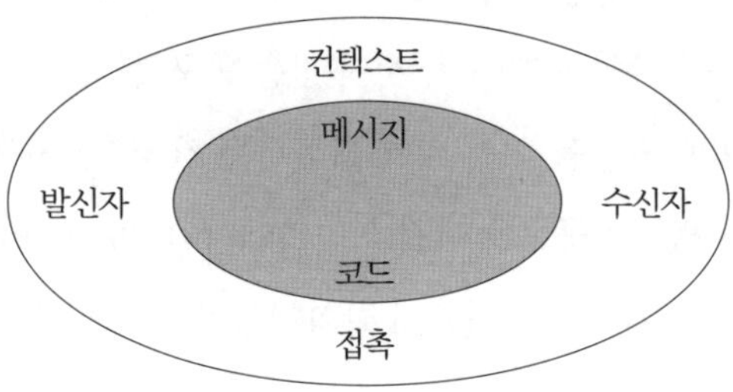

〈표 16〉 보편시학의 영역

이 그림에서 제시된 시학이 실선의 원으로 표시된 것은 메시지와 코드로 대표되는 담론의 영역으로 다른 요소들이 모두 수렴되기 때문이다. 다

55 Ibid., p. 70.

시 말해, 컨텍스트는 '메시지 안에서 코드화된 컨텍스트'가, 접촉은 '메시지 안에서 코드화된 접촉'이, 발신자와 수신자는 각각 '메시지 안에서 코드화된 발신자'와 '메시지 안에서 코드화된 수신자'가 된다. 이들은 모두 보편시학의 기술에서 중요한 역할을 한다. 그럼에도 불구하고, 이들은 늘 어떤 상황에 이르면, 담론 밖으로 고개를 내밀어 그 존재를 드러낸다. 이에 대한 해석을 위해서는 또다른 시학적 모델이 고안되어야 할 것이다. 구조에 대한 해체의 가능성을 함의한 이러한 모델은 시학의 또다른 방향을 제시해줄 것으로 보인다.

2) 보편시학의 해체와 국지화: 구술시학, 연행시학, 종족시학

설화에서 시학의 정립은 지금까지 기술한 언어예술 보편적인 시학으로부터 출발한다. 그러나 이러한 시학은 기본적으로 언어와 그것이 가리키는 대상의 분리, 다시 말해 언어가 언어 자체의 미학을 구현하는 양상을 드러내는 것을 목표로 한다. 형식주의 시학에서 구조주의 시학에 이르면서, 이러한 목표의 달성이 완벽하게 이루어질 수 없었던 것은 시학이 다루는 언어가 필연적으로 대상에 연루되어 있는 한 불가피한 것으로 보인다. 시학의 해체가 일어나는 것이다.

설화의 시학에 관한 한, 이러한 시학의 해체는 또 다른 방향에서 찾아질 수 있다. 앞서 살폈듯, 구술성과 문자성이 단지 도구성에 그치지 않고 의미에 관여하는 본질성으로 나타난다면, 설화의 장르적 속성에 내포된 구술성 역시 설화의 시학에 본질적으로 관여할 가능성이 크다. 앞서 살핀 보편적인 시학이 언어와 대상의 분리를 추구한다는 점에서 문자시학적이라 한다면, 설화의 시학은 설화가 갖는 구술성으로 인하여 문자시학을 해체하는 또다른 시학으로 나타날 가능성이 크다. 그것을 일단 구술시학이라 하자. 구술시학은 보편적인 문자시학에 바탕을 두지만, 그러한 시학적 가설에 의문을 제기하고 구술성의 실현이라는 보다 특수한 상황에서의 시학의 국지화를 추구한다. 다시 말해, 앞서 보편적인 시학에서 끊임없이 제기되었던 해체의 가능성과 그것의 담론화가 구술시학의 이름 아래 더욱 적극적으로 구현되는 것이다. 이러한 움직임은 구술로 실현되는 설화 텍스트가 실제로 놓이는 상황에 대한 적극적인 관심으로부터 비롯된다.

① 구술시학

구술성이 유표화됨으로써 일어나는 시학의 국지화는 한마디로 시학이 이 세상에서 일어나는 모든 구체적인 설화 구연의 현장들로 미분화되어 가는 것을 보여준다. 미분화라는 것은 현실 세계에서 실제로 일어나는 것이다. 그것은 문자로 된 텍스트가 수많은 독해의 상황에서 미분화되어 의미를 구현하는 것과 다르다. 문자로 된 텍스트의 미분화는 실제 현실 세계와는 격리된 채 언어로 구성된 담론의 장 안에서 대화의 형태로 이루어진다. 그러나 구술성이 실현되는 현장에서의 미분화는 실제로 구연이 일어나는 상황에 직접 관여한 상태로 실현되는 미분화라 할 수 있다. 과연 그러한 미분화를 우리가 포착할 수 있는가는 또 다른 중요한 문제를 제기하지만, 일단 여기서는 이러한 현실에서 일어나는 시학의 국지화내지는 미분화의 가능성과 조건에 대해 논의해 보기로 하자.

구술성이 실현되는 상황에서 문제되는 것은 무엇보다도 그러한 실현에 영향을 미치는 텍스트 외적인 요소들이 무엇인가 하는 것이다. 야콥슨이 말한 언어의 전달에 관여하는 여섯 가지 요소 가운데, 텍스트를 제외한 다섯 가지 요소를 살펴보면 구술시학에서 일어나는 국지화의 양상을 어느 정도 짐작할 수 있다.

야콥슨이 말한 시적 기능은 그가 말한 여섯 가지 요소 가운데 메시지 자체에 초점을 맞춤으로써 구현된다.[56] 이러한 보편적인 시학의 가설은 구술시학에서도 그대로 받아들여질 수 있다. 구술시학 역시 보편적인 시학을 토대로 하지 않을 수 없기 때문이다. 그러나 이러한 메시지가 전달되기 위해서는 나머지 다섯 가지 요소들의 작용이 반드시 필요하다. 이러한 작용에서 구술로 전달되는 메시지는 문자로 전달되는 메시지의 경우와 다르게 나타난다.

먼저 발신자와 수신자를 살펴보자.

문자로 전달되는 메시지의 발신자와 수신자는 자연인으로서의 작가와 독자가 아니다. 시학에서는 자연인으로서의 작가와 독자는 문제시되지 않는다. 작가와 독자는 문자를 통해 구성된 담론의 공간에서 담론화된 작가와 독자로 나타난다. 채트먼이 잘 요약했듯, 이야기에는 작가와 독자가 아닌 내포적 작가와 내포적 독자 그리고 서술자와 피서술자가 존재한다. 내포적 작가란 독자에 의해 재구성된 작가이며, 내포적 독자란 작자에 의해 예측된 독자다. 이러한 작가와 독자는 실제로 존재하는 작가와 독자가 아니며, 그런 점에서 이들은 담론의 공간에 실현될 것으로 보이는 존재들이다. 그러나 실제로 텍스트에서 드러나는 것은 또한 이들이 아니다. 실제로 이야기를 말하는 서술자와 실제로 이야기를 듣는 피서술자가 찾아지게 되는 것이다.[57] 시학에서 가장 초점적으로 다루어지는 존재들은 바로 이들이다. 문자시학에서 언어가 예술로 드러나게 하는 데 관여하는 것은 언어 그 자체이거나 언어에 내재한 주체이지 실제로 자기중심성을 실현시키는 주체가 아니다. 푸코나 바르트가 말한 작가의 죽음은 바로 이러한 주체의 죽음을 의미한다.[58] 그러나 구술시학에서는 실제로 말하고

---

56 Ibid., pp. 69–70.

57 Seymour Chatman, *Story and Discourse: Narrative Structure in Fiction and Film*, Cornell University Press, 1978, pp. 147–151.

듣는 주체가 부상한다. 이것은 엄연한 시학 혹은 문자시학에 대한 해체를 의미한다. 설화가 문자로 쓰여지기 이전 실제로 말로 전승되는 현장에서 존재했던 화자와 청자가 메시지의 발신자와 수신자가 된다. 이들은 이러한 현장에서 실제로 일어나는 구연의 사건을 이끄는 주체들이다. 시학에서 배제되었던 이들은 구술시학에서 새로운 역할을 맡는다. 이러한 역할은 담론의 공간에서 담론적 주체로서 맡았던 역할과는 전혀 다른 것이다. 그것은 언어를 조율한다는 점에서 담론적이기는 하지만, 그러한 담론적 공간에 틈입한 현실의 공간의 여러 요소들과의 조율을 떠맡는다는 점에서, 이러한 담론성을 해체하는 존재로 나타난다.

이러한 주체를 둘러싼 여러 요소들은 구술시학에서 매우 적극적인 역할을 부여받게 된다.

구술성과 기술성을 전달을 위한 테크놀로지 즉 하나의 도구로 볼 때, 그것은 야콥슨이 말한 접촉과 가장 직접적으로 관련되어 있다. 접촉이란 발신자와 수신자로 하여금 전달을 유지하도록 하는 물리적 채널이나 심리적 연결을 말한다.[59] 말이나 글은 바로 이러한 물리적 채널에 해당한다. 말이 입이라는 발성 기관을 통해 발화되고, 공기를 통해 음파로 수신자의 귀에 들어가는 일련의 과정은 종이에 펜으로 혹은 인쇄를 통해 문자화된 메시지가 독자의 눈을 통해 인지되는 과정과 전혀 다르다. 이러한 물리적 채널의 성격이 갖는 차이는 바로 시학의 차이로 나타난다. 다시 말해 시학에서 다루는 영역 자체가 달라지는 것이다. 문자로 쓰여진 문자 텍스트

---

58 Michel Foucault, "What Is an Author?",(ed. & intro.)Donald F. Bouchard, *Language, Counter-Memory, Practice*, Cornell University Press, 1977, pp. 113-138.
Roland Barthes, "The Death of the Author",(trans.)Stephen Heath, *Image, Music, Text*, Hill & Wang, 1977, pp. 142-148.

59 Jakobson, op.cit., p. 66.

에 관여하는 물리적 채널은 문자 텍스트가 드러날 때 어느 정도 감추어진다. 물론 펜으로 쓰여졌느냐 인쇄되었느냐 하는 것이 독자에게 미치는 미감을 결정할 수 있지만, 일반적으로 담론화된 문자적 메시지에서 그것이 갖는 역할은 매우 미미하다. 그러나 물리적 채널이 노출되는 구술적 메시지에서 물리적 채널은 메시지에 매우 깊은 영향을 미친다. 가령 설화를 말할 때, 이야기꾼의 음색, 음조, 억양, 방언 등과 같은 요소들은 설화를 설득력 있게 전달하는 데 큰 영향을 준다. 또 메시지가 말로 전달되는가 글로 전달되는가에 따라 발신자와 수신자 사이에 일어나는 심리적 연결은 달라진다. 실제로 구술성과 기술성이 그것을 수행하는 주체의 심리와 갖는 관련성은 이미 여러 논의가 있었지만,[60] 이를 시학과 관련시킨 논의는 이루어지지 않았다. 야콥슨이 접촉을 정의하면서 말한 심리적 연결이란 실제로 심리적 작용을 하는 자연인을 말한 것이다. 가령 담론적 주체에게도 심리가 있을 수 있지만, 그러한 심리는 언어화된 심리에 국한된 것이며, 따라서 접촉에 해당한다고 보기 어렵다. 그런 점에서 구술적인 접촉이 이루어지는 과정에서 발신자와 수신자는 물리적 실체와 심리적 기원을 가진 주체로 나타난다. 이 점은 시학의 기술에서 매우 중요하다. 언어의 일반적 운용뿐만 아니라, 그것을 사용하는 국지화된 수많은 주체들이 이러한 시학에 관여함으로써 시학은 미분화 혹은 해체를 겪지 않을 수 없다.

구술시학이 갖는 유표성이 보다 근본적으로 드러나는 것은 야콥슨이 말한 컨텍스트를 통해서이다. 컨텍스트란 "지시된 것으로 수신자에 의해 포착될 수 있으며 언어적이거나 언어적이 될 수 있는 것"을 말한다.[61] 이

---

60 Ong, op.cit., pp. 31–77.
Scribner & Cole, op.cit.

61 Jakobson, op.cit., p. 66.

러한 야콥슨의 정의에서 우리가 알 수 있는 것은 컨텍스트가 단지 언어적 메시지 바깥의 현실 전체를 말하는 것이 아니라는 점이다. 여기에는 몇 가지 조건이 주어져 있다. 먼저 '지시된 것'이라는 것은 메시지가 전제되어야만 존재할 수 있다는 뜻이다. 즉 메시지가 있고난 다음에야 컨텍스트가 포착될 수 있다. 또 '수신자에 의해 포착될 수 있어야 한다'는 것 역시 수신자가 메시지를 수신한 다음에야 비로소 포착할 수 있다는 뜻으로 역시 막연한 현실 세계가 아닌 메시지에 의해 한정된 국지화된 세계임을 말하는 것이다. 가장 중요한 조건은 '언어적이거나 언어화될 수 있다'는 것이다. 이는 텍스트가 컨텍스트의 연장임을 암시하는 것이다. 여기서 텍스트와 컨텍스트의 관계가 무엇인지를 쉽게 단정할 수는 없다. 그러나 야콥슨이 말한 컨텍스트는 문자시학에 입각해 텍스트로 수렴된 컨텍스트 그리하여 텍스트로 언어화된 컨텍스트를 말하는 것임에 틀림없다. 이러한 컨텍스트는 언어를 통해 국지화된 컨텍스트이며, 여기에는 컨텍스트의 텍스트화를 통한 컨텍스트의 역할의 축소가 있다. 이것은 언어중심주의적인 야콥슨 시학의 한 단면을 보여주는 것이다.

그러나 구술시학에서 컨텍스트는 이러한 언어로 조건지어진 컨텍스트를 해체함으로써 기술될 수 있다. 구술시학이란 실제로 말이 발화된 연행상황을 전제한다는 점에서 연행시학이라 할 수 있다. 컨텍스트는 이러한 연행의 상황에서 새롭게 정의된다. 컨텍스트는 텍스트로부터 추론되는 것이 아니라, 실제로 컨텍스트를 만들어가는 사태 안에서 존재한다는 것이다. 그런 점에서 대표적인 연행론자라 할 수 있는 바우만과 브리그는 컨텍스트 대신 컨텍스트화라는 개념을 제안한다.[62] 일반적으로 텍스트를

62 '컨텍스트화'의 개념에 대해서는 Richard Bauman & Charles L. Brigg, "Poetics and Performance as Critical Perspectives on Language and Social Life", *Annual Review of Anthropology*, Vol.19, 1990, pp. 66-72 참조.

둘러싼 상황, 그리하여 텍스트에 의해 수동적으로 지시되는 상황을 말하는 것이 아니라, 주체가 참여하여 그러한 상황을 만들어가는 과정 자체를 컨텍스트로 봄으로써 컨텍스트는 컨텍스트화로 다시 정의될 수 있다. 여기에서 이러한 컨텍스트화를 이루어가는 주체가 누구인가가 문제된다. 그는 실제로 발화를 하는 인물이며, 이야기를 구연하는 이야기꾼이다. 이야기꾼이 설화를 이야기할 때, 그 발화의 상황에 대해 반성적 인식을 자신의 발화에 반영한다. 그것은 발화가 일어나는 순간, 그 발화에서 구조화 혹은 의미작용으로 나타난다. 발화는 컨텍스트의 영향을 통해 순간순간 만들어지지만, 반대로 발화를 통해 컨텍스트는 새롭게 짜여진다. 다시 말해, 어떤 설화가 구연되기 시작하면서부터 그 설화의 구연이 끝날 때까지, 실제로 어떤 상황이 벌어질는지는 아무도 알 수 없다. 물론 어느 정도 발화자가 기획한 바가 있을지 몰라도, 실제로 발화가 진행되면서 이러한 기획은 수정되지 않을 수 없다. 왜냐하면 발화자들과 수화자들을 포함한 구술 커뮤니케이션에 참여하는 주체들은 서로 간에 타협과 조정을 해야 하기 때문이다. 이는 담화가 조직되는 과정이면서 아울러 컨텍스트가 구성되는 과정이기도 하다. 이러한 경우, 담화는 담화로부터 벗어나려는 탈중심적 운동에 참여하게 된다.

그러나 발화가 구술되는 순간, 이러한 컨텍스트화는 또한 탈컨텍스트화를 수반한다.[63] 그것은 컨텍스트 안에서 텍스트를 하나의 단위로 응집시켜 드러내려는 운동이다. 이것은 앞서의 컨텍스트화와는 달리 담화로 귀착하려는 중심적 운동이라 할 수 있다. 이것은 야콥슨이 말한 여섯 가지 언어의 기능 중 시적 기능과 메타언어적 기능에 가까운 것이다.[64] 그것

63 '탈컨텍스트화' 및 '텍스트화'의 개념에 대해서는, ibid., pp. 72–78 참조.

64 Ibid., p. 73.

은 곧 텍스트가 되려는 지향성을 보여주는 것이며, 따라서 '텍스트화'라 말할 수 있다. 이러한 운동에 대한 포착을 통해 시학을 기술할 때, 구술시학은 앞서 말한 보편적 시학에 가까워진다. 병행이나 반복, 은유와 같이 메시지의 전달을 지체시키는 이러한 기법들은 모두 텍스트의 중심성을 강화하는 역할을 하는데, 구술시학에서 이러한 면모를 다루는 것은 불가피해 보인다. 다만, 구술시학에서 이러한 탈컨텍스화 내지는 텍스트화를 다룰 때, 문자시학에서와 다른 점은 텍스트화가 반드시 탈컨텍스트화를 수반한다는 점과 또한 그것이 컨텍스트화의 맥락에서 이루어질 수밖에 없다는 점이다. 가령 설화에서 쓰인 기법은 실제로 설화가 구연되는 현장에서 그 메시지를 돋보이게 하기 위한 것이다. 탈컨텍스트화란 바로 이러한 구연의 현장에서 텍스트를 돌출시키는 작용을 말한다. 그런데 이러한 구연의 현장은 또한 그 구연의 현장에 참여한 여러 주체에 의해 만들어진 것이다. 이것을 컨텍스트화라 하였는데, 텍스트화는 이러한 컨텍스트화라는 유동적인 흐름 안에서 불안정하게 이루어질 수밖에 없다.

탈컨텍스트화는 또한 재컨텍스트화로 연결되기도 한다. 한때 탈컨텍스트화된 텍스트가 다른 사회적 맥락 안에서 다른 방식으로 컨텍스트화를 이루어내는 것을 볼 수 있다.[65] 다시 말해 컨텍스트화와 탈컨텍스트화는 하나의 상황에서 일어나는 상반된 작용이 아니라, 변화하는 상황에서 유동적으로 변형을 이루어가는 작용이라 할 수 있다. 구술시학은 여기서 말하는 시간적이고 공간적인 변화에 대해 고려하지 않을 수 없는데, 이는 그것이 실제로 일어나는 국지적인 상황에 대해 관심을 두고 있음을 말하는 것이다. 거시적인 차원에서의 이론보다는 미시적인 상황에서의 정밀한 관찰과 기술이 구술시학에 더욱 요구된다는 것은 시학의 일반적 이론

65 Ibid., p. 74.

에 대한 방법론적 해체를 함의한 것이라 할 수 있다.

야콥슨이 말한 코드 역시 구술시학에서는 그 유표성을 드러낸다. 코드란 기호가 작용하는 규칙을 말하는 것인데, 이러한 규칙은 그 기호를 사용하는 주체들에 의해 공유된다. 시학이 규칙을 찾아내는 학문의 영역이라는 점에서, 코드와 깊은 관련을 갖는다. 보편적인 시학이 상위코드를 찾아내는 영역이라 한다면, 구술시학은 그에 종속된 특수화된 하위코드를 찾아내는 영역이라 할 수 있다. 그러나 상위와 하위 간의 관계가 위계적인 종속 관계에 머무는 것은 아니다. 앞서 말했듯, 구술시학은 보편시학에 대한 해체를 함의한다. 국지화와 미시화를 통해 코드가 틈입하지 못하는 새로운 영역을 개척한다는 점에서 구술시학은 또다른 대안적 시학으로 기능할 수 있다. 구술시학에서 다루는 코드는 그런 점에서 코드를 해체하는 코드라 할 수 있다.

또 한 가지, 보편적인 시학에서의 코드는 강한 코드라 할 수 있다. 보편적인 시학은 언어적인 것에 초점을 맞추어 그것이 갖는 미학적 코드를 추출하려 하는데, 구술시학은 이러한 언어적인 것에서 벗어나려는 움직임을 보인다. 앞서 살핀 커뮤니케이션의 여러 요소들이 구술시학에서는 이러한 강한 코드를 약화시키는 역할을 한다. 구술이 수반하는 연행성은 코드의 공간적이고 시간적인 지속성을 분화시킴으로써, 코드를 국지화시키고 미시화시킨다. 이러한 코드의 약화는 자연히 구술시학의 근본적인 방법론적 문제에 영향을 미친다. 코드가 약화됨으로써, 구술시학은 이론보다는 경험에 의존하여 현상을 포착하는 경향을 띤다.

지금까지 야콥슨이 말한 언어적 커뮤니케이션의 여섯 요소를 중심으로 구술시학이 갖는 유표성을 살폈다. 이러한 논의를 바탕으로, 구술시학의 영역을 다음과 같은 그림으로 나타내볼 수 있다. 여기에서는 야콥슨의 말한 여섯 가지 커뮤니케이션의 요소들이 보다 국지화된 용어로 바뀌어 제시된다.

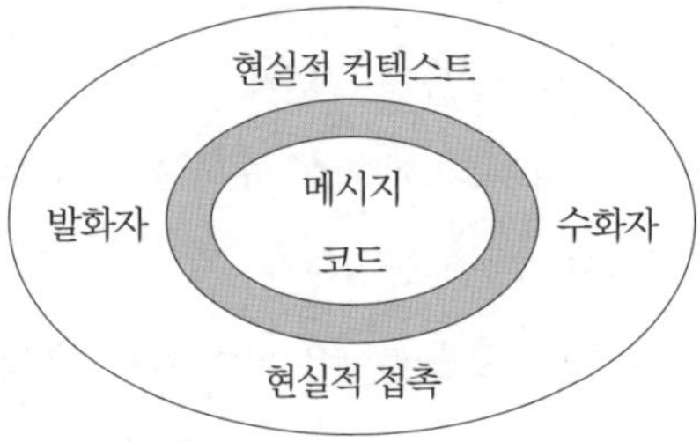

〈표 17〉 구술시학의 영역

이 그림에서 가운데 원과 바깥 원 사이를 점유하는 부분이 바로 구술시학의 영역이다. 여기에서는 바깥원의 바깥과 내부 원의 안쪽 간에 일어나는 수많은 미시적 상호작용들이 존재한다. 바깥 원의 바깥에 존재하는 네 개의 항목은 현실 세계에서 수많은 미시화와 국지화를 통해 수없이 많은 항목들을 산출해낸다. 그리고 그러한 항목마다 작용하는 수많은 주체들이 있다. 구술시학은 바로 이러한 주체들의 작용과 그 작용이 일어나는 국지화의 영역에 대한 탐색을 목표로 한다.

② **연행시학**

구술 연행에서 중심적 위치를 차지하는 존재는 연행자이다. 그는 전체적인 구술의 상황을 이끌어가는 주체의 역할을 한다. 앞서 그림에서 발화자에 해당하는 그는 코드를 만들고 메시지를 생성시키기 위해, 구술 연행 상황 속에 존재하는 여러 가지 요소들이 상호작용하는 과정을 면밀히 관찰한다. 그가 발화한 메시지의 수화자는 물론, 그가 사용하는 언어의 특성이나 그가 처한 구체적인 발화 상황에 대한 반성을 통해 새로운 메시지를 만들어낸다. 그것은 매우 즉흥적으로 일어날 가능성이 크다. 이에 따라 발화자의 반성적 능력은 신속하게 발휘되지 않으면 안 된다.

반성성이란 발화가 일어나는 과정에서 그 발화 자체에 대한 지시 혹은 인식이 발화에 반영되는 것을 말한다.[66] 여기에는 중요한 인식론적 문제가 연루되어 있다. 담화가 단지 현실 세계를 반영하는 데 그친다고 본다면, 담화는 그 스스로 자신의 담화 생성에 참여하지 않는 것이다. 그러나 담화에는 그 담화가 만들어내는 커뮤니케이션의 상황에 대한 반성적 인식이 존재함으로써, 담화가 스스로를 만들어내는 과정을 구현한다. 이것은 매우 역설적으로 보인다. 담화는 언어로 이루어진 것인데, 언어가 무엇인가를 지시하고 반영하는 1차적 기능을 넘어서 언어가 스스로의 언어작용을 그것에 반영하는 새로운 기능을 하게 될 경우, 이러한 상이한 기능이 담화에서 어떻게 드러나는가는 매우 복잡한 문제라 할 수 있다. 이것을 쉽게 말하면, 어떤 형식을 가진 언어가 그 내용을 담고 있지만, 그 내용에는 바로 자신의 형식에 대한 것이 포함되어 있다는 것이다. 이러한 역설은 오늘날 언어에 대한 포스트모던적 관점이 예민하게 전유하는 것인데, 언어가 특별한 틀을 만들거나 독특한 놀이의 공간을 형성시키는 반성성은 언어작용을 현실과 분리된 기표들의 놀이로 보는 해체주의적 관점에 이르게 한다. 그런데 실제로 구술 담화를 포함한 모든 담화는 이러한 반성성을 내포하고 있다. 그런데, 이러한 반성성이 구술적 커뮤니케이션에서는 보다 집약적으로 발휘된다. 하나의 발화가 일어나는 상황은 어느 특정한 시공에서 일어나는 것으로 그 시점 혹은 지점에 모든 것이 축약된다. 반성적 능력은 바로 특정한 시공에서 일어나는 모든 요소들에 대해 발휘됨으로써, 담화에서 보다 뚜렷하게 드러날 수 있다. 설화의 경우, 서

66 Barbara A. Babcock, "Reflexivity: Definitions and discriminations", *Semiotica*, vol.30, no.1/2(1980), pp. 1-14 참조.

술은 단순한 서술이 아니라, 메타서술을 포함하게 되는데, 구술시학은 서술에서 찾아지는 이러한 메타서술적 요소들에 주목하는 것이다. 가령, 같은 모티프들을 가진 설화를 같은 이야기꾼이 구연한다 하더라도, 구연 상황이 달라지면 그것의 발화는 전혀 다른 양상으로 나타난다. 이것은 이야기꾼이 그러한 상황에 대한 자신의 반성적 인식을 그의 담화에 메타서술적 요소로 드러냈기 때문이다. 이때 메타서술적 요소는 상황의 가변성만큼이나 가변적으로 드러나는 것이기 때문에, 그것의 기술도 그러한 가변성을 체험적으로 드러내는 방향으로 이루어질 수밖에 없다.[67]

메타서술은 앞서 말한 구술시학의 영역에서의 여러 상호작용들에 대한 반성의 결과로 나타나는데, 여기에는 구술 연행을 조율하는 소통의 여러 수단이 포함된다. 바우만이 말한 이러한 수단들을 살피면, 구술시학이 갖는 유표성이 드러날 것으로 보인다.

특수 코드들

형상적 언어

병행

특수한 언어외적 자질들

특수한 상투어구

전통에의 호소

연행의 거부[68]

67 텍사스의 에드 벨이라는 이야기꾼이 한 꿀벌나무 이야기를 십여년의 간격을 두고 어떻게 다르게 구연하였는가를 연구한 바우만의 사례를 들 수 있다. 여기서 그는 삽화들의 확충, 직접적 담화, 통사론적 병행, 주제적 병행과 같은 형식적 기법, 메타서술, 컨텍스트에 따른 서사적 변화 등을 자세하게 기술함으로써, 구술시학적 작업의 한 모범을 보여준다. Richard Bauman, *Story, Performance, and Event: Contextual studies of oral narrative*, Cambridge University Press, 1986, pp. 78–111.

68 Bauman, *Verbal Art as Performance*, pp. 16–22.

구술 연행에는 그 나름의 특수한 코드가 쓰인다. 이것은 구술시학이 존립할 토대를 이룬다. 그 '특수성'이 무엇인가가 문제이다. 그러한 특수성은 구술 연행이 실제로 이루어지는 상황과 직결된 특수성이다. 이 점이 보편적인 시학에서 말하는 특수한 코드들과 다른 점이다. 바우만이 지적했듯, 일반적으로 시학에서 시적 언어를 축자적 언어로부터의 일탈로 보는 관점은 이러한 구술시학적 관점에서는 더 이상 유효하지 않다. 언어에 대한 다기능적 관점에서 보면 모든 언어 공동체에는 각기 다양한 말하기의 수단들이 있기 때문에 어떤 것도 우선시될 수 없다.[69] 여기서 말하는 특수성은 그런 점에서, 각각의 언어 공동체가 갖는 특수성에서 비롯되는 것이며, 앞서 그림에서 제시한 수많은 발화자와 수화자의 특수성에서 비롯된 것이다.

언어가 갖는 형상성을 구현하는 것은 모든 언어 예술의 기본이다. 이는 구술 연행에서도 예외가 아니다. 그러나 구술 연행에서 쓰여지는 형상적 언어는 성격이 다르다. 형상성은 대개 즉각적으로 구현되며, 그러기 위해서는 이를 뒷받침할 만한 언어의 창고가 이미 존재해야 한다. 설화를 말하는 이야기꾼이 갑자기 형상적인 언어들을 그때그때 만들어내는 것은 불가능하기 때문에, 이미 만들어진 형상적 언어를 사용하지만, 새로운 맥락에서는 그것이 새로운 역할을 수행할 수 있다.[70]

병행은 야콥슨의 시학에서 매우 중요한 개념이다. 이러한 시학에서 병행은 시적 메시지를 돌출시키는 중요한 기법으로 간주된다. 그러나 바우만이 병행을 말할 때, 이것은 정교하게 만들어진 예술로서의 시뿐만 아니라, 일상적인 대화에서도 일반적으로 활용될 수 있는 기법이다. 다시 말

---

69 Ibid., p. 17.

70 Ibid., p. 18.

해, 보편적인 시학에서 말하는 예술의 자율적 영역을 해체하고, 그것을 예술 밖의 일상적 언어로까지 확대시킨 것이다. 특히 구술로 연행되는 발화에서 병행은 기억을 촉진시키고 연행자로 하여금 연행 상황에 즉각적으로 적응하도록 하는 역할을 한다.[71] 병행은 메시지를 낯설게 할뿐만 아니라, 그것을 낯익게 하기도 한다. 발화자와 수화자에 직접적인 영향력을 갖는 이러한 병행은 언어와 언어 밖의 현실을 보다 원활하게 이어주는 역할을 한다.

특수한 언어외적 자질들은 문자로 전사된 설화 텍스트에서는 잘 드러나지 않는 것들이다. 가령, 이야기꾼의 발화에서 드러나는 억양, 강세, 말의 빠르고 느림, 쉼의 길이와 간격, 음조 등과 같은 것은 전사가 거의 불가능한 것이다. 그러나 이러한 것은 실제로 말이 갖는 접촉 매개로서의 자질을 드러내는 것이기 때문에, 코드와 메시지의 형성에 중요한 역할을 한다. 이러한 것들을 포착하기 위해서는 녹음이나 녹화와 같은 테크놀로지를 빌리기도 한다. 그렇다고 해서, 발화의 모든 언어외적 자질이 포착되는 것은 아니다. 실제로 구술시학은 이러한 자질들까지 전사하는 방법을 모색하고, 또 그것을 통해 시학적인 가설을 세우기도 하지만, 지금으로서는 전사 그 자체만으로도 어려움을 겪고 있다.[72] 그럼에도 불구하고, 이러한 자질들이 메시지에 미치는 영향은 쉽게 간과할 수 없다. 구술시학

---

71 Ibid., pp. 18–19.

72 연행 텍스트에 대한 전사 및 분석의 사례를 보여주는 연구들로 다음과 같은 것들이 있다.

Elizabeth C. Fine, *The Folklore Text: From Performance to Print*, Indiana University Press, 1984.

Dell Hymes, "Discovering Oral Performance and Measured Verse in American Indian Narrative", *New Literary History*, Vol. VIII, No.3(1977), pp.431–457.

Joel Sherzer, "Poetic Structuring of Kuna Discourse: The Line", (eds.) Joel Sherzer & Anthony C. Woodbury, *Native American Discourse: Poetics and Rhetoric*, Cambridge University Press, 1987, pp. 103–139.

이 이러한 영역에 관심을 기울임으로써, 보편적인 시학으로부터의 국지화와 미시화를 수행하고 있음은 매우 의미가 있어 보인다.

설화에서 관습적으로 쓰이는 특수한 상투어구는 설화의 구술시학적인 기능을 수행하는 데 큰 역할을 한다.[73] 설화에서 많이 쓰이는 상투어구로 "옛날 옛적 어느 마을에--" 혹은 "호랑이 담배 먹던 시절에--" 같은 것을 들 수 있는데, 이는 설화가 이야기를 구연한다는 장르적 속성을 잘 보여준다. 이런 말이 나오면, 대개 청중들은 설화가 구연될 것이라는 것을 예측하며 기대를 갖게 된다. 그것은 또 하나의 판이 형성되는 것으로 앞서 말한 컨텍스트화가 이루어지는 것으로 볼 수 있다. 그런가 하면, 이런 말들은 텍스트화의 역할을 하기도 한다. 설화 안의 사건들에 일정한 시공적 제약을 가함으로써 텍스트가 하나의 독자적인 세계를 형성하도록 하는 데 중요한 역할을 한다. 이러한 상투어구 말고도, "이런 이야기 들어봤나?"와 같은 상투어구는 화자와 청자 간에 일어나는 접촉이나 소통을 확인하는 기능을 하기도 한다. 구술적 상황에서 쓰여지는 상투어구는 설화가 갖는 구술문학으로서의 장르적 속성을 드러내는 중요한 징표이며, 이는 구술이 이루어지는 현실 상황과 텍스트 간에 일어나는 상호작용에 깊이 관여한다.

전통에의 호소 역시 설화의 발화자가 연행을 조율하기 위해 사용하는 중요한 소통의 방법이다. 이야기꾼은 대개 설화를 말할 때, 그 이전에 해오던 관습에 따르는 경향이 있다. 그것은 그 표현이나 내용 모두에서 그러하다. 전통적인 표현 형식이나 내용 형식은 그 자체로 설화의 연행에 대한 미적 기준으로 작용한다. 이야기꾼은 의식적으로 이러한 면을 부각시켜, 자신이 말한 설화가 갖는 정당성을 확인시킨다. 그런데 문제는 이

73 특수한 상투어구에 대해서는 Bauman, *Verbal Art as Performance*, p. 21 참조.

'전통'이 무엇이며 어디에 있는가 하는 점이다. 그것은 설화 그 자체 혹은 설화가 연행되는 과정 이전에 이미 존재하고 있던 것이며, 그런 점에서 앞서의 그림에서 말한 현실적 컨텍스트에 속하는 것이다. 현실적 컨텍스트 안에 존재하는 어떤 선험적 약속은 하나의 코드가 되어, 텍스트의 생성에 강한 영향을 미친다. 이러한 코드가 작용한다는 것은 텍스트가 어떤 제약에 놓이게 되는 것을 말하는데, 그런 점에서 이는 텍스트화 과정의 하나라 할 수 있다. 다만, 전통이라는 초월적인 기원이 이러한 코드를 결정한다는 점은 스스로 코드를 만들어가는 경향이 강한 보편적인 시학과는 다른 국지화내지는 미시화를 보여주는 것이며, 따라서 이를 보편적인 시학의 해체라고 말할 수 있다.

마지막으로 바우만이 말한 연행에의 거부는 연행자가 자신의 연행 능력이나 구술 텍스트의 진실성에 대해 가치절하를 하는 것을 말한다.[74] 한국의 설화 연행자가 흔히 하는 발화 중 "이건 별 이야기가 아니여" 같은 말은 자신이 하는 설화를 가치절하함으로써, 청중들이 설화에 대해 몰입하기보다는 그것과 어느 정도 거리를 두게 만든다. 이것도 일종의 텍스트화의 일종이라 할 수 있다. 설화는 현실적 컨텍스트 안에서 그것의 위상을 정립하는데, 그 컨텍스트는 설화 텍스트 생성에 지대한 영향을 미친다. 보편적인 시학에서 텍스트는 언어 자체의 독자성을 구현하지만, 이와 같은 구술시학적인 메타서술은 텍스트 자체의 독자성을 추구하면서도, 철저히 그것을 현실적 컨텍스트 안의 한 요소로 정립시킨다. 이것 역시 현실적 컨텍스트가 텍스트에 틈입하여 텍스트에 영향을 미치는 구술시학의 한 국면으로 볼 수 있다.

바우만이 말한 연행을 조율하는 커뮤니케이션의 수단은 서술 안에 내

---

74 Ibid., pp. 21–22.

포된 메타서술적 요소들로 나타난다. 이러한 메타서술적 요소들은 실제로 연행이 어떤 상황에서 국지적이고 미시적으로 일어날 때, 그것이 일어나는 상황의 여러 가변성을 반영한다. 상황에 따라 수없이 다양한 메타서술적 요소들이 나타나고, 그것은 곧 연행시학이 추구하는 가변성을 보여준다. 바우만이 제시한 메타서술적 요소들도 몇 개의 사례를 제시한 것에 불과하다. 실제로 구술 연행의 시학을 기술할 때는 철저하게 구술 연행의 텍스트로부터 출발해야 하며, 이로부터 비롯된 일반화는 매우 조심스럽고 신중해야 한다.

③ 종족시학

구술시학이나 연행시학을 보편시학의 국지화내지는 미시화라 했을 때, 우리는 이러한 국지화나 미시화가 어느 정도까지 이루어질 수 있는지에 대해 생각해볼 필요가 있다. 앞서 말한 보편적인 시학의 가설에서 출발해 그 국지화가 실제로 일어나는 사건으로서의 연행에 이르기까지 여러 단계의 심급을 가정해볼 수 있다. 다시 말해 국지화나 미시화의 정도가 극단에 이르기 이전, 어느 정도에서 우리는 시학의 기술 가능성을 타진해 볼 수 있는 것이다. 그것은 가령 앞서 말한 구술시학의 영역을 표시하는 과정에서 제시된 항목들에 대한 수정을 통해 가능할 것이다. 여기서는 그 한 가지 예로 종족시학의 경우를 살펴보기로 하자.

보편적인 시학에서 그 국지화내지는 미시화의 정도가 구술시학보다 약한 영역을 가정할 때, 종족시학이라는 영역이 떠오른다. 테드락은 종족시학이 일종의 탈중심적 시학으로, 서구 전통 밖의 다른 영역들의 시들을 듣고 읽으려는 시도를 말한다고 한다.[75] 여기에는 기존의 시학이 서구중심적 시학이라는 전제를 담고 있다. 수많은 인류학적 보고서들을 통해 문화상대주의가 확산되었듯, 수많은 국지적인 구술자료들을 통해 이들

텍스트에서 추론되는 시학 역시 상대화되는 것이다. 앞서 구술시학의 국지화나 미시화는 이러한 상대화의 극단을 보여주는 것이다. 그러나, 우리가 연행 현장 하나하나를 좀더 확대하여, 어떤 언어적 관습을 공유하는 공동체를 상정하고 이러한 공동체의 특수성을 감안하여 시학을 기술한다면, 그것이 곧 종족시학의 영역이 될 것이다. 이러한 영역은 앞서 말한 구술시학의 여러 영역들을 포함함으로써, 구술이 실제로 일어나는 연행 상황에 대한 관심 역시 그대로 전유한다. 다만 그러한 상황에 좀더 영향을 미치는 종족적 코드를 상정함으로써, 구술시학과는 다른 영역의 시학을 기술할 수 있다. 종족이라는 공동체를 바탕으로 코드가 생성되되, 그러한 공동체가 다양할 수 있음을 전제함으로써, 종족시학은 구술시학을 보편시학으로 해체하거나, 아니면 보편시학을 구술시학으로 해체한 하나의 결과물로 간주될 수 있다. 〈표 17〉에 제시된 항목들을 약간 수정하여 다시 그리면, 다음과 같은 종족시학의 영역이 드러난다.

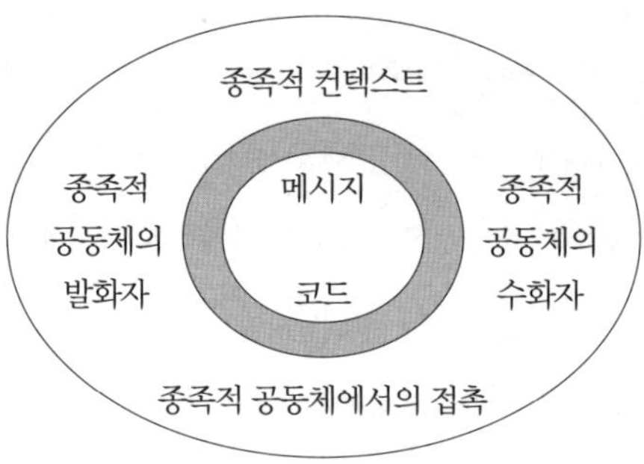

〈표 18〉 종족시학의 영역

이와 같은 그림에서 보면, 종족시학의 영역은 종족적 코드가 모든 요소

75 Dennis Tedlock, "Ethnopoetics", http://www.ubu.com/ethno/discourses/tedlock_ethno.html, 2008.8.18.

들을 지배하고 있는 가운데 형성된다. 설화를 말하는 이야기꾼은 한 사람의 개인적 이야기꾼이지만, 또한 그가 속한 종족적 공동체의 코드를 실현하는 이야기꾼이기도 하다. 그가 설화를 연행할 때, 그를 주체로 한 연행 상황의 모든 요소들은 어느 정도 코드화를 거치게 되는데, 그것을 지배하는 것이 종족적 특수성이다. 여기서 종족이라는 개념은 혈연적, 지리적, 사회적 등을 포함한 모든 공동체를 말하는 것으로 확대해서 쓰이기도 한다. 가령, 대학생들 간에 통용되는 이야기가 있다고 하면, 거기에는 대학생이라는 특수한 계층이 공유한 코드가 내재해 있는 것이다.

이러한 코드를 포착하려면, 구술 연행 현장에 대한 세밀한 관찰이 필요하다. 다시 말해, 구술시학에서 행해졌던 연행 텍스트에 대한 기술이 선행되어야 하며, 이러한 경험적 기술이 바탕이 되어 보다 추상적인 종족적 코드에 대한 추론이 이루어지게 되는 것이다. 종족적 공동체 역시 현실에 존재하는 것으로 가정된 것이다. 그것은 언어 외적인 것이며, 따라서 그것이 언어적인 텍스트에 영향을 미치는 요소를 찾는 것은 앞서 언어 자체의 독자적인 논리를 추구하는 보편적인 시학에서 벗어난 것이다. 국지화와 미시화의 정도에 따라 보편적인 시학을 해체하는 다양하고 새로운 시학의 기술이 가능함을 종족시학은 보여주고 있다. 문자시학의 해체에서 비롯된 가능성은 앞으로 수많은 시학을 낳을 것으로 예측되는데, 그것은 바로 언어가 갖는 '문자성/구술성'에 대한 가설에서 출발하여 '구술성'에 대한 유표적 관심으로 옮아가는 가운데 생겨난 것이다. 그렇다면, 설화의 시학은 결국 이러한 구술시학이나 종족시학으로 귀착되어야 하는가? 그렇게 결론을 내리기에는 아직도 해결해야할 복잡한 담론적 문제들이 남아 있다.

5. 설화 시학의 기호학적 모델

설화가 갖는 구술성은 설화의 장르적 지표의 하나로 간주되어 왔으며, 이에 따라 설화의 시학을 기술하는 데 결정적인 역할을 하는 것으로 받아들여졌다. 시학은 어느 의미에서 장르가 갖는 장르적 특성의 극대화를 이론화하는 것이기 때문이다. 설화의 시학은 보편적인 시학에서 출발하지만, 이러한 구술성의 지표를 통해 국지화내지는 미분화되는 과정을 겪게 된다. 그러한 과정은 앞서의 그림들에서 보았듯이, 두 가지로 나타난다. 하나는 영역의 탈중심화 내지는 주변화이며, 다른 하나는 항목들 자체의 국지화 내지는 특수화이다. 전자는 시학의 중심적 영역이 주변으로 확산되면서, 시학이 갖는 언어중심적 도그마가 깨지는 양상으로 드러나는데, 이는 언어 외적인 요소들이 언어적인 것에 틈입하여 언어적인 세계를 해체하는 양상으로 나타난다. 이것은 시학이 갖는 구조적인 문제이며, 더 나아가서는 시학의 방법론적 해체를 예측케 하는 것이기도 하다. 후자는 앞서 구술시학이나 종족시학의 영역의 나타내는 모형에서 보았듯, 커뮤니케이션에 참여하는 요소들이 국지화내지는 특수화를 겪는 양상으로 나타난다. 이것 역시 언어 외적인 요소들이 참여하는 것이지만, 그러한 참여가 구술상황과 같은 현실적 사건에서 보다 구체적인 형상을 띠고 나타나는 것이다. 이것은 그 자체가 구조적인 것은 아니지만, 이러한 형상화는 실제로 시학의 구조를 해체하는 데 중요한 역할을 할 수 있다. 구술성과 문자성이라는 양항대립으로부터 출발해 이들이 하는 본질적 역할에 주목하여 설화의 장르적 속성을 기술함으로써, 설화의 시학이 보편적인 시학에서 구술시학이나 종족시학과 같은 국지적 시학으로 해체되는 양상을 드러냈지만, 그렇다고 해서 설화의 시학을 이러한 국지화된 시학으로 귀속시키자는 것이 이 글이 조준하는 목표는 아니다. 왜냐하면, 아직도 해결해야할 담론적 문제들이 산재해 있기 때문이다. 그러한 문제들이란 무엇일까?

다시금 구술성의 문제로 돌아가보자. 구술은 기억의 지속과 맥락의 국지화나 미분화를 통해 실행되고 유지된다. 그러나 기억이란 언어를 통해 드러나고, 그 언어 가운데에서도 문자의 형식을 통해 유지된다. 기억이란 계속 변화하는 것이다. 내가 방금 가지고 있었던 기억이 몇 초 후면 다르게 변할 수 있다. 국지화된 맥락 역시 마찬가지다. 구술이 실행된 맥락은 계속 변하는 것이며, 역시 문자를 통해서만 어느 한 순간의 상황이 포착될 수 있다. 결국 문자화의 과정을 거치지 않고는 지속적인 기억도 국지화된 맥락도 드러날 수 없는 것이다. 그렇다면, 구술시학이 내세운 방법론적 가설을 실현하는 것이 과연 가능할까? 최대한 국지화되고 특수화된 현실적 상황을 포착하는 것은, 아무리 발달된 테크놀로지를 통한 재현이라 하더라도 한계가 있다. 또 구술 텍스트가 갖는 구술성을 아무리 세밀하게 포착한다 하더라도, 역시 그것을 죄다 기술해내는 것은 불가능하다. 언어적인 요소뿐만 아니라, 언어 외적인 연행적 요소들은 어느 한 순간을 포착하는 것 자체가 별 의미가 없을 수도 있다. 구술시학이 조준한 현실 세계에서의 국지화는 소통의 효율성과 경제성이 요구되는 오늘날 실현될 수 없는 이상이 될 수도 있다. 언어의 세계, 그리고 담론의 세계에서 벗어나 최대한 현실의 미세한 움직임 속에서 어떤 논리를 찾으려는 시도 자체가 어쩌면 처음부터 모순을 안고 있다고 해도 과언이 아니다.

더구나 오늘날 설화의 일반적 소통을 염두에 두면, 이러한 시도가 갖는 이상은 하나의 꿈처럼 보이기도 한다. 오늘날 설화가 구술상황을 염두에 두고 소통되는 경우는 드물다. 또 언젠가 구연되었던 연행 상황을 재현하는 것 역시 큰 의미를 갖지 못한다. 왜냐하면, 설화의 구연은 재연이 아니라, 늘 새로운 창조로 나타나기 때문이다. 설화는 더 이상 보존해야할 민속문학이 아니라, 오늘날 제 2의 구술성,[76] 혹은 제 2의 문자성[77] 을 통해 새로운 텍스트를 생산해내는 담론적인 토대이다. 그런 점에서 구술시학 혹은 종족시학이 추구하는 국지화와 미시화의 층위는 오늘날의 소통상황으로 전화되어 새로운 국지화와 미시화로 실행될 필요가 있다. 구술성이 내포한 초월적 기원을 해체하고 오늘날의 담론적 상황에서 이러한 구술성을 새롭게 문제 삼아야 한다. 구술시학이 구사한 해체의 전략을 유효하게 수용하고, 그것을 생산적인 시학의 기술을 위한 토대로 삼기 위해서는, 또 다른 방법론적 전략이 요구된다. 이것은 문자시학과 구술시학의 적당한 절충의 지점을 찾는 것으로는 해결되지 않는다. 문자시학과 구술시학이 보이는 전체화나 국지화 중 어느 하나로 귀결하는 환원론적 전략 역시 바람직하지 않다. 이들 시학에 내재한 해체의 씨앗은 늘 살아서 존재하고 있기 때문이다.

이 책은 이에 관해 보다 현실적인 그러나 매우 가설적인 전략적 모델을 제안하고자 한다. 이는 오늘날의 소통이 문자를 통해 이루어질 때, 그 효율성과 경제성이 극대화된다는 상황에 착안한 것이다. 설화의 시학은 그 설화가 주로 문자로 소통되는 상황에서 문자시학적인 기술로 나아갈 수밖에 없다. 메시지를 중심으로(왜냐하면 우리는 주로 텍스트로 나타나는 메시지를 접하기 때문에) 그것의 코드화(시학은 결국 그것이 추상적 논리를 추구하는 학문인 이상 그러한 성격을 갖는 코드에 초점을 맞출 수밖에 없기 때문에)에 대한 탐색을 시학의 목표로 설정할 수밖에 없다. 그러나 앞서 구술시학과 종족시학이 제기한 국지화와 미분화를 통한 해체, 그리고 현실 상황에 대한 집요한 문제제기는 이러한 보편적인 시학에 해체의

76 Ong, op.cit., p. 11.

77 송효섭, 『설화의 기호학』, 민음사, 1999, p. 310.

논리를 담아야 할 필연성을 드러낸다. 변증법적 통합도, 어정쩡한 절충론도, 환원론도 아닌, 보다 생생한 해체의 논리를 담은 설화의 시학적 모델을 위해서는 몇 단계의 방법론적인 조작이 필요하다.

먼저 보편시학의 영역 모델로부터 출발하자. 다음 그림은 앞서 〈표 16〉을 간략한 항목화를 거쳐 다시 그린 것이다.

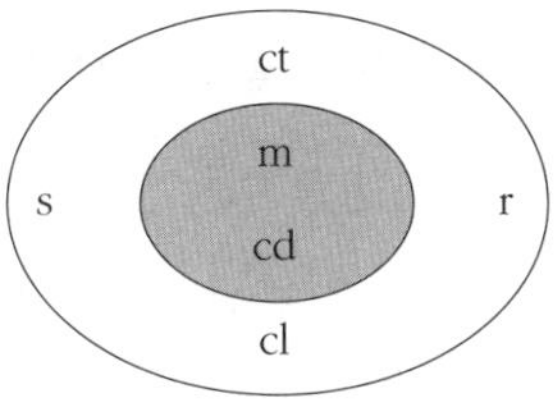

s=발신자, r=수신자, m=메시지, cd=코드, ct=컨텍스트, cl=접촉

〈표 19〉 보편시학의 영역 모델

이러한 보편적인 시학의 해체를 통해 구술시학은 보다 주변화된 영역을 점유한다. 그것은 언어로부터 벗어나려는 원심적 지향성을 가지며, 보다 현실에 가까이 가려 한다. 역시 앞서 제시된 〈표 17〉을 다시 그려보자.

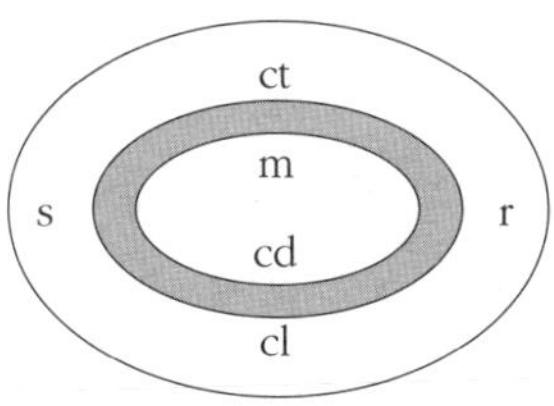

〈표 20〉 구술시학의 영역 모델

이 그림이 보이는 탈중심성은 그러나 현실의 맥락에서 무한히 산포되

어 드러나지는 않는다. 인간의 언어적 소통 안에서 존재하는 한, 그들의 모든 사유와 이념은 담론화되어 드러나며, 시학 역시 이러한 담론 안에 토대를 두기 때문이다. 그렇다면, 이러한 구술시학의 해체는 다시 새로운 메타언어를 통해 시학의 정체성을 추구하는 데로 나아갈 수밖에 없다. 시학은 역시 메시지를 탐색하는 것이며, 그것의 코드를 포착하는 것이기 때문이다. 그런데, 이때의 메시지와 코드는 우리가 시학적 작업이 진행되면서 변화한다. 하나의 메시지 즉 설화가 읽힐 때, 구술시학에 의해 제기된 해체의 담론은 다시금 그 자체가 메시지가 되고 그리하여 코드를 갱신한다. 그러한 양상을 그림으로 나타내면, 다음과 같다

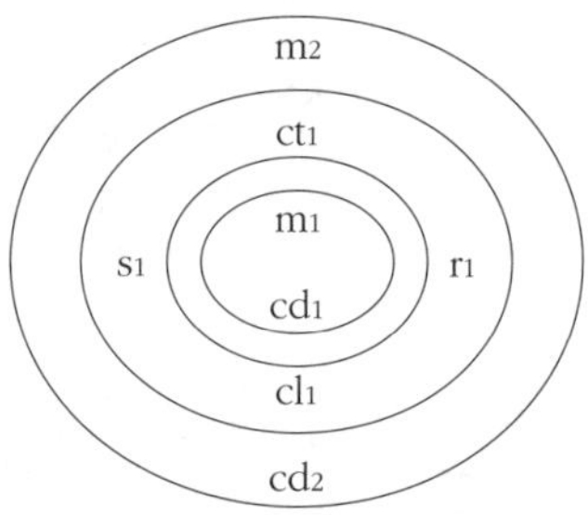

〈표 21〉 설화 시학의 담론 생성

이 그림에서 보듯, 양파껍질처럼 겹쳐진 원들은 이러한 시학적 탐색이 무한한 것임을 말한다. 다시 말해, 시학은 끝이 없는 것이며, 어느 지점에 도달하는 것으로 끝나지 않는다. 그것은 전체화와 국지화 사이에서 끊임없이 왕래하면서, 커뮤니케이션의 상황을 조심스럽게 관찰하고, 그리하여 가설을 제시한다. 그러나 그것은 하나의 가설일 뿐이며, 변화하는 상황은 이러한 가설을 수정하도록 요구한다. 이것은 이미 앞장에서 뮈토스와 로고스의 작용을 통해 신화성과 반신화성이 실현되는 것과 같은 가추

법적인 전개로 나아간다. 다시 말해, 퍼스가 말한 무한한 세미오시스의 작용이 일어나는 것이다. 이를 그림으로 나타냄으로써, 설화의 시학에 대한 최종적인 모델이 완성된다.

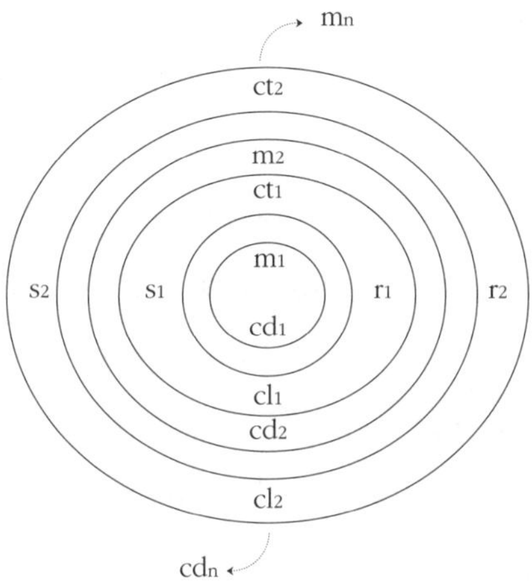

〈표 22〉 설화 시학의 기호학적 모델

이 모델에 내해 중요한 몇 가지 점을 보충하여 설명하면 다음과 같다.

1) 설화의 시학을 기술하는 것은 무한한 기호작용의 모습으로 나타난다.

2) 이 그림에 나타나는 두 종류의 원에 주목하자. 하나는 메시지와 코드의 영역이며, 다른 하나는 발신자, 수신자, 컨텍스트, 접촉의 영역이다. 전자는 문자시학의 주된 영역이며, 전자와 후자 사이에 빈 반지모양의 공간이 구술시학의 주된 영역이다. 반지모양의 공간이 갖는 불확정성은 원으로 나타나는 문자시학의 경계에 의해 반복적으로 제약을 받는다. 이는 구술시학의 유동성이 결국 문자로 고착될 수밖에 없는 담론적 현실을 그대로 반영하는 것이다. 그런 점에서 구술시학은 문자시학보다 부수적인 것으로 보이기도 한다. 설화가 구술적이라는 장르론적 전제는 실제로 설

화의 시학을 기술하는 현실과 거리가 있다. 설화의 구술성을 죄다 기술할 수 없으며, 아무리 기술해도 그것은 정확하지 않은 것이다. 다시 말해 현상에 대한 파악이 불가능하며, 그러기에 보다 확실한 문자화된 텍스트에 우리는 의존하지 않을 수 없는 것이다.

3) 그럼에도 불구하고, 이 그림은 구술시학의 해체론을 전유함으로써, 국지화와 미분화가 끼치는 기호학적 영향을 보여주고 있다. 정태적인 텍스트가 아니라, 언어적 커뮤니케이션에 참여하는 모든 요소들이 시학의 기술에서 변화하는 모습을 보여줌으로써, 시학의 불안정성을 극명하게 보여준다. 불안정성은 그러나 시학이 새로운 가능성 앞에 놓임을 말하는 것으로, 적어도 언어 텍스트에 관한 다른 관점에서의 접근–가령, 의미론, 해석학, 화용론 등으로 불리어지는 분야–을 향해 시학이 그 문을 열 수밖에 없음을 보이는 것이다. 언어 커뮤니케이션의 여러 요소들이 이러한 해체에 관여하게 될 모습을 이 그림은 어렴풋이나마 암시하고 있는 것이다.

2장
설화의 시학과 담화분석

앞서 말했듯, 시학은 시를 넘어서 여러 다양한 발화들로 확대되어 적용될 수 있다. 또 더 나아가서는 언어를 넘어서 문화의 다양한 현상들에 대해서도 적용이 가능할 것이다. 이것은 야콥슨의 언어학 중심주의에 근거한 것이지만, 이미 그 이전 소쉬르로부터 촉발된 언어학적 혁명에서 비롯된 것이다. 따라서 설화에서 시학을 논의하는 것 역시 지금까지 논의한 언어의 시적 기능의 구현과 무관하게 이루어질 수 없다.

설화의 시학 역시 러시아 형식주의와 프라그 학파의 구조주의를 거치면서, 이론의 확장이 이루어져 왔으며, 오늘날 흔히 말하는 '서사학'이라는 고유의 영역을 확보하게 되었다.

앞서 말한 슈클로프스키의 '낯설게 하기'의 이론은 설화의 시학에서도 그대로 드러난다. 낯설게 함으로써 독자는 설화의 언어가 지시하는 현실의 세계에 몰입하는 것을 끊임없이 방해 받는다. 설화가 지시하는 것은 시간의 흐름에 따라 일어나는 사건들의 연속인데, 설화를 낯설게 하는 요소들은 독자로 하여금 이러한 사건의 연속으로부터 빠져나와, 설화가 새롭게 생성하는 담론의 세계로 진입시킨다. 형식주의자들은 이러한 독자의 경험을 미적인 것으로 보며, 이러한 미적인 것이 어떻게 드러나는가를 밝히는 것을 시학이라고 한다.

1. 설화 구조에 대한 네 가지 모델

설화에 대한 시학적 탐색을 위해 가장 먼저 해야할 일은 설화 텍스트의 층위를 나누고 각 층위 안에서 생겨나는 요소들 간의 관계를 살피는 것이다. 각 층위 안에서의 관계를 살피기 위해서는 분절이 필요한데, 하나의 분절된 단위는 다른 분절된 단위들과의 관계를 통해 미학적 기능을 수행한다. 이러한 과정이 단순할 수 없는 이유는, 이러한 층위와 단위를 결정하는 기준을 마련하는 일에 일종의 해석학적 주관이 개입하기 때문이다. 이 세상의 모든 설화에 대해 보편적인 층위와 분절 단위를 설정할 수도 있고, 상황에 따라 생겨나는 설화의 여러 범주들 안에서 특정 층위와 분절 단위를 설정해볼 수도 있다. 이러한 가변성을 전제한 뒤에야 우리는 설화의 일반적 시학에 대한 조심스러운 논의에 들어갈 수 있다.

설화의 시학이 설화가 설화다운 미학을 구현하는 것에 대해 밝히는 것이라면, 그것은 설화에서 그러한 작용을 하는 어떤 층위 혹은 단위들에 대해 집중적으로 검토하는 것이다. 그러나 이러한 층위나 단위도 구조적 관계 안에 놓이는 것이기 때문에, 결국 다른 층위 및 다른 단위들과의 관계에 대해 고려하지 않을 수 없다. 시학이 구조주의와 만날 때, 미학적 관념이 해체될 수밖에 없는 것은, 미적인 본질이 아닌, 관계와 그 작용에서 생성되는 미학이 드러나기 때문이다. 설화는 일단 서사의 형태를 가지므로, 서사의 전체 구조에 대한 여러 가설적인 모델들을 검토하면, 거기에서 시학과 관련된 부분의 역할을 추론해낼 수 있다. 러시아 형식주의로부터 프라그 구조주의 그리고 오늘날의 서사학에 이르는 과정에서 일반적으로 제안된 몇 가지 서사의 층위들을 검토해보기로 하자.

줄거리(파불라)

플롯(수제)

〈표 23〉 토마제프스키의 모형[78]

담화

줄거리

플롯

서사모형

〈표 24〉 세그레의 모형[79]

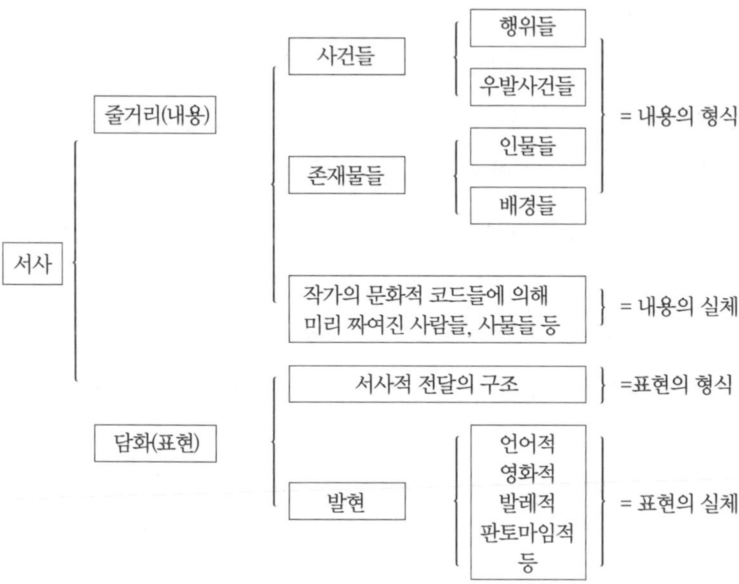

〈표 25〉 채트먼의 모형[80]

<table>
<tr><td colspan="4">생성행로</td></tr>
<tr><td></td><td colspan="2">통사론적 부분</td><td>의미론적 부분</td></tr>
<tr><td rowspan="2">기호학적이며
서사적인 구조</td><td>심층</td><td>기본적 통사론</td><td>기본적 의미론</td></tr>
<tr><td>표층</td><td>표층서사통사론</td><td>서사의미론</td></tr>
<tr><td>담화구조</td><td colspan="2">담화적 통사론
담화화
행위화
시간화
공간화</td><td>담화적 의미론
주제화
형상화</td></tr>
</table>

〈표 26〉 그레마스의 모형[81]

제시된 네 개의 모형은 서사의 층위가 분절되는 과정에 다양한 관점과 이론들이 개입하는 양상을 보여준다.

가장 기본적인 토마제프스키의 모형으로부터 출발해보자.

러시아 형식주의자들에 의해 제안된 이러한 층위의 구분은 이후 서사학의 층위 구분에 기본적인 틀을 제공한다. 토마제프스키의 모형에서 이러한 구분이 성립하기 위해서는 먼저 서사체를 일정한 단위로 구분하는 일이 선행되어야 하는데, 토마제프스키의 경우에는 '모티프'라는 단위가 그것이다. 모티프란 이야기를 가장 작은 주제적 단위로 쪼갠 결과로 나타난다.[82] 이러한 단위는 물론 구조적인 성격을 갖는다. 모티프라는 개념이

78 Boris Tomashevsky, "Thematics",(trans. & intro.) Lemon & Reis, op.cit., pp. 66-67.

79 Cesare Segre, *Structure and Time: Narration, Poetry, Models*,(trans.)John Meddemmen, The University of Chicago Press, 1979, pp. 1-10.

80 Chatman, op.cit., p. 26.

81 A.J.Greimas & J.Courtés, *Semiotics and Language: An Analytical Dictionary*, (trans.) Larry Crist and Daniel Patte, and others, Indiana University Press, 1982, p. 134.

널리 쓰이는 것이기는 하지만, 토마제프스키의 경우처럼 구조적인 단위로 쓰일 때만, 시학적인 역할을 수행할 수 있다.[83] 구조적 역할이란 다름 아닌, 이러한 모티프가 어떤 원리에 의해 배열됨으로써 수행하는 미학적 역할이다. 토마제프스키에 따르면, 플롯이란 이러한 모티프가 미학적 원리에 의해 배열됨으로써 나타나는 것이다.[84] 인과론적인 연결로 이루어진 줄거리는 그 자체로 미학적 기능을 하지 않지만, 그것을 모티프로 쪼개고 그 모티프를 적절하게 배열함으로써, 서사체는 일상적으로 일어나는 사건의 연속에서 벗어나 낯선 담론의 세계에 진입하며, 이를 통해 독자의 주의를 이끌어낸다. 이것은 러시아 형식주의자들이 말하는 '낯설게 하는' 효과의 하나이다. 모티프는 구조적이면서 기능적 단위이기 때문에, 대개 일정한 구조적 역할을 하게 된다. 토마제프스키는 이러한 모티프들을 그 기능에 따라 분류한다. 가령, 사건의 인과론적 연결에 없어서는 안 되는 모티프를 '구속 모티프'라 하고, 이러한 인과론적 연결과 무관한 모티프를 '자유 모티프'라 한다.[85] 토마제프스키가 말한 주제를 구현하는 데는 구속 모티프보다는 자유 모티프가 더 큰 역할을 할 수 있다. 다시 말해, 줄거리가 아닌 플롯에서 주제가 구현되기 때문에, 줄거리와 무관한 자유 모티프가 얼마나 서사에서 적절하게 활용되는가에 따라 서사체가 얼마나 그 주제를 잘 구현해내는가가 결정된다. 바로 이러한 과정이 시학

82 Tomashevsky, op.cit. p. 67.

83 설화학에서 '모티프'라는 개념이 널리 쓰이지만, 가령 핀란드 학파의 전파 이론에서 쓰인 '모티프'는 구조적인 개념이라 할 수 없다. 모티프가 설화의 보편적인 의미 단위를 나타내기는 하지만, 모티프들 간의 구조적인 관계가 드러나지는 않으므로, 시학적인 역할을 할 수 없다. 토마제프스키도 자신이 쓴 모티프의 개념을 이러한 역사시학이나 비교시학에서의 모티프의 개념과 분명히 다른 것이라 말한다.
Ibid., pp. 67–68.

84 Ibid., p. 67.

85 Ibid., p. 68.

이 탐구하는 부분이다. 그런가 하면, 토마제프스키는 모티프를 '역동 모티프'와 '정태 모티프'로 나누기도 했는데, 상황을 변화시키는 역동 모티프보다 상황을 지체시키는 정태 모티프가 플롯에 더 지배적으로 작용한다고 함으로써, 정태 모티프가 갖는 시학적 역할에 주목했다.[86] 플롯에 주로 작용하는 자유 모티프와 정태 모티프는 사건의 연결을 통한 사태의 진전을 막음으로써, 독자로 하여금 현실의 세계에서 벗어나 담론의 세계로 빠져들게 한다. 그것은 마치 야콥슨이 말한 병행의 효과와 같은 것이다. 시에서 일어나는 각운이나 두운, 혹은 운율이나 은유 등과 같은 여러 형태의 병행이 서사에서 일어날 때, 이러한 모티프의 배열을 통한 새로운 주제의 창조 즉 동기화가 일어나게 되는 것이다.[87] 토마제프스키의 모형에서 시학은 플롯을 통해 구현된다. 플롯의 구성은 작가가 구사하는 예술적 기법으로 간주된다. 그러나 형식주의자들이 말하는 이러한 기법이 서사 시학의 전부는 아니다. 형식주의에 구조주의의 싹이 보인다 해도, 완전한 구조주의에 이르지 못하는 것은 이러한 기법이 텍스트가 소통되는 상황을 구조화하는 데는 이르지 못했기 때문이다. 다시 말해, 시학은 기법의 차원을 넘어서, 텍스트를 통해 추론될 수 있는 컨텍스트들에 대해 배려하지 않으면 안 되는 것이다. 러시아 형식주의 이후의 서사학은 형식주의가 제시한 플롯과 줄거리의 두 층위를 기초로 하되, 이들을 미세한 분절이 가능한 스펙트럼에 위치시켜 새로운 모형을 창출하는 방향으로 전개된다. 이것은 텍스트를 보다 미시적인 차원으로 구조화하거나 보다 거시적인 차원으로 구조화함으로써, 이전의 구조화에 대한 해체를 단행하는 것이다. 시학이 추구하는 것은 이 가운데, 담화에 대한 보다 미시적

86 Ibid., p. 70.

87 다양한 '동기화'에 대해서는 ibid., pp. 78–87을 참조할 것.

인 관찰을 통해 얻어지는 것이다.

세그레의 모형은 토마제프스키의 모형을 확장해간 서사학의 흐름을 요약적으로 보여준다. 그런 점에서 세그레의 모형은 오늘날 서사학에 거의 일반적으로 통용되는 모형이라 할 수 있다. 이러한 모형을 통해 우리는 오늘날 서사학에서 쟁점이 되는 모든 문제를 논의할 수 있다. 특히 서사체에 접근하여 그것을 어느 수준까지 분절하거나 논리화시킬 것인가 하는 심급의 문제를 이 모형은 보여준다. 이것은 오늘날 언어학에서 자주 운위되는 '표층'과 '심층'이라는 매우 단순한 구분으로부터 출발하여, 이들 간에 존재하는 수많은 미세한 층을 설정하고 그것을 기술하는 과정에서 가장 합당한 것으로 판단되는 층위를 결정한 결과라 할 수 있다. 여기에는 일종의 공간적인 이미지 같은 것이 있다. 텍스트를 일종의 겉과 속으로 보는 것인데, 그러한 겉과 속이 단지 겉과 속이라는 공간을 점유한 분리된 층위에 불과하다면, 이러한 층위를 구분한 구조적 의도는 그 의미를 잃고 말 것이다. 다시 말해 이러한 층위를 구분한 의도에는 분명히 층위들 간에 어떤 긴밀한 구조적인 관련성이 있음을 전제한다는 것이다. 그 관련성 가운데 가장 먼저 떠오르는 것이 바로 심층과 표층 간에 설정되는 발생론적 관련성이다. 세그레는 이에 대해 매우 신중한 입장을 취한다. 이러한 관계 안에서 발생의 관련성을 논의할 여지가 전혀 없는 것은 아니지만, 그러나 이러한 층위들 간의 관계를 발생의 관계로만 보는 것은 잘못된 일이라는 것이다. 차라리 하나의 관념적이거나 이상적인 분할 정도로 보는 것이 더 낫다는 입장을 취한다. 더구나 촘스키가 말하는 것과 같은 변형의 원리가 작가의 의도가 강하게 반영된 담화의 층위에 작용한다고 생각하는 것은 무의미한 일이라고 한다.[88] 이러한 문제는 사실 서사학

88 Cegre, op.cit., p. 2.

에서 해결해야할 매우 중요한 논점이기 때문에, 세그레의 모형을 다시금 살피면서 좀더 논의를 진행시켜 보기로 하자.

이른바 가장 표층적인 층위로 제시된 담화는 '기표로서의 서사 텍스트'[89] 를 말한다. 기표라는 용어는 기의라는 용어 없이는 아무런 의미를 갖지 못한다. 분명히 소쉬르는 기표와 기의 간의 결합 관계를 자의적이라 했다. 세그레의 모형에서 기표로서의 텍스트는 언어로 드러난 텍스트의 모든 현상을 포괄적으로 가리키는 말로 보인다. 그러나 기표라는 말을 썼다면, 거기에는 담화 외의 다른 층위가 기의로 포괄될 수 있다는 함의를 가진 것으로 보인다. 그렇다면, 서사체에서 담화와 그 밖의 보다 심층적 층위들 간에는 자의적인 관계가 존재하는가? 아마 그럴 수도 있을 것이다. 자의적이란 단지 '아무렇게나'를 뜻하지는 않는다. 거기에는 약속이라는 의미가 내포되어 있다. 담화의 층위와 그 밖의 층위는 어떤 약속이나 관습에 따라 연결될 수 있다는 것이다. 그것이 전적으로 발생론적인 것이라고 말하기는 어렵지만, 어느 정도 발생론적인 함의가 있음을 부정하기도 어렵다. 이 부분은 매우 미묘한 문제로서 서사학에서 만들어진 논리가 늘 해체의 가능성 앞에 놓일 수밖에 없는 사태를 보여주는 것이다. 이러한 층위들 간에 약속이나 관습이 있다면, 그것은 어느 정도 그것이 통용되는 공동체를 전제하지 않을 수 없으며, 이에 따라 우리는 이들 간에 존재하는 코드를 예측할 수 있다. 그렇다면, 앞으로 이루어질 서사학의 모든 작업은 이러한 코드에 대한 탐구라 할 수도 있다.

사실 코드라는 말은 수많은 함의를 갖고 있으며, 따라서 쉽게 규정되지 않는 가변성과 모호성을 갖는다. 코드는 강할 수도 있고 약할 수도 있으며, 명시적일 수도 있고 암시적일 수도 있다. 담화 층위에서도 코드가 찾

89 Ibid.

아지고, 그 코드는 다른 층위들 간의 관계를 드러낼 수도 있다. 그러나 세그레가 말한 담화의 층위는 다른 층위들에 비해 코드의 입김이 덜 작용하는 것처럼 보인다. 이는 담화의 층위가 텍스트가 가장 구체적으로 드러나고, 독자가 이를 직접 대면하여 독서 행위를 실행하는 층위임을 말한다. 독서가 이루어진다는 것은 하나의 커뮤니케이션의 상황이 만들어짐을 말한다. 이러한 것은 독서가 실행되는 모든 현장에서 새롭게 만들어진다. 커뮤니케이션의 상황에서 분명히 코드가 작용하기는 하지만, 그럼에도 불구하고 수없이 생산되는 가변적인 컨텍스트의 영향에 비한다면, 상대적으로 그 힘이 미약해 보인다. 텍스트는 문장들의 연결로 이루어져 있으며, 그 자체로 존재하는 것이지만, 독서의 행위가 이루어지면 그러한 문장들이 독자의 인식 안에서 새로운 의미로 재구성된다. 그러니까 그 문장들은 더 이상 텍스트에서 연결되어 있던 모습으로 존재하지 않는다. 그것은 이미 소쉬르가 말한 파롤과 같은 것일지 모른다. 따라서 구조주의 시학의 영역을 벗어나 기술 불가능한 영역이 된 것일 수도 있다. 그렇다면, 그것을 그대로 방치할 수밖에 없는 것인가? 그것이 분명히 실행되고 있다면, 이는 분명히 의미를 갖는 것이며, 다른 전략을 통해서라도 그것에 대한 담론이 만들어져야 하는 것 아닌가? 여기에 설화의 시학이 해체의 전략을 구사할 수밖에 없는 필연성이 떠오른다.

텍스트 자체를 담화라 한다면, 이제 그러한 텍스트 자체에 관심을 기울여 그것이 갖는 코드를 찾으려는 과정에서 추론되는 것을 플롯이라 할 수 있다. 플롯이란 말은 물론 매우 보편적인 말인데, 세그레가 말하는 플롯 역시 토마제프스키를 비롯한 러시아 형식주의자들이 말한 개념과 크게 다르지 않다. 모든 언어 텍스트는 선적으로 전개되는데, 겉으로 보기에 선적이라 하더라도, 거기에는 어떤 논리가 숨어 있다. 그러한 논리가 포괄적으로 플롯이라는 개념 속에 들어간다. 이러한 논리는 이제는 텍스트가 읽혀지는 가변적인 상황에서 벗어나 텍스트 자체로 진입하는 순간 밝혀진다. 그런 점에서 보면, 그것은 우발적인 상황보다는 필연적인 논리에 좌우되는 듯이 보이며, 따라서 코드의 역할도 보다 강하게 드러난다. 일단 이러한 논리를 추론하기 위해 우리가 할 수 있는 첫 번째 단계는 텍스트를 분절하는 일이다. 이러한 작업은 텍스트를 '그냥' 읽는 일과는 많이 다르다. 물론 텍스트를 그냥 읽으면서도 분절을 암암리에 할 수도 있다. 그러나 이러한 플롯을 살피기 위한 분절은 매우 의식적으로 이루어진다. 분절될 단위를 설정하고, 그들 간의 논리를 추론하는 과정은 매우 해석적으로 이루어진다. 가령, 하나의 문장을 하나의 단위로 한다는 기계적인 분절의 기준을 설정했다고 하자. 그 다음에 해야 할 것은 문장들 간의 관계를 추론하는 일인데, 여기에서 모든 의미 있는 관계가 추론된다는 보장이 없다. 플롯은 작가가 의식적으로 어떤 조작을 통해 주제를 구현하기 위해 사용한 논리를 담고 있는데, 그 논리가 꼭 문장들 간의 관계를 통해 추론되라는 법은 없기 때문이다. 따라서 좀 더 의미 있는 관계를 추론하기 위한 분절의 단위를 설정할 수 있다. 서사체라는 점을 감안하면, 플롯에서 사건은 어떤 조작의 과정을 통해 배열되었을 것이다. 그 조작의 논리가 플롯이라면, 그것이 바로 서사체가 갖는 가장 예술적인 측면을 드러내는 시학의 탐구 대상이 되는 것이다.

여기서 한 단계 더 추론한 결과가 줄거리로 나타난다. 줄거리는 플롯에서 드러나는 조작을 거두어내고 사건을 연대기적이고 인과적인 논리로 되돌림으로써 추론된다. 그것은 보다 추상적인 것으로 나타난다. 주제가 구현되기 이전에 이미 존재하는 사건들이 있었고, 그 사건들 간의 연쇄가 있었다. 그것은 의미가 주어지기 이전, 현실에서 일어날 개연성을 가진 연속된 사건들로 나타난다. 그러나 그것이 추상적인 것으로 받아들여지는 것은 그것이 실제로 현실에서 일어난 것이 아니라, 담화를 통해 우리가 재구성해야 하는 것이기 때문이다. 한 단계 추론이 더 진행된 만큼 그것은 더 추상적이 된다. 이러한 줄거리는 이 세상에서 일어나는 사건들을 아무런 의미도 부여하지 않고 기술하는 리포트 같은 성격으로 나타나는데, 거기에서 어떤 논리를 찾는다면 그것은 참으로 보편적인 사건들의 논리가 될 것이다. 그것은 주제와는 거리가 멀다. 사건들이 텍스트에 배열되는 논리가 아니라, 사건들이 현실에서 일어나면서 생겨나는 보편적인 논리이기 때문에, 그것은 가령 '문화'와 같은 보다 집단적인 규약의 지배를 받을 가능성이 크다. 그것은 코드의 강화라고 말할 수도 있다.

세그레의 모형에서 가장 추상적인 층위로 설정된 서사모형은 줄거리가 갖는 특수성을 보편성으로 환원시킴으로써 생겨나는 것이다.[90] 모든 줄거리들에 공통적으로 찾아지는 규약들이 있다는 가정에서 이러한 서사모형이 추출된다. 서사학에서 이러한 시도가 자주 이루어지는 것은 서사학이 서사 일반의 논리를 탐구하려는 꿈을 갖고 있기 때문이다. 그것은 가장 추상적이고 또 가장 거시적이며, 모든 서사를 지배할 만큼 강한 코드를 내포하고 있다. 그것은 수많은 반복되는 패턴을 내포한 그야말로 모형으로 나타난다는 점에서, 철저하게 소쉬르가 말한 계열체적인 관계에 의존한다. 그러나 그 계열체적 관계가 구현되는 양상이 구체적으로 드러나지 않는다는 점에서, 그것은 또한 텍스트로부터 가장 멀리 떨어진 것으로 가정된다. 서사모형은 보다 포괄적인 삶이나 문화의 모형으로 접맥될 가능성이 크다. 추상적인 만큼 그 활용 가능성은 넓고, 그러기에 다른 영역들에 대한 설명의 모델이 될 수도 있다. 가령 브레몽의 가능성의 논리[91]나 그레마스의 기호사각형 같은 모델은 그냥 그 자체로 우리의 삶의 궤적

90 Ibid., pp. 10.

91 Claude Bremond, *Logique du récit*, Seuil, 1973, p. 131.

을 설명하는 모델이 될 수 있다.

세그레의 이러한 층위들은 앞서 말했듯, 공간적인 이미지로 나타난다. 그러나 이러한 공간적인 이미지가 과연 합당한 논리적 언어로 설명될 수 있느냐 하는 것은 아직도 해결해야 할 난제로 남아있다. 더구나 발생의 문제까지 겹쳐 생각하면, 상황은 더욱 복잡해진다. 공간적 분화건 인과적 발생이건 이들은 텍스트에서 출발하여 어떤 해석에 이르는 과정에서 생겨난 결과일 뿐이다. 그것은 본래 거기에 있었던 것이라기보다는 거기에 있는 것으로 생각된 어떤 것일 뿐이며, 따라서 해석의 결과에 따라 다른 분화나 발생을 말할 수 있는 것이다. 설화의 시학을 말하면서, 우리가 어디까지 서사학의 논리에 개입해야 할지는 아직 단정할 단계가 아니다.

채트먼과 그레마스의 모형은 설화의 구조와 관련하여 생겨나는 또 다른 문제들을 새롭게 제기한다.

채트먼의 모형의 근간은 앞서 토마제프스키에서 제시된 바 있는 파불라와 수제의 구분이다. 이를 보다 세분한 세그레의 모형과도 일맥상통하지만, 채트먼은 세그레와는 다른 문제의식을 통해 새로운 모형을 제안한다.

서사체를 이루는 가장 필요한 부분이 사건들의 내용 혹은 연결과 존재물들이라 불리울 수 있는 것들, 그리고 표현 즉 내용이 전달되는 방식인 담화로 이루어졌다는 것은 구조주의 서사학자들의 견해를 그대로 받아들인 것이다.[92] 그것은 곧 내용과 표현으로 바꾸어 말할 수 있는 것이다. 내용인 줄거리는 앞서의 모형들(〈표 23〉〈표 24〉)에서처럼 어느 정도 추상적인 층위에 존재한다. 그것은 매체와는 독립적으로 존재할 수 있음을 말하는 것인데, 그런 점에서 서사체가 그것의 미학을 구현하는 시학과는 거리를 두는 것처럼 보인다. 그러나 실제로 서사체에서 추상적 층위란 그

92 Chatman, op.cit., p. 19.

보다 구체적인 층위로부터 추론된 것이기 때문에, 줄거리만 독립적으로 존재하는 층위란 실제로 존재할 수 없다. 가령, 누구나 알고 있는 춘향전의 줄거리에는 춘향이라는 인물과 그의 행위의 연결이 존재하지만, 이것은 소설이나 판소리, 오페라와 같은 어떤 매체를 통해 구현된 담화로부터 추론해낸 것이다. 그러니까, 춘향전의 일반적인 줄거리가 있다고 생각하는 일반적인 통념은 반드시 정확한 것은 아니다. 그런 줄거리가 있다는 약간은 부정확한 통념이 새로운 춘향전의 담화를 만들어낼 가능성을 갖는 것은 사실이지만, 정확하게 춘향전의 줄거리가 무엇이라고 말하기는 어려운 것이다. 즉 춘향전은 어떤 매체로 표현되든 모두 같은 줄거리를 갖는다고 생각하지만, 실은 그렇지 않다는 것이다.

시학은 표현에 주로 관여하지만, 이와 같이 줄거리와 뗄레야 뗄 수 없는 관계를 갖는다. 그것은 시학이 보편적인 이론을 추구하지만, 그 표현의 내용으로부터 완전히 독립할 수 없음을 보여준다. 이것은 시학이 해석학에 의해 해체되는 지점을 보여주는 것이다.

채트먼의 모형에서 주목할 것은 형식과 실체의 구분이 작용하고 있다는 점이다. 이러한 구분이 적용됨으로써, 앞서 러시아 형식주의자들의 구분에 새로운 층위가 겹쳐져 제시된다. 이는 설화의 구조에 관하여 매우 중요한 논점을 제공한다. 형식과 실체라는 개념은 본래 소쉬르에서 비롯된 것이다. 소쉬르는 기호가 체계 안에서 갖는 상대적 가치를 말하면서, 이러한 체계인 랑그는 실체가 아닌 형식이라고 단정한다.[93] 적어도 소쉬르의 기호학에서 실체는 연구 대상에서 배제된 것이다. 그러나 과연 랑그와 파롤의 구분을 통한 실체의 완전한 배제는 현실적으로 가능한 것인가? 파롤이 랑그를 변화시킬 수 있듯, 실체 역시 형식을 변화시킬 수 있

93 Ferdinand de Saussure, *Cours de linguistique générale*, Payot, 1984, p. 169.

다. 그렇다면, 형식만을 사유의 대상과 방법으로 삼는 구조주의의 문제점이 드러나게 된다. 예름슬레우가 제안한 체계는 표현과 내용, 그리고 형식과 실체를 통해 만들어진 사분된 사각형으로 나타난다.[94] 예름슬레우가 비록 실체를 모형 안에 삽입했다고 해서, 그것을 가능한 연구 대상으로 보았던 것은 아니다. 그런 점에서 그의 생각은 파롤을 배제한 소쉬르의 그것과 다르지 않았다. 채트먼의 모형에 이러한 실체가 삽입된 것은 이러한 실체의 존재를 배제하고는 서사체에 대한 논의가 불가능하다는 인식을 보여주는 것이다.

그렇다면, 채트먼이 제시한 모형에서 실체는 어떻게 나타나는가?

그것은 담화와 관련된 표현 실체와 줄거리와 관련된 내용 실체로 나타난다.

먼저 표현 실체를 살펴보자. 그것은 줄거리를 전달할 수 있는 모든 매체를 말한다.[95] 그것은 언어일 수도 있고, 조형일 수도 있고, 소리일 수도 있고, 영상일 수도 있고, 동작일 수도 있다. 그것은 현실에 존재하는 것이지만, 아직 형식화를 거치지 않아서 서사체의 구조 안에 들어온 것은 아니다. 그것은 하나의 가능성 같은 것이다. 그렇다면, 그것은 서사체의 구조와 무관한가? 그렇지는 않다. 그것은 구조적이지는 않지만 다른 방식으로 형식에 관여할 수 있다. 그것은 형식화를 위한 매개이므로, 형식화에서 필수적인 것이며, 그러기에 때로는 형식을 바꿀 수 있는 힘을 발휘할 수도 있다. 이것은 구조주의가 해체되는 지점을 보여주는 것이며, 그것의 기술은 구조적이 아닌 해체적인 방식으로 이루어질 수밖에 없다.

이는 내용 실체의 경우도 마찬가지다. 내용 실체란 작가가 속한 사회의

---

94 Hjelmslev, op.cit., pp. 47–60.

95 Chatman, op.cit., p. 24.

코드들을 통해 여과된 것으로서, 서사적 매체 안에 모방될 수 있는 실제적이고 상상적인 세계들 안의 대상들과 행위들의 재현들을 말한다.[96] 이러한 재현들은 아직 서사체 안에서 표현되기 이전의 것으로서 역시 하나의 가능성과 같은 것이다. 이러한 가능성은 서사체가 아닌 현실 안에 존재하는 것이며, 실제 작가와의 관계 안에 존재한다. 서사체에 표현되기 이전의 것이므로, 서사체의 텍스트 자체의 구조와는 무관한 듯이 보이지만, 그것은 분명히 존재하는 것이며, 또 구조에 어떤 영향을 미칠 수 있는 것이다. 그것은 내용의 층위에서의 구조가 해체되는 지점을 보여준다.

이러한 실체의 영향을 받는 형식은 구조주의자들의 관심 영역 안에 존재한다. 따라서 채트먼이 말한 표현 형식과 내용 형식에는 모두 구조주의 서사학자들이 다루어온 주제들이 포함된다. 채트먼 역시 이러한 형식을 다루는 구조주의의 관점에서 그의 서사학을 전개시킨다.

채트먼의 모형에서 앞서 두 모형에서 다루어지지 않은 새로운 문제를 발견할 수 있었는데, 그것이 바로 실체의 문제이다. 그것은 텍스트 바깥에 존재하며, 텍스트와 관계하기 전까지는 막연한 상태로 남아있다. 그것을 컨텍스트라 하기도 어려운 것이, 컨텍스트는 텍스트의 연장선상에서 텍스트에 의해 구성되는 것으로 여겨지기 때문이다. 실체에서 형식을 만들어낸다는 점에서 그것을 발생적으로 설명할 수도 있지만, 발생이란 근본적으로 구조적인 것과는 거리가 있기 때문에, 텍스트에 대한 구조적 관점과는 마찰을 일으킬 수밖에 없다. 이 부분은 적어도 있지만 설명할 수 없는 것은 설명하지 않는다는 관점에서 벗어나, 만일 있다면 새로운 방법을 찾아서라도 설명해야 한다는 관점으로의 전환을 요구하는 것이다. 해체론적 관점이 요구되는 것은 이 때문이다.

---

96 Ibid.

채트먼의 모형에서 시학은 주로 형식의 문제와 관련된 것이며, 그 중에서도 특히 표현 형식과 관련된 것으로 보인다. 우선 줄거리를 담화로 표현하는 과정이 그 영역이 된다는 점은 앞서의 토마제프스키나 세그레의 모형에서와 같지만, 실체가 시학에 관여할 가능성을 드러낸다는 점은 주목할 필요가 있다. 특히 표현 실체는 그것이 곧 매체라는 점에서 시학의 바탕이 될 가능성이 크다. 표현 실체가 표현 형식으로 화하는 과정에서 어떤 원리가 작용하는가는 매우 중요한 시학적 문제가 될 수 있다. 채트먼의 모형은 내용에서 형식으로의 전환뿐 아니라, 표현 실체에서 표현 형식으로의 전환이라는 또다른 문제가 시학에 존재할 수 있음을 보여준다. 그리하여 시학에서 해체의 문제는 더욱 복잡한 양상으로 전개되는 것이다.

그레마스의 모형은 그에 의해 '생성 행로'로 명명되었다. 여기서 문제는 '생성'이라는 말이다. 발생이라는 말과 마찬가지로 생성이라는 말은 정태적인 구조를 가리키는 것이 아니라, 역동적인 움직임을 가리킨다. 그레마스에 따르면, 모든 기호학적 대상은 그것의 생산의 양식에 따라 정의될 수 있기 때문에, 이러한 과정에 참여하는 부분들은 가장 단순한 데서 가장 복잡한 데로 그리고 가장 추상적인 데서 가장 구체적인 데로 진행하는 '행로'를 따라 결합되어 있다는 가정을 할 수 있다.[97] 이러한 생성 이론은, 표층구조는 의미론적 해석과 무관하고 심층구조는 음운론적 해석과 무관하다고 하는 촘스키류의 생성언어학과는 다른, 모든 기호학적 체계를 설명하고 담화들을 생성시키는 모델을 구성하는 것을 목표로 하는 의미작용의 이론으로 나타난다.[98] 그런 점에서, 그레마스의 모형은 단순히 서사의 모형이 아니라, 기호를 통해 이루어지는 의미작용 일반에 관

97 Greimas & Courtés, op.cit., p. 132.

98 Ibid., pp. 132–133.

한 이론적 모형이며, 따라서 여기에서 모든 구조는 의미의 생성에 관여하는 것으로 간주된다.

그가 제안한 메타기호학적 해석과 구성의 장소로 간주되는 자율적이고 일반적인 영역은 셋으로 나누어지는데, 기호-서사적 구조, 담화적 구조, 텍스트적 구조가 그것이다.[99] 앞서의 모형에서 텍스트적 구조가 드러나지 않은 것은 텍스트적 구조는 생성 행로의 바깥에 있는 것으로 간주되기 때문이다. 텍스트적 구조는 텍스트화를 통해 나타나는데, 그것은 실제로 텍스트로 실현된 그 자체를 말한다. 그레마스에 따르면 텍스트화는 생성 행로의 어느 지점에서든 일어날 수 있으며, 또 형상적이거나 비형상적인 담화뿐만 아니라, 가장 추상적인 논리적 의미론적 구조들도 텍스트화될 수 있는 것이다. 또 텍스트적 구조의 형식화는 의미론적 재현을 불러일으키는데, 이러한 의미론적 재현은 표층적 언어학적 구조를 생성하는 언어학적 구조를 위한 심층층위로 작용할 수 있다. 텍스트적 구조는 결과적으로 텍스트 언어학 등과 같은 연구의 자율적인 영역이 될 수 있지만, 그럼에도 불구하고 생성 행로의 바깥에 위치하는 것으로 간주된다.[100] 텍스트적 구조에서 이루어지는 의미론적 재현은 소쉬르가 말하는 랑그와 같은 구조의 영역에 들어오지는 않는 것으로 보인다. 의미론적 재현 관계는 언어와 그 지시대상과의 관계이며, 소쉬르가 말하는 기표와 기의의 관계와는 다른 것이다. 이러한 영역이 생성 행로에 들어올 수 없다는 것은, 그것이 구조화가 이루어지기 이전의 상태임을 말한다. 이것은 구조주의자들이 생각하는 구조의 세계 바깥에 현실의 세계가 분명히 존재하며, 그레마스 역시 예름슬레우가 실체의 세계에 대해 말했듯, 이러한

99 이들 구조에 대한 설명은 ibid., pp. 133-134를 참조했음.

100 Ibid., p. 133.

세계를 텍스트적 구조로 나타내고자 했음을 보여주는 것이다. 이것은 일단 생성 행로에 어떤 영향을 미칠 수 있음을 암시하는 것이며, 따라서 텍스트에 대한 모든 논의가 닫혀진 생성 행로 안에서만 이루어지지 않을 가능성을 보여주는 것이다. 이것은 생성 행로의 구조적 틀이 해체될 가능성이 있음을 시사하는 것이다.

그레마스가 설정한 가장 추상적 층위는 기호-서사적 구조이며, 여기에는 표층적 층위와 심층적 층위가 존재한다. 또한 이러한 구조는 통사론적이면서 의미론적인 부분을 포함한다. 이를 간단히 설명하면 이렇다.

표층적 통사론은 어떤 법칙이 작용하는 과정을 통해 기본적 통사론에서 이끌어내어진 생성 행로의 한 영역이다.[101] 여기서 이루어지는 것은 발화의 조종이다. 분절된 단위가 어떤 관계를 통해 기능을 수행함으로써, 발화의 조종이 이루어진다. 행위항들 간의 관계라든지 서사적 프로그램과 같은 그레마스 등에 의해 제안된 단위 혹은 단위들 간의 연결은 바로 이러한 표층적 통사론을 보여주는 것이다.

표층적 의미론은 가치 실현의 영역이다.[102] 기본적 의미론에서 항목화되어 드러나는 가치가 있다 하더라도 주체에 의해 실현되지 않으면 발화되지 않은 잠재적 가치로 남아있을 뿐이다. 표층적 의미론에서 가치는 주체와 결합되면서 실현된다. 통사론적 틀에 가치가 부여되면서 의미작용이 이루어지는 것이다.

심층적 통사론은 비언어학적뿐 아니라 언어학적인 다른 기호학적 체계들에 속하는 담화들이라 불리우는 통합체적 구성물들의 생산, 기능수행, 이해를 설명하는 것으로 간주된다. 따라서 생성 행로가 기원하는 영

101 '표층적 통사론'에 대해서는 ibid., pp. 332-334 참조.

102 '표층적 의미론'에 대해서는 ibid., p. 277 참조.

역을 나타낸다.[103] 이것은 그레마스가 제안한 기호사각형으로 나타나는 것인데, 이러한 기호사각형의 항목들은 그것이 분류론적 위상 안의 하나로 존재하기도 하고, 다른 항목들과의 관계를 통해 움직이는 작용을 보여주기도 한다. 심층적 통사론은 순수하게 관계들로만 이루어진 것이며, 따라서 개념적이고 논리적인 것이다. 이러한 심층적 통사론은 표층적 통사론에 논리적으로 앞서 존재하는 것이다.

심층적 의미론 역시 심층적 통사론과 마찬가지로 생성 행로의 출발점이 되는 것인데, 여기에서의 단위들은 의미작용의 본질적 구조들이다.[104] 이들은 의미론적 범주들로 형식화될 수 있으며, 기호사각형을 통해 분절될 수 있다. 하나의 범주는 그 자체로 질서화되면서 가치의 부여를 통해 미시적 우주를 생산할 수도 있고 기호학적 사각형과 같은 틀로 들어가 다른 범주와의 관계를 통해 혁신된 담화를 만들어낼 수도 있다. 이러한 심층적 의미론의 항목들은 발화의 주체에 의해 활용될 의소*sème*[105] 범주의 목록으로 나타날 수 있다. 이러한 심층적 의미론이 보여주는 본질적 가치론적 구조는, 본질적으로 계열체적인데, 그 항목들은 기호사각형의 예측된 행로에 따라 움직이는 통사론적 작용을 통해 통합체화될 수 있다.

그레마스가 말한 이러한 기호-서사적 구조는 실현된 담화가 갖는 특수성을 보여주지 못한다. 매우 일반적인 서사 발화의 규칙이나 그 규칙을 움직이는 추상적이고 선험적인 의미의 기본적 논리를 제시한 것이다. 이것은 세그레가 말한 서사모형의 층위에 해당하는 것이며, 따라서 설화가 갖는 특수성을 드러내는 수사학적 면모가 드러날 수 없다. 그러나, 그레마스가 제안한 담화적 구조는 보다 표층에 존재하면서 발화의 사건이 갖

103 '심층적 통사론'에 대해서는 ibid., pp. 331-332 참조.

104 '심층적 의미론'에 대해서는 ibid., pp. 275-276 참조.

105 '의소'에 대해서는 이 책, 각주 180 참조

는 일회성이나 특수성을 반영하게 된다.

담화적 구조는 표층의 기호학적 구조들에 바탕을 두면서 그것을 발화의 영역에 통과시킴으로써 담화를 생성시키는 역할을 한다.[106] 여기에서도 담화적 구조는 담화적 통사론과 담화적 의미론으로 나누어지는데, 담화적 통사론은 행위화, 시간화, 공간화로 이루어지며, 담화적 의미론은 주제화와 형상화로 이루어진다.

행위자화, 시간화, 공간화는 행위자, 시간, 공간의 분절이 이루어지고 그것이 상황에 맞게 배열됨으로써, 발화의 상황에 맞는 행위, 시간, 공간의 형상이 만들어지는 것을 말한다. 그레마스는 이들이 모두 발화에 관여하는 이접과 연접의 법칙을 통해 이루어진다고 한다.[107]

가령 행위자화의 과정을 특징짓는 것은 그것이 의미론적이고 통사론적인 부분의 다른 요소들을 결합함으로써 담화의 행위자를 정립시키려는 목적을 갖는다는 것이다.[108] 행위자란 어휘론적 단위이고 유형상으로는 명명적인 것인데, 그것이 담화에 통합되어 발현되는 순간, 표층적 서

---

106 '담화적 구조'에 대해서는 Greimas & Courtés, op.cit., p. 134 참조.

107 '이접'이란 발화의 영역이 언어행위의 순간에 그것의 기초적인 구조의 항목들을 그 자체로부터 분리하여 발화문에 투사함으로써 담화-언술의 기본적인 요소들을 구성하게 하는 작용을 말한다. 가령, '나-여기-지금'의 총합으로 이루어진 발화의 영역이 있다면, 이접이란 이러한 발화의 기원에서 벗어나 발화 자체의 영역을 분절하는 것이다. 발화의 기원에 존재하는 나, 여기, 지금은 발화문에서 나 아닌 것, 여기 아닌 곳, 지금 아닌 때로 나타난다. '연접'이란 이접과는 반대로 발화의 영역으로 되돌아가는 효과를 낳는다. 이러한 연접의 효과는 언술영역의 부정을 통해서뿐 아니라 행위자, 시간, 공간에 속하는 항목들 간에 존재하던 대립들의 유보를 통해서도 발휘된다. 대개 이접이 있어야 연접이 생겨난다. 이러한 이접과 연접을 통해 이른바 행위자화, 시간화, 공간화가 이루어진다. 이접과 연접은 발화문에서 분명히 구분되어 이루어지지 않는다. 전적인 연접이란 존재하지 않는데, 왜냐하면 그것이 담화의 어떤 흔적을 전적으로 소멸시키지 못하기 때문이다. 그레마스가 이접과 연접에 대해 말하면서, 이러한 흔적을 언급한 것은 담화 구조에서 필연적으로 이루어지는 해체의 작용을 암시하는 것으로 생각된다.
'이접'과 '연접'에 대해서는 ibid., pp. 87-91, pp. 100-102 및 이 책, pp. 221-231 참조.

108 '행위자' 및 '행위자화'에 대해서는 Greimas & Courtés, op. cit., pp. 7-9 참조.

사적 통사론과 담화적 의미론의 지배를 받는다. 그것의 고유한 의미론적 내용은 개별화의 의소들의 존재들로 이루어지는 듯한데, 이들 의소들은 기호학적 세계에서 행위자에 자율적인 형상의 모습을 부여한다. 행위자는 막동이같이 개인적인 것일 수도 있고, 학생처럼 집단적인 것일 수도 있으며, 인간이나 동물의 모습을 한 것일 수도 있고, 운명처럼 비형상적인 것일 수도 있다. 행위자는 기호 – 서사적 구조에서 기능을 수행하는 행위항과는 구분되어야 한다.

시간화 역시 발화의 영역에 관여하는 연접과 이접의 메커니즘의 실행을 통해 이루어진다. 시간화는 시간적 프로그램화, 시간적 국지화, 시상화로 이루어진다.[109]

시간적 프로그램화는 우선 전제의 축(서사적 프로그램들의 이어짐의 논리적 질서)을 연속의 축(사건들의 시간적이고 의사 인과적 질서)으로 전환시키는 것으로 특징지어진다. 가령 그레마스가 제시한 서사적 프로그램은 조종, 능력, 수행, 인정의 단계로 이루어져 있는데, 이러한 단계들이 보여주는 연속성의 토대에는 양태성의 논리[110] 가 전제되어 있다.

시간적 국지화는 가장 엄격한 의미에서의 시간화라 할 수 있는데, 시간적 이접과 연접의 과정을 활용하며, 서사적 구조가 기입되는 틀을 세움으로써 시간적 연결을 분절하거나 조직화한다. 이 경우, 시간화되어 드러나는 서사의 여러 양상들은 바로 서사적 구조와 직결된다. 이때 서사적 구조는 시간의 연결을 발화의 상황에서 적절하게 조작하여 구조화한 플롯으로 나타날 가능성이 크다.

시상화는 논리적 성격을 가진 서사적 기능들을 발화 언술 안에 위치한

109 '시간화'에 대해서는 ibid., pp. 337–338 참조.

110 양태성의 논리에 대해서는 이 책, pp. 231–237 참조.

관찰자 행위항의 관점에서 가치화된 과정들로 변형시킨다. 이 경우, 시제는 과거, 현재, 미래와 같이 나누어지지만, 관찰자의 존재가 개입함으로써, 그의 관점에서 사건은 새로운 시간적 의미를 부여 받는다. 설화에 반드시 등장하는 서술자나 이야기꾼들은 시제의 관점에서의 시간의 분절과는 다른 분절의 관점을 필연적으로 보여주게 되고, 그것은 상황에 따라 매우 가변적으로 나타나게 된다.

공간화 역시 연접과 이접의 메커니즘을 바탕으로 한다는 점에서는 행위자화나 시간화와 다르지 않다.

공간화는 먼저 공간적 국지화의 과정들로 이루어지는데, 이것 역시 연접과 이접의 작용으로 해석될 수 있다.[111] 여기에도 몇 가지 종류가 있다.

먼저 공간적 국지화가 있다. 발화자는 서사적 프로그램들과 그것들의 연결들의 기입을 위한 틀로 작용하는 다소 자율적인 공간적 조직화를 발화-담화에 수행하기 위해, 이접과 연접의 작용으로 해석될 수 있는 공간적 국지화를 수행한다. 발화자는 '여기'라는 발화의 기원의 장소에 존재하지만, 발화자가 만들어낸 발화문에는 이러한 '여기'가 포함된 공간의 조직이 아닌 새로운 공간의 조직이 드러난다. 그러한 조직은 발화문에 따라 달리 구현될 수 있으며, 그런 점에서 일종의 국지화가 이루어진다고 볼 수 있다.

공간적 프로그램화 역시 공간화의 하나이다. 공간적 프로그램화를 통한 국지화로부터 얻어진 부분적 공간들이 선적으로 배치되며, 이러한 배치는 서사적 프로그램들의 시간적 프로그램화에 합치되는 것이다.

담화에서 실천적 차원에 해당하는 공간적 국지화와는 달리 인식적 차원의 공간화도 있다. 이것은 여러 행위항들 간의 인식적 관계에 공간적

111 '공간화'에 대해서는 Greimas & Courtés, op.cit., pp. 306-307 참조.

자질을 부여하는 것이다. 주체와 주체 혹은 주체와 대상 등과 같은 행위항들 사이에 보고 듣고 말하고 만지고 하는 등의 자질이 부여됨으로써, 인식은 공간적인 형상으로 나타나게 된다.

행위자화, 시간화, 공간화가 담화의 통사론에 속한다면, 주제화와 형상화는 담화의 의미론에 속한다.

주제화란 서사적 의미론에 의해 이미 실현된 심층적 의미론의 가치들을 떠맡아 담화로 실현하는 과정이다.[112] 이는 다양한 심급의 집중을 통해 서사적 프로그램들과 행로들 안에서 주제의 형식으로 그것을 전개시킨다. 그레마스에게 주제는 가치의 산포와 같은 것이다. 따라서 주제화란 추상적인 방식으로 주어진 가치를 다른 방식으로 형식화하는 것이다.

형상화 역시 심층적 의미론의 가치가 담화에 실현되는 과정에서 일어난다.[113] 가령 통사론적 대상이 피발화자로 하여금 그것을 형상으로 인식하게끔 할 어떤 의미론적 투여가 일어날 때 형상화가 이루어진다. 주체가 힘을 획득한다는 것이 서사 프로그램에 있다 하더라도, 그것의 실현은 무한히 다양하게 나타날 수 있다. 그 힘의 획득이 가령 '자동차'라는 구체적인 형상을 가진 것의 획득을 통해 이루어지는 이야기가 실현된다면, 이것이 바로 형상화라 할 수 있다. 이를 통해 주체는 행위자가 되고 작용은 행위가 되며, 이들은 구체적인 시간과 공간 안에 존재하게 된다. 이런 과정은 하나의 방향으로만 나타나지 않는다. 발화가 일어나는 순간, 형상화는 이런 발화의 틀 안에서 여러 실현 가능한 어휘소들의 목록에서 다양하게 실현되는 것으로 간주된다. 형상화 과정은 두 개의 층위가 구분될 수 있는데, 하나는 일종의 음운론적 층위로서 기호학적 형상들을 만들어내

---

112 '주제'와 '주제화'에 대해서는 ibid., p. 344 참조.

113 '형상화'에 대해서는 ibid., pp. 118–120 참조.

는 형상체화이고, 다른 하나는 형상들을 세계의 이미지들로 변형시키는 지시적 환상을 만들기 위해 죄다 형상들로 꾸며내는 도상체화가 있다.

설화의 경우 이러한 담화적 구조에서 '모티프'의 문제가 다시 떠오른다. 모티프란 "최초의 혹은 자연적 의미작용"의 층위에 위치하면서, 이른바 "지시적 형상소"라 불리울 수 있는 것에 상응하는 것으로 간주되는데, 이것 역시 더 넓은 담화적 단위 안에서 구조적 통합성을 갖는 단위로 간주될 수 있다.[114] 비록 모티프가 통사론적 기능과는 무관한 것이라 하더라도, 담화적인 차원에서의 어떤 구조적인 역할을 하는 것은 분명하다. 이러한 것을 기술하는 것은 설화의 시학을 기술하는 일과 직결되는 것이다.

지금까지 살핀 그레마스의 모형은 설화의 시학에 관한 논의와 관련하여 매우 중요한 문제들을 제기한다.

먼저 '생성 행로'로 명명된 영역을 설정하지만, 이러한 영역 밖에 기호학적 영향을 받는 영역이 있음을 말한다. 텍스트적 구조로 명명된 이 영역은 의미론적 재현의 대상이 되는 현실 세계와 직접 관여되는 것으로 보인다. 의미론적 회로 안에 들면, 일정한 구조를 갖게 되지만, 현실을 직접 지시하는 재현은 텍스트에서 구조화되지 않은 상태로 표출된다. 이것을 굳이 말하자면 소쉬르가 말한 파롤이나 예름슬레우가 말한 실체의 영역이라 할 수 있으며, 따라서 구조화 이전의 영역이라 할 수 있다. 그레마스의 모형에는 담화를 구조의 안과 밖으로 구분하는 양항대립이 함의되어 있다.

생성 행로 안으로 들어오면, 가장 먼저 포착되는 것은 생성이라는 역동적 작용이다. 이에 대해서는 앞서의 여러 모형들을 논의하면서 언급한 바 있지만, 생성이라는 말이 구조주의적 관점에서 갖는 모호함이 문제된다.

---

114 Ibid.,p.199 및 Joseph Courtés, *Le conte populaire: poétique et mythologie*, PUF, 1986, p. 41.

생성은 그 기원을 전제하는데, 담화나 텍스트에서 그 기원으로 간주되는 것이 어떤 과정을 통해 추론되는가는 매우 중요한 문제이다. 그레마스는 분명히 담화의 심층에 의미작용이 시발하는 본질적인 구조가 있다고 말한다. 이들은 이것이 어떤 모습을 하고 있는지, 그리고 이러한 것들이 표층으로 전환되면서 어떤 모습을 하는지를 어느 정도 보여주고 있지만, 그러나 그러한 전환의 과정을 구체적으로 논리화시키지는 못한다. 구조주의적 기획 안에 있는 한, 이러한 것은 실제로 불가능한 것으로 보인다. 생성 행로 안의 이러한 전환은 담화적 구조와 기호-서사적 구조 간에, 그리고 기호-서사적 구조 안에서 표층과 심층 구조 간에 이루어진다. 이러한 층위의 분절은 전략적으로 매우 유효하며, 또한 매우 정교하기도 하다. 추상적인 의미 체계에서 구체적인 발화의 실현에 이르는 과정을 단계화함으로써 의미작용의 전 과정을 드러내려는 기호학적 기획을 보여준다. 이러한 기획에도 불구하고, 구조적으로 설명되지 못하는 부분들은 그가 기획한 의미작용의 구조가 어느 지점에서 해체될 수밖에 없음을 보여주는 것이다.

생성 행로 안에서 어떤 층위든 그것은 통사론과 의미론의 두 부분으로 나누어진다. 통사론적 관계가 설정되고 거기에 어떤 가치가 투여됨으로써 의미론적 구조가 완성된다. 여기서 문제는 바로 가치가 투여되는 상황이다. 가치는 상황에 따라 달리 투여될 수 있는 것이기 때문에, 실제로 실현된 의미론적 구조는 상황의 영향을 받지 않을 수 없다. 구조주의에서 말하는 구조는 엄격히 말해 통사론적 구조에 국한된다. 의미론적 구조가 제시되면, 그것은 현실의 지시대상의 세계와 어떤 형태로든 관계하지 않을 수 없다. 그레마스가 근본적으로 의미론자는 점은 그의 이론이 잉태한 해체의 조짐이 필연적일 수 있음을 말하는 것이다.

그레마스가 제시한 이러한 의미작용의 전체적 기획은 단지 설화나 서사와 같은 한정된 영역을 넘어서 이루어진 것이다. 특히 토마제프스키나 세그레의 모형에서 말하는 기법이나 플롯의 문제는 여기에서 담화적 구조 안에서 다루어질 수 있을 뿐이다. 다시 말해 그레마스 는 이러한 시학의 문제보다 그것을 포괄하는 더 큰 의미작용의 문제에 관심을 둔 것인데, 설화의 시학에 관한 논의를 이러한 보다 보편적인 틀 안에서 말하는 것은 구조주의가 갖는 구조화의 꿈에 더 가까이 가는 일로서, 설화의 시학에 대한 더욱 심도 있는 논의를 가능하게 한다. 그러나 우리는 또한 그레마스가 보여준 구조주의적 기획의 틈새에서 기생하는 해체의 조짐을 간과해서는 안 될 것이다. 특히 시학에 관해 논의하는 한, 이러한 해체는 오히려 새로운 담론의 생산을 위한 텃밭으로 작용할 것으로 보인다.

2. 시학의 영역과 해체, 그 담론적 가능성

앞서 제시한 네 개의 모형은 설화를 비롯한 서사 전반에서 다루어질 수 있는 여러 주제들을 분절된 단위로 드러내고 있다. 이것은 설화에 대한 앞으로의 논의에서 매우 중요한 역할을 한다. 적어도 우리가 설화에 관해 '무엇'을 말할 때, 그 '무엇'이 전체적인 체계 안에서 갖는 위상을 어느 정도 전제할 수 있기 때문이다. 이것은 구조적 관점이 갖는 강점이다.

그럼에도 불구하고, 이러한 설화의 모형에서 나타난 단위들이 단일하거나 절대적인 의미를 드러내지는 못한다. 비록 이러한 모형을 고안한 의도가 단위들의 명확한 분절에 있다 하더라도, 그것을 받아들여 실제로 일어나는 설화의 발화 상황에 적용할 때, 무수히 생겨나는 가변적인 요소들을 설명할 수 있을 것으로 보이지는 않는다. 다시 말해, 이러한 분절은 매우 잠정적이고 가설적이다.

앞서의 모형에서 우리는 설화 시학의 영역이 어디쯤인지를 가늠해볼 수 있다. 그러기 위해 먼저 네 개의 모형들에서 찾아지는 공통적인 기반이 무엇인지를 추론해볼 필요가 있다. 앞서의 논의를 바탕으로, 또한 약간의 무리가 발생할 수 있음을 감수하면서, 네 개의 모형에 나타난 분절들 간의 대응 관계를 도식화시켜보자.

<table>
<tr><th>토마제프스키</th><th>세그레</th><th colspan="2">채트먼</th><th colspan="2">그레마스</th></tr>
<tr><td></td><td></td><td colspan="2"></td><td colspan="2">텍스트적 구조</td></tr>
<tr><td></td><td>담화</td><td colspan="2" rowspan="2">담화
형식 실체</td><td rowspan="3">담화적
통사론</td><td rowspan="3">담화적
의미론</td></tr>
<tr><td>수제</td><td>플롯</td></tr>
<tr><td>파불라</td><td>줄거리</td><td colspan="2">줄거리
형식 실체</td></tr>
<tr><td></td><td>서사모형</td><td colspan="2"></td><td>표층적
통사론</td><td>표층적
의미론</td></tr>
<tr><td></td><td></td><td colspan="2"></td><td>심층적
통사론</td><td>심층적
의미론</td></tr>
</table>

〈표 27〉 네 개의 모형에서 분절된 층위들 간의 대응 관계

이러한 단위들 중 윗부분을 점유하는 단위들이 텍스트의 실현과 가까운 표층에 속하는 것들이라면, 아랫부분을 점유하는 단위들은 이러한 실현을 가능하게 하는 어떤 규칙을 보여주는 것으로 심층에 속하는 것들이다. 그렇다면 시학은 이들 중 어떤 영역을 점유하는 것일까?

앞서 전제한 시학의 개념에 따른다면, 텍스트가 실현되는 과정에서 예술성의 구현이 일어나는 영역이 될 것이다. 예술적인 것은 어디에서든 찾아질 수 있지만, 그것이 설명될 수 있어야 한다. 다시 말해, 구조주의자들의 관점에서 본다면 구조화될 수 있는 영역이어야 할 것이다. 그런 점에서 본다면, 그레마스가 말한 텍스트적 구조의 영역과 채트먼이 말한 실체의 영역은 배제되어야 할 것이다. 그 다음 시학이 구현하는 예술성, 다시

말해 설화가 설화로서의 미학을 구축하기 위한 기호작용을 넘어서는 영역은 또한 시학에서 배제되어야 할 것이다. 가령 일반적인 의미작용을 다룬다면, 그것은 시학의 영역이 되기 어렵다. 그런 점에서 본다면, 그레마스가 말한 심층적 통사론이나 심층적 의미론의 영역도 제외되어야 할 것이다. 그보다 표층에 속하는 세그레가 말한 서사모형이나 그레마스가 말한 표층적 통사론과 심층적 통사론도 서사의 일반적인 모형을 드러내는 것이지만, 설화의 설화다운 미학을 구현하는 영역으로 보기 어렵다. 어느 설화에서든 존재하는 통사론이나 의미론적 규칙은 설화가 실제로 발화되면서 발생시키는 특수성을 반영하지 못하므로, 배제되어야 한다. 그리하여, 남은 영역들, 즉 위의 도표에서 짙게 표시된 영역이 시학의 영역으로 간주할 수 있는 것이다.

그러나 이러한 가설은 여러 가지 문제점을 제기한다. 바로 이러한 문제점들이 설화의 시학이 해체되는 지점을 지시하며, 새롭게 쓰여질 시학의 가능성을 암시한다.

첫째, 담화 생성을 기술하는 한 단계로서 시학을 설정했지만, 담화는 이러한 하나의 단계로만 생성되는 것은 아니다. 적어도 앞서 제시된 모형들에서 표층에서 심층에 이르는 층위들은 서로 깊이 관련되어 있어 어느 한 부분을 분리시켜 기술하기가 매우 어렵다. 이들 층위들은 발생이나 생성이라는 역동적인 작용을 전제로 연결되어 있거나 텍스트에 대한 독해를 통해 단계적으로 추론됨으로써 연속성을 띤 것으로 간주된다. 어떤 경우든지, 각 층위의 요소들은 그와 연결된 다른 층위의 요소들과 필연적인 관계를 맺고 있다. 이것은 구조주의의 전제에서 비롯된 것이며, 시학은 형식주의로부터 구조주의적 틀 안에 진입함으로써, 기법 탐구로서의 시학의 본질을 해체하게 되는 것이다. 다시 말해 기법을 넘어 시학에서 말해야 할 부분들이 확대된 것이며, 그로 인해 시학이 그 정체성을 잃게 될 가능성이 매우 커지게 된다.

둘째, 시학이 담화 생성의 한 부분을 넘어 담화 생성 전체에 대해 관심을 기울인다고 할 때, 시학에서의 구조주의적 전제가 얼마나 유지될 수 있는가 하는 점이다. 앞의 도표에서 제시한 시학의 영역 밖의 요소들이 어떤 형태로든 시학의 영역 안으로 틈입하면서 영향을 미치지 않을 수 없다. 구조화되지 않는 부분들이라 하더라도 분명히 존재하고 있다면, 그것을 어떤 식으로든 설명해내지 않으면 안 된다. 그레마스가 말한 텍스트적 구조에서 일어나는 의미작용을 어떻게 기술한 것인가 하는 문제는 이들의 이론이 시학적으로 확장될 가능성을 가늠하는 중요한 지표가 될 것이다. 채트먼의 모형에 나타나는 실체 또한 형식과 어떤 관련성을 갖는가가 문제된다. 이러한 점은 근본적으로 언어와 현실 간의 관계에 대해 시학이 어떤 설명을 할 수 있는가 하는 문제라 하겠다. 설화가 발화하는 상황의 가변성이 설화의 텍스트 생성에 영향을 미친다면, 그러한 상황에 대한 고려가 필요하다. 또한 텍스트가 지시하는 지시대상의 세계도 텍스트에 영향을 미칠 수 있다. 이들은 텍스트를 넘어서는 영역이므로 구조주의적 전제를 깨뜨려야 할 상황에 마주치게 된다. 시학이 갖는 구조주의적 전제가 전복되는 지점에 시학에 대한 새로운 가능성이 열리게 되며, 이를 위해서는 또 다른 사유의 틀이 요구된다.

마지막으로, 담화 생성의 전체 틀을 기술하는 것이 가능한가 하는 점이다. 시학이 확장됨으로써, 시학의 경계가 무너지고, 그것이 텍스트 생성의 전 과정을 설명하는 거시적인 틀 속에 용해된다 하더라도, 우리는 이러한 텍스트 생성의 거시적이고 일관적인 틀을 기술하는 것이 가능한지에 대해 의문을 가질 필요가 있다. 이는 설화의 시학을 가장 철저히 해체하기 위한 사유의 전환점을 보여주는 것이며, 이로부터 설화의 시학은 다시 철저하게 미시적이고 산포적인 수사학적 관심으로 돌아가게 될지도 모른다. 그러나 이때의 설화의 시학은 이미 이전의 시학과는 차원을 달리 하는 담론을 생산할 것으로 예측된다.

제3부
의미론

1장
의미론적 우주의 구성

설화에서 의미작용이 일어나는 양상을 구조적으로 기술하는 것은 설화의 시학을 기술하는 것과는 다른 차원이다. 텍스트를 이루는 가장 표면적인 층위, 흔히 담화적 층위에서 일어나는 발화 상황에서의 다양한 시적 기능들이 시학에서 다루어진다면, 의미작용은 보다 심층적으로 가정된 층위에서 다루어진다. 시학에서 언어적 메시지를 예술작품으로 만드는 것이 무엇인가에 대한 물음이 던져지기 이전, 이미 그 언어적 메시지가 무엇인가에 대한 물음이 던져졌어야 할지 모른다. 그러한 메시지는 이미 토마제프스키가 말한 수제나 세그레의 플롯, 아니면 채트먼의 담화보다 더 이전에 존재하는 것으로 가정된 층위에 있는 것으로 간주될 수 있다. 가령, 토마제프스키가 말한 파불라, 세그레나 채트먼이 말한 줄거리와 같은 것이 그것인데, 이들은 보다 텍스트에서 한 걸음 더 벗어나 추론된다는 점에서 더 추상적인 층위에 놓인다. 줄거리란 추론된 것인데, 그 추론의 과정에서 주관적인 해석이 개입할 수 있다. 이 세상에 절대적인 텍스트는 존재해도 절대적인 줄거리는 존재하지 않는다. 이 세상에는 수많은 줄거리가 존재할 수 있다. 그러한 줄거리들은 그것이 비록 어느 정도 추상적이라 하더라도, 또한 수없이 추론될 수 있는 것이라는 점에서 마치 파롤과도 같은 것이다. 그것은 구조적으로 말한다면, 더 추상적인 랑그의 지배를 받는 것이다. 이러한 랑그는 체계로 이루어지는데, 그 체계는 체계가 갖는 본래적인 속성상 닫혀있다. 다시 말해, 어떤 통사론적인 구조를 갖는다는 것이다. 이 세상에 존재하는 줄거리들을 통해 랑그를 추론해내는 과정에서 그러한 추론이 어떻게 이루어지는가에 따라 또한 다양한 통사론적 구조들이 추론될 수 있다. 가령, 우리가 종래의 장르론적인 개념들을 토대로 사유한다면, 신화의 줄거리 문법 혹은 민담의 줄거리 통사론 같은 것을 추론할 수 있다. 좀 더 좁혀서 장자못 설화 같은 유형을 설정하고 그 줄거리 통사론 같은 것도 추론할 수 있다. 이러한 통사론은 주로 줄거리를 분절하고, 그 분절 단위들 간에 존재하는 관계를 기술하는 것으로 이루어진다. 통사론이란 그런 점에서 철저히 구조적인 것이다. 그러나 설화는 의미를 전달하는 것이기도 하다. 특히 줄거리는 분명히 무엇인가를 나타내고 있으며, 그런 점에서 그것은 의미작용을 하는 것이다. 의미작용을 기술하는 일은 언어가 갖는 근본적인 모호성으로 인해 여러 장벽에 부딪힌다. 해석학은 이러한 모호성을 해결하기 위한 학문이다. 보다 합당한 의미를 찾아내어 기술하는 것을 조준하는 해석학은 언어적 메시지의 시학적 측면을 포함한 모든 측면을 고려하여 의미를 기술하고자 한다. 언어적 메시지를 다루는 모든 인문학이 어느 정도 해석학적일 수밖에 없는 까닭이 여기에 있다. 그러나, 구조주의적 관점은 언어적 메시지가 실행하는 모든 의미들을 산포된 상태로 방치하는 것이 아니라, 그것을 일정한 체계 안에 수용하여 새롭게 배열시키려 한다. 그것은 기표와 기의로 구성된 기호 안에서 이 세상에 존재하는 모든 지시대상들이 변형을 거쳐 새롭게 배열되는 것과 마찬가지다. 구조주의적 관점에 서는 한, 이러한 체계화는 불가피하다. 설화의 의미 역시 마찬가지다. 설화에서 의미는 통사론적 관계 안의 항목들에 투여된다. 의미는 일정한 궤적을 따라 그 작용을 하게 되는데, 구조의미론은 바로 그런 구조화된 의미작용을 기술하는 것이다. 그레마스가 말하듯, 의미론의 목적은 의미화하는 총체로 간주된 어떤 자연언어를 기술하기 위한 필요적이며 충분적인 개념적 방법들을 만들어내는 것이다.[115] 설화 역시 언어인 이상 이러한 의미화하는 총체로 간주되는 것이며, 그것을 달리 말하면 하나의 '의미론적 우주'가 되는 것이다. 의미론적 우주의 닫힌 조건에 대한 인식은 의미작용을 기호와 사물들 간의 관계로 정의하는 언어학적 개념들에 대한 거부 특히 지시대상이라는 잉여적 차원에 대한 거부를 함의하는 것이다.[116] 이러한 관점에서 보면, 설화에서 의미작용이 일어나는 것은 의미항들 간의 관계를 통해서 이루어지는 것이며, 그러한 관계를 기술하는 것이 곧 설화가 갖는 닫힌 의미론적 우주를 드러내는 것이다. 이러한 과정은 매우 복합적인 전략을 통해 이루어진다. 설화의 의미론적 우주는 먼저 줄거리의 추론으로부터 생성되는 것이지만, 그러한 추론을 어디까지 밀고나갈 것인가에 따라 의미론적 우주의 모습은 달라진다. 설화의 의미를 기술하다보면, 그것이 갖는 설화로서의 속성은 사라지고, 보편적인 의미론적 우주의 모습으로 나타난다. 줄거리에서 벗어나 단순히 가치의 배열이나 지향을 기술하는 단계에 이르면, 그것을 설화의 의미론으로 볼 수 있는가하는 의문이 떠오른다. 의미론이란 어쩌면 철저한 의미에 대한 기술을 목표로 하고 있기 때문에, 그것이 설화적인가 아닌가에 대한 문제는 아주 부수적이거나 아예 별 의미를 갖지 못할 수도 있다. 이것을 설화 의미론의 해체라 말할 수도 있겠다. 가령 그레마스가 말한 기호사각형에 배치된 항목들

115 A. J. Greimas, *Sémantique structurale*, Larousse, 1966, pp. 13-14.

116 Ibid.

간의 관계에서 우리는 설화를 넘어선 가치들의 배치나 방향을 목격한다. 그것이 심층에 존재하면서 표층의 통사론이나 의미론의 발생적인 토대의 역할을 한다 하더라도, 그 자체는 이미 설화적인 것에서 벗어나 보편화된 의미론을 보여주는 것이다. 이러한 설화적인 것과 보편적인 것과의 경계 안에서 일어나는 작용들이 설화 의미론의 해체와 확산으로 나타난다.

설화의 의미론은 설화라는 언어적 메시지에 대한 언어라는 점에서 일종의 메타언어를 구성한다. 설화에서 줄거리를 추론하는 것부터가 일종의 메타언어를 구성하는 것이라 할 수 있지만, 의미론은 이러한 줄거리에서 의미의 논리를 찾아낸다는 점에서 더욱 메타적인 과정을 거친다고 할 수 있다. 그레마스는 과학적인 의미론을 위한 메타언어로 두 가지를 제시하는데, 하나는 대상 언어의 의미작용이 그 안에서 형식화되는 기술적이거나 전이적인 메타언어이고, 다른 하나는 묘사적인 개념들을 정의하고 그들 간의 내적인 결합을 정당화하는 방법론적인 언어이다. 이들은 상호 전제의 관계에 의해 결합함으로써, 과학적 의미론의 조건이 된다.[117] 이러한 조건은 어떠한 언어적 메시지가 갖는 의미론적 우주를 기술하는 데 필수적이지만, 그러한 우주가 모든 의미작용의 총체가 갖는 보편성을 보여주는 것은 아니다. 가령 한 편의 설화 텍스트를 놓고, 그것을 의미 단위로 분석하여 제시하는 기술적인 단계를 거쳐, 이들 단위들 간에 존재하는 내적인 결합 관계를 보여주는 방법론적 단계를 거쳤다고 해서, 그것이 보편적인 의미론적 우주를 보여주는 것은 아니다. 우리가 의미론적 우주를 상상하는 것은 어쩌면 이러한 구체적인 텍스트로부터가 아니라, 보다 추상적이고 인식론적인 전제를 세움으로써 이루어지는 것이다. 이것은 귀납

117 Ibid., p. 15.

적이기보다는 연역적인 과정인데, 과학적인 의미론의 기술은 결국 앞서 말한 기술적 언어와 방법론적 언어에 덧붙여 인식론적 언어가 보완되어야 완성되는 것이라 할 수 있다.[118]

설화에 대한 구조주의적 관점에서의 접근은 이러한 과학적 의미론의 구성, 다시 말해 귀납적이면서 연역적인 방식을 통해 이루어진다. 다시 말해 설화의 의미론적 우주는 설화 텍스트들을 분석하여 그 단위들 간의 관계를 기술하면서 출발하지만, 이를 통해 보다 보편적인 의미론적 우주를 구성하는 과정에서 연역적인 인식론적 언어가 반드시 필요한 것이다. 제 3부에서 다룰 프로프, 레비스트로스, 그레마스의 설화학 이론은 바로 이러한 과정 안에서 이론적인 연계를 보여주고 있다. 설화의 구조에 대한 가장 기본적인 출발점에서 시작하여, 설화를 통해 추론된 보편적인 의미론적 우주를 구성하는 데까지 나아가는 과정을 프로프에서 레비스트로스를 거쳐 그레마스에 이르는 과정은 보여준다. 여기에서 포착되는 미세한 해체의 움직임 또한 간과해서는 안 될 것이다.

118 Ibid., pp. 16-17 참조.

2장
설화문법의 정립:
프로프의 민담형태론

설화를 구조적으로 기술하기 위해서는 그것을 더 작은 단위로 분절하는 일이 가장 먼저 이루어져야 한다. 이러한 분절은 이미 구조주의 이전에도 이루어져 왔다. 가령 '주제'니 '모티프'니 하는 개념들은 프로프 이전에도 존재했으며, 그러한 단위들을 통해 설화를 분류하거나 설화들 간의 발생적 관계를 추론하기도 했다. 프로프의 구조적 발상은 바로 이러한 단위들을 통해 행해지는 설화 연구가 갖는 비체계성에 대한 비판으로부터 시작된 것이다. 설화의 연구가 설화의 분류로부터 출발하는데, 이러한 분류의 단계에서부터 과학성을 결여한 것은 이러한 분류가 체계적인 기술에 근거하지 않았기 때문이라는 것이다.[119] 주제에 의한 분류를 그 대표적인 예로 든다. 특히 그 당시 유행하던 핀란드 학파의 아르네의 분류는 세계의 모든 설화들의 주제와 모티프를 색인으로 만들어 이들 간에 지리학적으로 움직이는 과정을 기술하는 비교설화학적 관점에 토대를 둔

119 Vladimir Propp, *Morphology of the Folktale*, (trans.) Laurence Scott, University of Texas Press, 1970, p. 5.

것인데, 이러한 기획이 문제되는 것은 그것이 진행되는 과정에서 노정되는 비체계성 때문이다. 프로프는 설화에서 하나의 주제와 그 변이가 끝나고 다른 주제와 변이가 시작되는 지점을 결정하기 위해서는 설화의 주제들에 대한 비교적인 관찰을 통해 이들 간에 이루어지는 선택의 법칙이 찾아져야 하는데, 이들 연구에서 그러한 것이 전혀 이루어지지 않았다고 비판한다. 그리고 이는 이들이 각각의 주제들을 유기적인 전체를 이루는 것으로 보고, 그것이 수많은 다른 주제들로부터 추론되어 독립적으로 연구될 수 있다고 암암리에 전제하기 때문이라고 지적한다.[120] 프로프의 비판은 주제라는 단위가 텍스트에서 갖는 구조적인 위상과 무관하게 독자적으로 연구됨으로써 하나의 독자적인 본질성을 구현하는 것에 대한 것이다. 이것은 모든 것을 체계의 한 단위로 보고, 그 안에서의 상대적 위상에 의해 의미가 구현된다는 구조적 관점과는 정면으로 배치되는 것이다.

그 당시 주제와 모티프에 대한 논의는 대개 이러한 본질주의에서 벗어난 것이 아니었다. 프로프는 베셀로프스키가 제시한 주제와 모티프의 개념에 대해서도 그 본질주의적 함의에 대해 비판한다. 베셀로프스키에 따르면, 모티프는 '더 이상 분할되지 않는 가장 단순한 서사 단위'이며, 주제는 '모티프들의 복합체'이다. 그래서 설화의 연구에서 우선되는 것은 모티프라고 한다. 이러한 모티프의 개념은 실제로 오늘날까지 통용되어 널리 쓰이기도 하지만, 프로프에 따르면 이러한 모티프에 대한 정의는 처음부터 잘못된 것이다. 모티프가 하나의 논리적인 전체라면, 설화에서의 문장 하나하나가 모티프를 제시한다고 할 수 있는데, 그러나 그것은 결코 분할될 수 없는 것이 아니다. 예를 들어, '용이 왕의 딸을 납치하다'를 베셀로프스키가 말한 모티프라 할 수 있는데, 이것은 우선 네 개의 요소, 즉

120 Ibid., p. 9

용, 왕, 딸, 납치로 분할될 수 있으며, 각각의 요소들은 얼마든지 다른 항목으로 대체될 수 있다. 그렇다면, 베셀로프스키의 주장과는 달리, 모티프는 단항적인 것도 아니고 분할 불가능한 것도 아니다. 그리고 최종의 분할 단위가 논리적인 전체를 나타내는 것도 아니다.[121]

프로프의 이러한 비판은 그 당시 역사주의적이거나 역사지리학적 혹은 심리학적인 설화 연구에서 텍스트가 갖는 구조적 특성을 간과한 잘못을 지적한 것이다. 설화를 하나의 실체로 보는 관점에 서는 한 설화의 형식은 간과될 수밖에 없다. 프로프의 이러한 구조주의적 발상으로부터 설화의 의미론적 우주의 구성이라는 새로운 기획이 발아된다.

1. 기능

프로프의 구조주의적 발상은 이 세상의 모든 설화에서 보편적인 원리를 찾아내고자 한 것은 아니었다.[122] 그가 다루겠다고 한 마법담은 아르네에 의해 300에서 749까지 분류된 설화에 한정된다. 이러한 설화들의 주제들을 비교하기 위해 프로프는 먼저 이들 설화들의 구성 요소들을 특수한 방법에 의해 분리시키고, 그 요소들에 따라 비교를 행한다. 그는 이와

---

121 프로프의 베셀로프스키에 대한 비판은 ibid., pp. 12-13 참조.

122 『민담의 형태론』이라는 제목으로 출간된 책에 대해, 프로프는 후일 다음과 같이 회상한다. "나는 그 책을 '마법담의 형태론'이라 부른다. 책을 더 매력있게 보이기 위해 편집자가 '마법담'을 '민담'으로 바꾸었으며, 이 때문에 모든 사람들이-- 이 책이 민담의 일반 법칙을 다룬 것으로 믿게 되었다.-- 그러나 내 의도는 민담의 모든 다양하고 복합적인 유형들을 연구하는 것이 아니라, 단지 민속적인 마법담이라는 매우 특수한 유형을 다루는 것이었다." Vladimir Propp, *Theory and History of Folklore*, (trans.) Ariadna Y. Martin & Richard P. Martin, (ed.)Anatoly Liberman,University of Minnesota Press, 1984, p. 70.

같이 설화의 구성 요소들과 이들 요소들 간의 관계 그리고 이들이 전체와 갖는 관계를 통해 설화를 기술하는 방식을 형태론이라 말한다.[123]

그렇다면, 이러한 형태론에서 그가 말한 구성 요소는 무엇일까?

가장 먼저 그는 등장인물의 '기능'을 제시한다. 기능이라는 개념은 그가 비판한 모티프와는 다른 구조적 함의를 갖는 개념이다. 다시 말해 그가 말한 형태론에서 가장 기본이 되는 단위로 제시한 것이다. 기능은 어떤 행위를 한 인물들에 의해 정해지는 것이 아니며, 대개는 행위를 표현하는 명사의 형태로 나타난다고 한다. 이는 기능이 인물의 형상과는 관계없이 설화 안에서 일정하게 드러나는 행위를 나타냄을 말하는 것이다. 그리고 그는 그 행위가 설화의 서술이 진행되는 과정에서의 위치와 별개로 정의될 수 없다고 한다. 같은 결혼이라는 행위가 행해졌다 하더라도 그것이 설화의 서술 과정 어디에 위치하는가에 따라 의미는 달라진다는 것이다. 그리하여 그는 요약적으로 '기능이란 인물의 행위로 이해되는데, 이는 행위의 과정에서 그것이 갖는 유의미성의 관점에서 정의되는 것'이라고 한다.

기능이라는 개념은 프로프가 말한 형태론에서 가장 핵심적인 것인데, 이는 이들 기능의 작용이 일정한 구조를 통해 실현된다는 그의 구조적 믿음 때문이다. 이러한 믿음은 그가 제시한 기능에 대한 다음 네 개의 가설에 잘 나타나 있다.

1. 인물들의 기능들은 그것이 어떻게 그리고 누구에 의해서 수행되는가와는 상관없이 이야기에서 고정적이고 지속적인 요소로 나타난다. 이들은 설화의 기본적인 요소들을 구성한다.

---

123 이에 대한 설명은 Propp, *Morphology of the Folktale*., p. 19 참조.

2. 마법담에 알려진 기능들의 숫자는 한정되어 있다.

3. 기능들의 연쇄는 항상 동일하다.

4. 모든 마법담들은 구조상 하나의 유형으로 나타난다.

기능을 고정적이고 지속적인 것으로 보는 것은 그것이 체계 안에 존재하기 때문에, 우연에 좌우되어 쉽게 변화되지 않음을 말한다. 프로프는 이러한 구조적 신념을 뒷받침하기 위해 설화 단위의 연결이 우연적일 수 있다고 한 베셀로프스키나 슈클로프스키를 비판한다. 베셀로프스키는 모티프 같은 단위들이 선택되어 연결되는 과정에서 어떤 자유가 개입한다고 하였고, 슈클로프스키는 이들 연결들에서 발견되는 우연성을 이해하는 것은 불가능하다고 말하였는데, 이는 모두 설화에서 사건의 연결이 그 자체의 법칙에 따른다는 프로프의 신념과 어긋나는 것이다. 구조 안에 기능들이 존재하는 한, 그것은 무한할 수 없으며, 닫혀진 체계 안에서 한정된 항목으로 드러날 뿐이다. 한 걸음 더 나아가 기능들이 집단으로 분류될 때, 이들이 상호 배타적인 축에 분포되는 일은 없다고 말한다. 어떤 기능에 뒤따르는 또다른 기능이 있다고 한다면, 그것은 하나의 단일한 설화에서 일어나는 것이며, 따라서 다른 설화에 속한 기능들이 여기에 개입할 수 없다는 것이다. 그러기에 모든 마법담에서 나타나는 기능들은 필연적으로 하나의 유형의 설화를 구성하는 데 기여할 수밖에 없는 것이다.[124]

하나의 유형에서 하나의 단일한 구조를 찾아냈다면, 그러한 유형을 확대하면 또다른 단일한 구조가 찾아질 수 있다. 프로프가 비록 한정된 마법담이라는 유형을 통해 논의를 전개했지만, 자료를 확대하거나 유형을 달리하면 또다른 형태론의 기술이 가능해진다. 프로프가 비록 100개의

---

124 프로프의 기능에 대한 설명은 ibid., pp. 21-24 참조.

마법담을 텍스트로 삼아 분석했지만, 설화가 갖는 일반적인 의미론적 우주를 추론하는 데까지 확대될 수 있는 가능성이 바로 이러한 프로프의 방법론에서 찾아질 수 있는 것이다.

프로프의 논의는 뒤에 논의할 그레마스의 설화 의미론의 토대가 되기 때문에 여기에서 그 논의 과정을 보다 자세히 관찰할 필요가 있다.

먼저, 프로프가 제시한 31개의 기능을 살펴보자.[125]

최초의 상황

1. 가족 중의 한 사람이 집으로부터 사라진다.(사라짐, β)

2. 금지가 주인공에게 주어진다.(금지, γ)

3. 금지가 깨어진다.(위반, δ)

4. 악당이 정찰을 시도한다.(정찰, ε)

5. 악당이 그의 희생자에 대한 정보를 입수한다.(입수, ζ)

6. 악당이 희생자와 그의 소유물을 손에 넣기 위해 그를 속이려 한다.(속임, η)

7. 희생자가 속임을 당하고 따라서 자신도 모르게 그의 적을 돕는다.(연루, θ)

8. 악당이 가족의 한 사람에게 해를 입히거나 상처를 입힌다.(악행, A)

8a. 가족의 한 사람이 어떤 것을 결여하거나 어떤 것을 갖고자 한다.(결핍, a)

9. 불행이나 결핍이 알려진다: 주인공은 어떤 요구나 명령을 받을 처지에 놓인다: 그는 가도록 허용되거나 파견된다.(매개, 연결적 사건, B)

10. 탐색자가 반대행동을 할 것을 동의하거나 결정한다.(반대행동 시작, C)

11. 주인공이 집을 떠난다.(떠남, ↑)

12. 주인공이 시험, 심문, 공격 등을 당하는데, 이것을 통해 주술적 도구나 원조자를 얻는 길을 마련한다.(증여자의 첫 번째 기능, D)

125 Ibid., pp. 25-65 참조.

13. 주인공이 미래의 증여자의 행동들에 대해 반응한다.(주인공의 반응, E)

14. 주인공이 주술적 도구의 사용을 획득한다.(주술적 도구의 준비 혹은 수령, F)

15. 주인공이 이동되거나 인도되거나 탐색의 대상이 있는 근처로 안내된다.(두 왕국들 간에서의 공간적 이동, 안내, G)

16, 주인공과 악당이 맞대면하여 싸운다.(투쟁, H)

17. 주인공이 낙인된다.(낙인, J)

18. 악당이 퇴치된다.(승리, I)

19. 최초의 불행 혹은 결핍이 해소된다.(K)

20. 주인공이 돌아온다.(귀환, ↓)

21. 주인공이 추적된다.(추적, Pr)

22. 추적으로부터의 주인공의 구출(구출, Rs)

23. 주인공이 몰래 집이나 다른 나라에 도착한다.(몰래 도착, o)

24. 가짜 주인공이 근거 없는 요구를 한다.(근거 없는 요구, L)

25. 어려운 과제가 주인공에게 부과된다.(난제, M)

26. 과제가 해결된다.(해결, N)

27. 주인공이 인지된다.(인지, Q)

28. 가짜 주인공 혹은 악당의 정체가 탄로난다.(탄로, Ex)

29. 주인공에게 새로운 모습이 주어진다.(변형, T)

30. 악당이 징벌된다.(징벌, U)

31. 주인공이 결혼하고 왕위에 오른다.(결혼, W)

프로프가 다룬 설화 각편들에서 찾아지는 유사한 의미 단위들이 약간의 추상화를 거쳐 기능으로 확정된다. 이러한 기능은 따라서 각편들에서 실행되는 다양한 변이를 함축하고 있다. 다양한 변이가 나타난다 하더라도, 이들 변이들은 기능이라는 불변적이고 지속적인 요소들에 의해 동일한 것으로 간주되며, 그리하여 100편의 설화들이 모두 동일한 규칙에 따라 실행된 것으로 볼 수 있다. 이러한 기능을 추출하는 과정은 먼저 개별적인 설화들에 대한 형식화 단계 즉 개별 설화를 일정한 단위로 분절하여 이들 간에 통사론적인 연결이 있음을 찾아내는 것으로부터 시작하는데, 이것은 그레마스가 말한 의미론적 우주의 구성을 위한 메타언어 중 기술적 언어에 해당되는 것이다. 그러나 프로프가 이러한 단위들로부터 기능을 추출하고 이들 한정된 기능들이 마법담의 형태론을 구성하는 과정을 보여준 것은 이러한 기술적 언어를 넘어서 방법론적 언어를 드러낸 것이라 할 수 있다. 그러나 이러한 기능의 추출과 배열은 프로프의 설화 형태론에서 출발에 불과하다. 우리는 인식론적 언어를 구성하는 데 필수적인 연역적 방법이 프로프의 형태론에서 중요하게 활용됨을 본다.[126] 그것은 추출된 기능들과 그와 관련된 여러 요소들 간에 생겨나는 관계들에 대한 이런저런 전제를 세워봄으로써 보다 추상적인 의미론적 우주를 상상해 보는 것이다. 이러한 작업은 프로프에서부터 시작되었지만, 그레마스에 이르러 보다 정교한 형태로 제시되는 것이다. 기능들로부터 출발하여 프로프가 그의 방법론적이고 인식론적인 언어를 어떻게 구성하는지를 좀 더 살펴보기로 하자.

2. 기능에 작용하는 규칙들

프로프가 제시한 31개의 기능은 단지 통합체적인 결합만을 함의한 것

126 그레마스가 말한 기술적 언어, 방법론적 언어, 인식론적 언어에 대해서는 Greimas, *Sémantique structurale*., pp. 16–17 참조.

은 아니다. 이러한 기능들이 실제로 하나의 마법담에서 드러날 때, 거기에는 다양한 규칙들이 작용한다. 이러한 규칙을 찾아내는 것은 마법담에서 31개의 기능을 추론하는 단계에서 한 걸음 더 나아간 메타적인 단계라 할 수 있다. 이 과정은 그레마스가 말한 기술적 언어의 구성에서 방법론적 언어 그리고 인식론적 언어의 구성으로 나아가는 과정을 보여주는 것이다. 프로프가 종래의 여러 설화 연구에 대한 비판을 통해 대안으로 제시한 여러 이론들도 결국은 이러한 31개의 기능들이 작용하는 규칙과 긴밀하게 관련되어 있다. 그러한 몇 가지 사례들에 대해 검토해보기로 하자.

프로프는 마법담에서 기능들이 채워지는 방식에 작용하는 동화의 법칙에 대해 설명한다.[127] 가령 결혼이라는 행위가 있다고 하자. 각기 다른 설화에서 같은 결혼이라는 행위가 나타난다 하더라도, 그 행위가 설화에서 하는 형태론적인 역할은 다를 수 있다. 다시 말해 다른 기능들이 같은 방식으로 채워지는 것이다. 프로프는 이것을 하나의 형식이 다른 형식에 대해 미치는 영향이라 보고, 이를 동화라고 하였다. 이것은 설화에서 어떤 요소가 갖는 의미가 그것의 자질에 의해 결정되는 것이 아님을 말한다. 그렇다면, 그 요소가 갖는 형태론적 의미를 판단하는 기준을 무엇일까? 프로프는 그것을 그 행위가 낳은 결과에서 찾는다. 가령 어떤 사람이 금으로 된 뿔을 가진 사슴을 찾도록 파견되었다면, 그것은 '난제'의 기능이라 할 수 있지만, 형태론적으로 그러한 파견은 공주나 마녀에 의해 주어진 과업과는 다른 것이다. 만일 파견이 출발, 연장된 탐색(C↑), 증여자와의 만남을 불러일으킨다면, 이것은 보다 복합적인 형태가 된다.(a, A, 결핍과 파견) 만일 난제가 즉시 해결되고 결혼으로 직접 연결된다면, 이는 M–N(난제와 그것의 해결)과 같은 형태가 된다.

127 Propp, *Morphology of the Folktale*, pp. 66–70 참조.

프로프는 이러한 동화와 유사하면서도 반대인, 즉 하나의 기능이 이중적 형태론적 의미를 갖는 경우도 제시한다. 단순한 예로 이런 것을 든다.[128] 265번 마법담에서 왕자는 여행을 떠나고 그 아내는 집 밖으로 나가는 것이 금지되어 있다. 이때 노파가 그녀에게 나타나 정원으로 들어가면 신의 세상을 볼 수 있다고 유혹한다. 그리하여 그녀가 정원으로 나가는 행위는 악마의 설득에 넘어가는 것(θ1)과 금지를 깨뜨리는 것(δ1)이라는 이중의 형태론적 의미를 갖는다.

이러한 예들은 기능들이 작용하는 형태론적 규칙들이 행위 자체의 자질과는 별개임을 말하는 것이다. 본질의 법칙이 아닌 구조의 법칙이 설화의 의미론적 구성을 위한 메타언어에서 가장 중요한 요소가 되어야 한다는 프로프의 구조주의적 관점이 여기에서 잘 드러난다.

기능들은 등장인물들에 의해 수행되는 것이므로, 기능과 등장인물들 간에 생겨나는 관계가 매우 중요한데, 여기에도 일종의 규칙이 있다. 프로프는 일곱 개의 행위 영역을 제시하면서, 거기에 기능들이 어떻게 분포하는지를 보여준다.[129]

1. 악당의 행위 영역: A, H, Pr
2. 증여자(제공자)의 행위 영역: D, F
3. 원조자의 행위 영역: G, K, Rs, N, T
4. 공주(피탐색자)와 그의 아버지의 행위 영역: M, J, Ex, Q, U, W
5. 파견자의 행위 영역: 연결적 사건, B
6. 주인공의 행위 영역: C↑, E, W*
7. 가짜 주인공의 행위 영역: C↑, E, L

128 Ibid., p. 69.
129 Ibid., pp. 79–80.

이와 같이 등장인물이 행위의 영역에 분포되는 양상도 어떤 규칙을 가정해볼 수 있다. 프로프는 이를 세 가지로 제시한다.[130]

1. 행위 영역이 정확히 인물에 대응하는 경우
2. 하나의 인물이 여러 행위 영역에 포괄되는 경우
3. 하나의 행위 영역이 여러 인물들에 분포되는 경우

프로프가 일곱 개의 등장인물을 설정한 것은, 일단은 그가 분석한 마법담에서 등장하는 인물들이 그 정도로 한정되어 있음을 가정한 것이다. 이러한 한정된 등장인물은 실제로 설화에 등장하는 인물들보다는 더 추상적인 단위로 나타난 것이며, 어느 정도는 구조적인 함의를 내포하고 있다. 그런데, 이러한 등장인물들이 점유한 행위 영역에 기능들이 분포함으로써, 등장인물은 기능과 관계를 맺게 되는 것이다. 기능이 형태론적인 단위인 만큼, 이러한 기능과 밀접한 관계를 맺는 등장인물도 형태론적인 의미를 갖지 않을 수 없다. 프로프가 말한 세 가지 가능성 역시 이러한 형태론적인 가능성을 말하는 것이다. 그러한 가능성이 실현되는 과정에서, 마법담이 갖는 다양한 형상들이 드러나게 된다. 인물이 실제로 어떻게 이야기에 등장하는가,[131] 그리고 그 인물이 어떤 모습으로 나타나는가[132] 하는 것도 이러한 기능을 토대로 기술될 수 있으며, 이러한 기술은 종래의 설화에 대한 기술과는 전혀 다른 것이다.

특히 인물의 특성들에 관한 여러 가지 분석에 대해서 프로프는 매우 신중한 입장을 취하고 있다.[133] 추상적인 단위를 설정하고 그들 간의 관계를

130 Ibid.,pp.80-83.
131 Ibid., pp.84-86.
132 Ibid.,pp.87-91.

기술하는 형태론에서 이러한 인물의 형상은 대개 간과되기 마련이다. 그러나 프로프는 이러한 인물의 특성을 기술하는 것도 이러한 형태론의 바탕에서 이루어질 수 있음을 말한다. 수많은 특성들을 기능과의 관계에서 분류하여 도표를 만드는 방식도 그러한 예가 될 수 있다고 한다. 또 이러한 기술이 설화에 대한 역사적 연구와 결합되어야 한다고 말하기도 한다. 인물에 대한 형상 혹은 더 나아가 행위의 형상들은 개별 설화에서 각기 달리 드러나는 것으로 일종의 해석의 대상이 될 수 있는 것이다. 이것은 프로프가 말한 형태론의 영역을 벗어나는 것일 수도 있다. 그러나 프로프는 이러한 인물의 특성에 대한 연구가 설화에 대한 과학적 해석을 가능하게 한다고 말한다. 이러한 점은 프로프의 연구가 형태론의 영역에서 시학 혹은 해석학의 영역으로 확대될 가능성을 보여주는 것이다. 이것을 형태론의 해체라 한다면, 이러한 해체는 뒤따르는 설화의 의미론적 우주을 기술하는 담론에서 구체적으로 실행될 것임을 우리는 짐작할 수 있다.

설화를 하나의 전체로 볼 때 여기에는 다양한 요소들이 구조적으로 결합되어 있다. 프로프는 이러한 다양한 요소들 간의 관계가 드러나는 양상을 통해 설화의 형태론을 기술한다. 이는 기능들 간의 관계뿐만 아니라, 이러한 기능들이 모여 이루어지는 또 다른 이야기 단위의 구조, 설화의 형태론적 분류, 설화의 틀거리와 변이의 문제들을 포함한다. 이러한 것은 모두 역사주의 연구를 비롯한 기존의 설화 연구에서 포착하지 못한 설화 형태의 다양하고 역동적인 측면을 드러내는 것이다.

먼저 줄거리들이 결합되는 방식에 대한 프로프의 형태론적 기술을 살펴보기로 하자.[134]

---

133 인물의 특성에 대한 분석은 ibid 참조.

134 Ibid., pp. 92–96 참조.

이는 설화를 단위들로 분절하여, 그 결합의 규칙을 기술하는 방식으로 이루어진다. 그에 따르면 하나의 설화는 형태론적으로 '악행'(A) 혹은 '결핍'(a)에서 시작하여 매개적 기능들을 거쳐 '결혼'(W*) 혹은 대단원에 포함되는 다른 기능들에 이르는 전개 과정이다. 이때 최종적 기능은 '보상'(F), '획득' 혹은 일반적으로 '불행의 해소'(K), '추적으로부터의 탈출'(Rs)이 된다. 그는 이러한 전개의 유형을 '동작소'라 명명한다. 이는 기능들이 모여 이루어진 단위로서 이러한 단위들이 모여 하나의 설화가 만들어진다. 하나의 설화에는 여럿의 동작소가 복합적으로 나타날 수 있는데, 이러한 동작소들이 어떻게 결합되어 있는가를 기술하는 것은 기능들의 연결을 기술하는 것과는 다른 설화의 형태론적 기술이 된다.

프로프가 제시한 동작소들 간의 결합 관계는 다음과 같다.[135]

1. 하나의 동작소가 또 다른 동작소로 바로 연결된다:

Ⅰ. A ____________ W*

Ⅱ. A ____________ W_2

2. 첫 번째 동작소가 끝나기 전에 새로운 동작소가 시작되는 경우, 행동은 일화적인 동작소에 의해 방해된다. 일화가 끝난 뒤, 첫 번째 동작소의 완결이 뒤따른다:

Ⅰ. A ____________ G ------------- K ____________ W*

Ⅱ. a ____________ K

3. 하나의 일화가 차례로 방해 받는다.

Ⅰ. ____________ ------------- ____________ -------------

Ⅱ. ____________ ------------- ____________

Ⅲ. ____________

135 Ibid., pp. 93–94.

4. 하나의 설화가 동시에 두 개의 악행으로 시작하는 경우, 첫 번째 것은 두 번째 것이 해소되기 전에 해소된다. 만일 주인공이 살해 당하고 주술적 도구가 그로부터 도난 당했다면, 먼저 살인이 해결되고 그 다음 도난이 해결된다.

A_2^{14} { Ⅰ. ____________ K_9
Ⅱ.------------- ____________ K_1

5. 두 개의 동작소가 공통된 결말을 갖는다.

Ⅰ.____________------------____________

Ⅱ.____________

6. 하나의 설화가 두 사람의 탐색자를 포함하는 경우, 주인공들은 첫 번째 동작소의 중간에서 헤어진다. 이들은 길 표지에 나타난 예시에 따라 헤어진다. 길 표지가 분리 요소로 작용하는 것이다.(길 표지에서의 헤어짐을 〈로 표시하기로 하자. 그러나 때로는 길 표지가 단지 장식물에 불과한 경우도 있다.) 헤어질 때 주인공들은 표식으로서 어떤 물건을 주고 받는다.(숟갈, 거울, 수건) 표식을 위한 물건의 주고받음을 Y로 표시하자.

Ⅱ.__________ ----------

Ⅰ.__________ 〈Y __________

---------- Ⅲ.__________

동작소가 결합되는 방식에 대한 이러한 형태론적 기술이 동작소들이 하나의 설화에서 결합되는 조건을 말해주지 않는다. 이러한 규칙이 있다 하더라도, 그것이 설화에서 실현되는 양상을 살피기 위해서는 또 다른 맥락에 대한 고찰이 필요할 것이다. 프로프는 이에 대해서도 자세히 기술하는데,[136] 그 중 하나의 예를 들어보자.

136 Ibid., pp. 94–95.

만일 설화가 두 개의 동작소로 이루어진다면, 하나는 긍정적으로 끝나고 다른 하나는 부정적으로 끝난다. 예를 들어, 첫 번째 동작소: 계모가 의붓딸을 쫓아낸다; 그 아버지가 그녀를 멀리 보낸다; 그녀는 선물을 가지고 돌아온다. 두 번째 동작소: 계모가 그녀의 딸들을 내보낸다; 아버지가 이들을 멀리 보내고, 이들은 벌을 받은 채 돌아온다.

여기서의 기술은 동작소와 그 동작소에 투여된 내용들, 즉 설화에서 형상적으로 드러나는 것 간의 관계를 기술한 것이다. 설화에서 긍정적 결말인가 부정적 결말인가 하는 것은 결핍에서 그 해소로 이어지는 보편적인 동작소의 유형에서는 나타나지 않는 것이다. 이것은 엄격히 말하면 형태론을 벗어나 의미론이나 주제론에 관한 문제들이다. 프로프는 이러한 사례들을 자세히 기술해 나가는데, 이는 그가 말한 형태론에서 이러한 의미론이나 주제론의 문제들이 배척될 수 없음을 보여준 것이다. 이러한 문제들은 앞에서 논의한 담화의 층위에 해당되는 것이며, 또한 형상과 관련된 것이어서 실제로 쉽게 논리화되거나 추상화될 수 없는 영역이다. 프로프는 따라서 이러한 것들을 그야말로 '기술'하는 데 만족한 것으로 보인다.

형태론에 바탕을 두되, 이러한 기술에 주력하는 그의 방식은 설화의 분류의 문제에서도 그대로 드러난다. 그는 설화의 분류에서 종래의 주제에 의한 분류 방식을 비판하는데, 이는 그것이 비체계적이라 생각했기 때문이다.[137] 그는 구조적 특징을 통해 연역적으로 설화를 분류하는 방식을 마법담의 예를 통해 보여준다. 그에 따르면 마법담이란 앞서 기술한 기능들이 여러 가지 형태로 적절하게 교체되면서 만들어진 이야기들인데, 이는 각각의 이야기에서 어떤 것은 결핍되고 어떤 것은 반복되는 식으로 나타난다. 그런데 이것은 지금까지 마법담으로 불리우지 않는 다른 이야기들

---

137 Ibid., pp. 99–104.

에서도 나타나는 경우가 있는데, 프로프는 이것이 마법담이라는 말 자체가 잘못된 증거라고 주장한다. 마법담에서의 '마법'이란 멋지고 환상적인 상상에 의거해 만들어진 것으로 구조적인 분류에서는 별 의미를 갖지 못한다는 것이다. 이러한 프로프의 주장은 종래의 일반적인 설화의 장르론에 대한 해체를 함의한 것이다. 그는 비록 적절한 용어를 찾지 못해 임시로 마법담이라는 말을 쓰지만, 구조적 기술을 통한 새로운 분류 체계를 기획한다. 이러한 기획은 그가 말한 기능을 비롯한 여러 단위들이 이루는 구조 안에서의 여러 변이들을 통해 실행될 수 있다. 일반적인 설화의 구조가 있으면, 또한 이를 토대로 특수한 형식이 존재한다. 구조적 관점은 언제나 이러한 일반적인 것과 특수한 것 간의 관계를 기술하려 한다. 프로프의 기획은 형태론을 토대로 함으로써, 그간 이루어진 설화 연구의 모든 측면에 대한 해체를 함의한다. 그는 설화에 대한 획기적인 기술을 보여줌으로써, 이후 구조주의 설화학의 수많은 메타언어들을 생산하는 토대를 마련한다.

3. 프로프 형태론의 해체론적 함의

지금까지 살핀 프로프의 설화 형태론에서 몇 가지 해체론적 함의를 읽어보기로 하자.

먼저, 프로프는 모티프와 같은 종래의 설화 분절 단위들이 갖는 본질론적인 함의를 해체한다. 본질론적인 단위를 통해 전개된 설화에 대한 다양한 이론들, 가령 전파론이나 심리주의, 역사주의, 주제론, 장르론 등은 그것이 갖는 비체계성을 노정하게 되며, 따라서 설화의 전체적인 형태를 이루는 보다 체계적인 분절 단위를 설정할 필요성을 갖게 된다. 프로프가 말한 기능은 그렇게 설정된 것이다. 기능은 철저하게 행위의 전개 과정에서 어떤 행위가 갖는 위치에 따라 결정되는 것이며, 이것은 곧 기능이 구조적 단위임을 말하는 것이다.

이러한 기능은 다양한 형상으로 채워질 수 있다. 기능이 구조적이라 함은 기능이 통사론적으로 결합됨을 말하는 것이다. 그러한 형상들을 프로프는 변이들로 보고 이들을 최대한 추상화시켜서 각각의 기능들에 대한 하위 기능들로 나타낸다. 그러나 이러한 기능들이 무한한 것은 아니다. 프로프가 아무리 다양한 줄거리들에서 나타나는 기능들의 변이를 기술한다 하더라도, 이 세상에 존재하는 같은 유형의 설화의 모든 변이들을 죄다 기술할 수 있는 것은 아니다. 그런 점에서, 프로프는 하나의 닫힌 체계를 상정하는 구조주의적 체계를 완성했다고 말하기는 어렵다. 그런 점에서 그가 말한 형태론은 완결된 구조를 기술했다기 보다는, 일정한 텍스트들에 나타나는 여러 가지 요소들을 구조적으로 기술했다고 보는 것이 타당하다. 이는 그레마스가 말한 방법론적인 언어를 보여주지만, 인식론적 언어를 완성시켰다고 보기는 어려우며, 또한 이는 프로프의 방법이 완전히 연역적인 데 이르지 못했음을 말해주는 것이다.

그럼에도 불구하고, 프로프는 마법담이라는 한정된 유형을 설정하여 거기에서 찾아지는 구조적인 여러 관련성들을 최대한 기술하려 했으며, 그가 말한 형태론에 충실하기 위해 최대한 기술적인 방식으로 논의를 전개했다. 이러한 방식은 종래의 본질론적 논의들에서 상정한 여러 가설들을 해체하고, 새로운 분류 체계를 세우는데 기여한다. 이것은 그의 이론이 종래의 설화 연구의 여러 방법들과 차별화된 것이지만, 그렇다고 이들 설화 연구의 영역들을 배제하거나 배척한 것은 아니다. 그는 분명히 설화에서 구조적으로 기술될 수 없는 부분들이 있음을 인식하고 있으며, 이를 위해 다른 영역에서의 연구가 필요함을 인정한다. 실제로 그가 기술한 형태론은 많은 부분 다양하게 실행되는 의미작용에 할애되고 있는데, 이는 설화에 대한 그의 형태론이 완전하지 못하다는 증거이기도 하지만, 또한 그의 형태론이 어떤 해체의 담론을 생성하면서, 보다 총체적인 의미론적 우주를 구성하는 데로 나아갈 가능성을 보여주는 증거가 될 수도 있다. 필자는 프로프의 이론이 갖는 의미를 후자에 두고자 한다. 앞으로 기술할 레비스트로스와 그레마스를 거쳐 완성되는 설화 의미론의 시발을 프로프의 설화 형태론에서 찾는 까닭도 바로 여기에 있다.

3장
형태에서 구조로:
레비스트로스의 신화학

설화의 의미론적 우주를 구성하는 방대한 도정에서, 레비스트로스는 프로프와는 다른 의미에서 획기적인 역할을 한다. 구조주의의 사유를 극단까지 밀고나감으로써, 프로프에서 잉여적인 것으로 남겨졌던 모든 부분들까지 구조화시키는 구조주의적인 기획을 레비스트로스는 실현시킨다. 따라서 그에게 설화 자체를 중심으로 한 형태론적 관점은 별 의미가 없다. 왜냐하면 구조주의자에게 있어 구조는 그 이상의 모든 것을 포괄해야 하기 때문이다. 따라서 그가 집중한 신화 텍스트에 대한 연구에서 그는 하나의 신화 판본을 분석하되, 그것이 다른 판본들과 어떤 구조적 관계를 갖는지, 그리고 더 나아가 그것이 그 신화를 둘러싼 문화적인 여러 요소들과 어떤 구조적 관계를 갖는지를 기술하고자 한다. 그러한 과정에서 구조는 프로프가 말한 한정된 숫자의 기능들의 연쇄에 그치지 않는다. 그는 신화의 분절 단위들에서 새로운 배열의 논리를 찾아냄으로써, 다른 신화 혹은 문화의 구조적 분절 단위들과 연결하는 고리를 찾아낸다. 그런 점에서 그의 이론이 단지 설화의 의미론적 우주를 구성하는 데로 나아간다고 말하기는 쉽지 않다. 왜냐하면 그가 말하는 의미체계는 단지 신화와 같은 설화의 의미체계에 그치는 것이 아니기 때문이다. 그러나 분명한 것은 구조주의적 관점에 선다는 것은 설화니 신화니 하는 장르적인 유형 분류를 벗어나는 것이다. 그는 『신화학 1』의 서문에서 다음과 같이 말한다.

> 신화론에 더욱 전념하고 있다고 선언한 이 책이 콩트, 전설, 의사 역사적 전통을 분석 재료로 사용하거나 광범위하게 의식이나 의례를 인용하고 있는 점에 대해 놀랄 필요는 없다. 결국 우리는 신화적인 것과 신화적이지 않은 것에 대한 성급한 판단을 받아들이지 않으며, 연구 대상이 되는 민족의 정신적 또는 사회적 활동이 나타내는 모든 것을 분석 대상으로 한다.[138]

이와 같은 언명에서 그가 말한 신화의 경계는 모호해 보인다. 설화의 의미론적 우주라는 가설적 전제는 적어도 레비스트로스의 이론에서는 해체의 대상이 된다. 이러한 해체는 그가 누구보다도 철저하게 구조주의적 사유를 실천하고자 했기 때문에 성취될 수 있는 것이다. 언어학의 이론을 받아들이되, 그것을 신화라는 담화의 층위에서 새롭게 적용하는 과정은 그야말로 구조적인 조작이 없으면 불가능한 것이다. 음소라는 단위가 음소 체계 안에서 작용하는 규칙이 그가 창안한 '신화소' *mytheme*[139]라는 단위가 신화 체계 안에서 작용하는 규칙과 같다고 말할 수 있는 것은, 이들이 구조적으로 동일하다고 가정하기 때문이다. 이는 비약처럼 보이지만, 충실한 구조주의의 관점에서 본다면, 얼마든지 가능한 일이다. 레비스트로스가 궁극적으로 추구한 것은 신화의 본질이 아니라, 신화의 체계이며, 신화의 체계는 이러한 조작을 통해서 다른 체계와 얼마든

138 레비-스트로스, 『신화학 1: 날것과 익힌 것』, 임봉길 옮김, 한길사, 2005, p. 97.

139 Claude Lévi-Strauss, *Structural Anthropology*, (trans.) Claire Jacobson & Brooke Grundfest Schoepf, Penguin Books, 1963, p. 211.

지 연결될 수 있다. 이것이 레비스트로스가 신화라는 장르의 영역을 넘어서는 해체의 지점이다.

1. 프로프의 형태론에 대한 비판

프로프에서 레비스트로스, 그리고 그레마스로 이어지는 설화학의 도정을 탐색하는 이 논의를 위해 레비스트로스가 프로프의 『민담형태론』에 대한 집중적인 비판이 담긴 글[140] 을 남긴 것은 다행스러운 일이다. 그의 이론으로부터 무언가 추론하기보다는 그가 가진 프로프의 형태론 혹은 형식주의에 대한 생각을 직접 듣는 것은 그가 기획한 구조주의 방법론이 그 이전의 형식주의 방법론과 극명하게 변별되는 지점을 찾아낼 수 있게 해주기 때문이다. 따라서 이 글을 중심으로 먼저 그가 가진 구조적 사유의 전체적인 구도를 부감해 보기로 하자.

이 글은 먼저 구조주의가 형식주의와 구별되는 지점을 분명히 하는 것으로부터 시작한다. 그리고 그가 추구하는 구조주의와 구별되는 형식주의의 사례로 프로프를 들고, 그의 이론이 갖는 문제점을 비판함으로써, 구조주의 방법론이 갖는 정당성을 입증하려 한다.

그는 형식주의와 구조주의가 구체적인 것에 대한 태도에서 명확히 구

---

140 Claude Lévi-Strauss, "Structure and Form: Reflections on a Work by Vladimir Propp", *Structural Anthropology 2*, (trans.) Monique Layton, Penguin Books, 1973, pp. 115-145. 이러한 비판에 대해 프로프는 반론의 글을 남겼다. 그의 반론은 레비스트로스가 제기한 문제 조목조목에 대해 이루어지고 있어, 이들이 갖는 관점의 차이를 매우 분명하게 보여준다. 여기서는 레비스트로스의 비판을 중심으로 다루되, 필요할 경우 프로프의 반론을 통해 이들이 갖는 관점의 차이를 드러낼 것이다.
Propp, *Theory and History of Folklore*, pp. 67-81.

분된다고 말한다.

> 형식주의와는 반대로, 구조주의는 구체적인 것을 추상적인 것에 대립시키면서 추상적인 것에 더 큰 가치를 부여하는 것을 거부한다. '형식'은 그 자체가 아닌 다른 물질들에 대립되는 것으로 정의된다. 그러나 '구조'는 구별되는 내용을 갖지 않는다. 그것은 내용 자체이며, 실제적인 것의 자질로서 인식되는 논리적 조직화 안에서 파악된다.[141]

이러한 형식주의에 대한 비판은 그것이 내용을 잉여적인 것으로 남겨 놓음으로써, 그 체계가 결국 불완전한 것으로 남을 수밖에 없음을 지적한 것이다. 레비스트로스가 프로프의 『민담형태론』을 읽으면서 하나하나 지적한 이러한 형식주의의 유산은 설화학의 논의 전반에 걸쳐있는 것이다. 여기서는 이를 몇 가지 문제로 요약하여 정리해 보기로 하자.

먼저, 설화와 신화가 갖는 장르론적 함의에 대한 논의가 있다. 프로프가 러시아의 마법담을 텍스트로 삼아 형태론을 기술하려 한 반면, 레비스트로스는 주로 신화를 대상으로 삼아 신화적 사고체계를 찾아내려 했다. 이는 단지 대상을 무엇으로 선택했는가 하는 문제는 넘어서 설화가 무엇이며 어떻게 분류될 수 있는가 하는 문제와 직결되는 것이다. 한 마디로 레비스트로스는 프로프가 마법담이라는 한정된 텍스트만을 대상으로 삼아 형태론을 기술한 것에 대해 비판한다. 이것은 마법담을 다른 구술전통으로부터 분리시키는 것이며, 특히 신화와도 뚜렷한 구분을 짓는 것이다. 이러한 프로프의 생각은 신화를 설화 이전에 존재한 것으로 보는 역사주의적인 관점에서 비롯된다. 가령 그는 신화 연구를 시작하기 위해서는 형태론적 연구에 "현재로서는 우리의 과제 안에 들어올 수 없는 역사

141 Lévi-Strauss, *Structural Anthropology 2.*, p. 115.

적 연구"가 덧붙여져야 한다고 말한다. 더 나아가 그는 "매우 오래된 신화들"은 민담이 기원으로 삼는 영역을 구성한다고 하면서, "일상적 삶과 종교가 사라지는 한편, 그 내용들은 민담으로 전환된다"고 말한다.[142] 이러한 프로프의 논리는 신화를 민담과 역사적으로 구분하면서, 형태론의 기술 대상을 민담에 한정한 것으로 보인다. 레비스트로스의 비판은 바로 이 점을 조준한다. 레비스트로스는 신화를 민담의 기원으로 보는 역사주의적 관점을 부정하면서, 신화와 민담이 공통된 실체를 다른 방식으로 나타내는 것일 뿐이라고 주장한다.[143] 대개의 사회에서 신화와 민담을 구분하는 데는 이유가 있는데, 먼저 민담에서는 신화에서 찾아지는 양항대립에 비해 약화된 양항대립이 나타나기 때문이라는 것이다.[144] 다시 말해 양항대립이라는 구조는 동일하되, 대립의 강도에서 차이를 나타낸다는 것인데, 구조를 기술하는 구조주의적 관점에서는 이들은 모두 동일한 구조로 파악되는 것이다. 다만 민담은 신화에 비해 논리적 정합성, 종교적 정통성 그리고 집단적 압박에 덜 지배되며, 그리하여 놀이의 가능성이 증대되고, 그것의 치환이 비교적 자유로우며 따라서 점차적으로 자의적인 특성을 갖게 되지만,[145] 그렇다고 해서 레비스트로스는 이것을 민담과 신화를 구분하는 징표로 간주하지 않는다. 민담은 축소판 신화이며, 거기에는 같은 대립들이 더 작은 규모로 전치되어 그것을 연구하는 것이 힘이 들 뿐이라는 것이다.[146] 레비스트로스가 신화 텍스트에 주력한 이유가 바로 이것이며, 이러한 구조적 관점이 민담과 같은 다른 구술서사에 동일하게 적용될 가능성을 시사한 것이기도 하다. 이는 신화와 민담을 역사주의

142 Ibid., pp. 129–130.
143 Ibid., p. 130.
144 Ibid., P. 128.
145 Ibid.

적이거나 장르론적으로 구분 짓는 프로프의 전제를 구조주의의 관점에서 해체하는 것이다.

프로프에 대한 보다 신랄한 비판은 프로프의 형태론이 과연 얼마나 체계적인가에 대한 회의에서 비롯된다. 프로프는 구술문학을 형태론적 연구의 본질적 국면인 형식과 단지 자의적임으로써 부차적인 중요성만을 갖는 내용으로 구분한다.[147] 그런데 레비스트로스는 형식주의와 구조주의의 차이를 바로 이러한 구분이 명확히 이루어지는가 아니면 그것을 제거하는가에 둔다. 구조주의적 관점에서 형식과 내용은 같이 분석될 수 있으며, 같은 자질을 갖는다는 것이다. 내용은 그것의 실제를 그것의 구조로부터 이끌어내며, 형식이라 불리우는 것은 내용을 형성하는 국지적 구조의 "구조적 형식화"라는 것이다.[148] 그런데 프로프는 형태론을 전개하면서, 형태론의 영역에서 제외된 내용들을 제대로 처리하지 못한다. 다시 말해 내용들이 이러한 형태론에 다시금 통합되는 양상을 보이는 것이다. 가령 그가 주인공의 기능에 대해 논하면서, 유와 종을 구분했는데, '악행'이라는 유개념이 파생시킨 여러 종개념들− −악당이 "사람을 납치하

---

146 Ibid.,p.130. 이러한 레비스트로스의 장르론에 대해 프로프의 입장은 매우 단호하다. 소포클레스의 오이디푸스의 예를 들면서, "비록 같은 체계에 기반한다 하더라도, 신화는 항상 마법담보다 오래되었다"고 말할 때, 프로프는 장르의 역사성에 대한 인식을 분명히 하고 있는 것으로 보인다. 또한 마법담의 자질들 중의 하나가 시적인 허구에 바탕을 두며 현실을 왜곡한 것인 반면, 신화는 신성한 서사이며, 진실로 믿어질 뿐만 아니라, 사람들이 갖는 신념을 나타내는 것이라 했을 때, 그는 장르에 수사학적인 차이가 있음을 분명히 한 것이다. 한마디로, 프로프는 레비스트로스가 '신화'나 '마법담' 같은 개념을 지나치게 모호하게 사용한다고 비판한다. 다음과 같은 언명에 그의 비판의 요지가 잘 나타나 있다. "마법담과 신화 간의 유사성과 차이를 결정할 수 있기 위해, 그리고 이들이 상대적으로 얼마나 오래된 것인지, 그리고 이들의 공존이 가능하고 불가능한 것인지에 대해 알기 위해서는 구별되는 형태론적 체계들을 이해하고 이들이 어떻게 다른지를 알 필요가 있다. 문제는 레비스트로스가 생각하는 것보다 더 복잡하다." Propp, *Theory and History of Folklore*, pp. 79−80.

147 Lévi−Strauss, *Structural Anthropology 2*, p. 131.

148 Ibid.

다" "주술적 도구를 훔치다" 등--은 결국 기능의 고정성과는 거리가 먼 자의적 내용에 해당하는 것으로서, 그의 형태론의 체계를 결정적으로 흠집낼 수 있는 것들이다.[149] 프로프가 드러낸 문제점은 그가 말한 형태론 바깥에서 틈입한 내용적 요소들을 일종의 절충을 통해 수용했다는 데 있다. 그로 인해 그는 그가 세운 형태론의 원칙도 유지할 수 없었으며, 더구나 전체적인 체계의 기술이 필수적인 구조주의에 도달하는 것은 불가능한 일이었다. 레비스트로스 말대로 형식에 틈입한 이러한 내용들은 결국 추상적 층위에 머물면서 더 이상 어떤 의미도 만들어내지 못하는 지경에 이르게 되는 것이다.[150] 그렇다면, 이러한 형식주의에서 벗어나는 길은 이러한 추상적인 것에 머무는 내용을 구체적인 것으로 끌어들이는 것이다. 다시 말해 형태론에서 소외되었던 내용들을 구조화시켜 체계 안으로 편

149 Ibid., p. 132.

이에 대한 프로프의 반론은 그가 본래 가진 생각에서 조금도 변함이 없음을 보여준다. "나는 이미 레비스트로스가 마법담의 구조에 대한 나의 관찰들이 환상, 즉 형식주의적 비전이라고 말한 것을 인용한 바 있다. 이것은 단지 우연한 생각이 아니다. 레비스트로스는 내가 이러한 환상의 희생자임을 굳게 믿고 있다. 수많은 이야기들로부터 나는 이전에 존재하지 않던 것을 구축하자고 주장했는데,이에 대해 레비스트로스는 "그러한 추상화가 너무 모호하고 일반적이어서 수많은 이야기들의 존재의 원인에 대해 어떤 것도 말해주지 않는다"고 비판했다. 레비스트로스가 나의 틀에 대해 말한 추상화가 다양성의 원인들을 드러내지 않는다는 것은 사실이다; 그것을 할 수 있는 것은 역사적 연구일 뿐이다. 그러나 그 틀이 모호하고 빗나간 환상을 보여주는 것이라 하는 것은 옳지 않다. 그가 한 말은 그가 나의 경험적이고 구체적이며 세밀한 탐구를 이해하지 못했음을 보여준다." 프로프는 그가 사실을 주의깊게 탐색하고 연구하는 '순정한 경험주의자'임을 강조하면서, 레비스트로스가 구체적인 데이터에 의존하지 않고, 논리적 조작에 바탕을 둔 모델을 제시하는 것에 대해 비판했다. 레비스트로스가 "형식과 내용은 같은 자질을 가지며 같이 분석될 수 있는 것"이라는 주장에 대해, 프로프는 "분명 그렇기는 하다. 그러나 만일 형식과 내용이 분리될 수 없는 것이고 심지어 같은 자질을 갖는 것이라면, 그 중 하나를 분석하는 사람은 필연적으로 다른 것도 분석하게 된다. 어디에 형식주의의 죄과가 있으며, 내가 플롯(내용)과 구성(형식)을 분리될 수 없는 통합체로 분석할 때, 무엇이 잘못되었다는 것인가?"라고 반문한다. 이는 프로프와 레비스트로스의 관점의 차이가 봉합될 수 없음을 단적으로 보여주는 지점이다. Propp, *Theory and History of Folklore*, pp. 67-81 참조.

150 Ibid.

입시키는 전략이 필요하게 되었으며, 레비스트로스의 신화론은 바로 이러한 전략을 실천하는 데 초점을 맞춘다.

구조주의적 관점에서 프로프의 형태론은 그야말로 폐쇄적인 통사론처럼 보인다. 그것은 설화들에서 발견되는 공통된 자질들을 추출하여 일정한 규칙을 부여하면서 나열한 것처럼 보이기 때문이다. 내용이 자의적인 데 머무르지 않고 구조화되어 기술된다면 그것은 열린 의미론으로 나아가는 길이 될 것이다. 다시 말해 신화라는 서사체는 보다 다양한 맥락과 관련하여 기술될 수 있는데, 이때의 맥락은 가령 변이들이 드러내는 전체성 다시 말해 치환가능한 전체성을 특징짓는 양립가능성과 불가능성의 체계에 의해 제공되는 것이다.[151] 신화에서 여러 변이들이 있다면, 이들 변이들은 프로프가 했던 것처럼 고립된 기능에 종속되어 나열되기보다는 이들 변이들이 구성하는 전체 체계 안에서의 구조적 운동으로 기술되어야 한다. 이때 필요한 것이 인류학적인 지식들이다. 이러한 지식의 토대는 신화에서의 양항대립의 체계를 세우도록 하며, 또 이들 대립 간에 이루어지는 또다른 구조적 관계를 기술할 수 있게 한다. 신화가 그것의 맥락으로 확대되는 것 역시 구조적으로 이루어져야 한다고 보는 구조주의의 입장은 설화 줄거리 안에서 문법을 확립하려 한 프로프의 형태론과는 사뭇 구별되는 것으로 보인다.

레비스트로스는 신화를 분석하면서, 그것에 관한 종족학적 지식을 중요하게 참조한다. 형태론에서 잉여적인 것으로 남겨둔 내용들은 이러한 종족학적 지식을 통해 구조화될 수 있는 것들이다. 신화에서 어떤 분절단위를 이해하려면, 단순히 그것을 형태론적으로만 기술해서는 안 된다. 그것은 종족학적 지식을 통해 구성되는 맥락 안에서 달리 구조화될 가능

151 Lévi-Strauss, *Structural Anthropology 2*, p. 135.

성을 갖는다.[152] 하나의 신화가 여러 가지 변이들로 드러날 때, 그들은 그들이 구성하는 것으로 생각되는 전체적인 구조 안에서 하나의 요소로서의 역할을 한다. 그러한 역할은 그러나 철저히 구조적인 것이어서, 다른 변이들과의 관계에서도 오로지 구조적인 역할의 변화를 겪을 뿐이다. 이러한 구조를 구성하는 데, 레비스트로스는 야콥슨이 말한 음소의 방식을 차용하며, 그리하여 그것을 양항대립의 쌍들로 나타낸다.[153] 프로프에서도 이러한 구조에 대한 언급이 드러나기는 하지만, 지극히 일부에 그침으로써, 레비스트로스가 생각한 구조의 전체성에 도달하지는 못한 것으로 보인다.

레비스트로스는 프로프에 대한 리뷰를 마치면서, 결론적으로 형식주의가 저지른 오류를 두 가지 측면에서 비판한다.[154]

첫 번째는 형식주의가 그 자체를 명제들을 집단화시키는 규칙들에 지나치게 한정시킴으로써, 어휘가 통사로부터 연역될 수 있는 언어는 결코 존재하지 않는다는 사실을 간과한 것이다. 어떠한 언어체계에 대한 연구도 문법학자와 문헌학자의 협력 없이는 이루어질 수 없다. 구술문학의 경

---

152 Ibid., p. 135.

이러한 종족학적 지식에 대해 프로프는 전혀 다른 관점을 갖고 있음을 다음 언명을 통해 알 수 있다. "사실, 마법담의 구성의 통일성이 세워졌을 때, 이러한 통일성의 원인에 대해 자문해보기도 했다. 처음부터 그 원인이 형식의 내재적 법칙에서 찾아지지 않으며, 그것은 초기 역사 혹은 전사 즉 종족학이나 민족학에 의해 연구된 인간 사회의 단계에서 찾아져야 한다는 것이 분명했다. 레비스트로스가 종족학으로부터의 자료와 직간접적으로 연결되지 않는 형태론은 무의미할 뿐이라고 한 것은 옳다. 바로 그 때문에 나는 형태론적 분석을 회피하지 않으면서도 마법담 플롯들의 비교론적 연구에 의해 드러난 체계의 역사적 토대들과 역사적 근원들을 탐색하는 과제를 수행한 것이다." Propp, *Theory and History of Folklore*, p. 71.

종족학적 지식에 대한 이들의 차이를 말한다면, 프로프는 종족학적 지식이 설화 체계의 원인을 설명하는 외재적 요인으로 보는 반면, 레비스트로스는 이러한 지식이 곧 구조생성에 직접 참여하여 구조화되어 드러나는 것으로 본 것이다.

153 Lévi-Strauss, *Structural Anthropology* 2, p. 135.

154 Ibid., pp. 141-144 참조.

우도 마찬가지로, 직접적이건 간접적이건 종족학적 관찰이 풍요로움을 제공하지 못한다면, 형태론은 그저 황량한 데 그칠 뿐이다.

두 번째는 구술전통을 층위에 따라 달리 구조분석될 수 있는 다른 모든 것들과 유사한 언어학적 표현으로 취급한다는 것이다. 이는 프로프가 구조분석에 다양한 층위가 존재할 가능성을 간과하고, 형태론적 층위 하나에 모든 형식의 문제를 귀결시킨 데서 비롯된다. 앞서도 언급했지만, 프로프는 기능들과 같은 형태론적 층위와 인물, 특징, 동기화 그리고 연결점들이 모여있는 무정형적 층위를 구분하고 후자를 역사주의적 탐구와 문학비평의 영역으로 돌렸다. 그런데 이런 생각은 레비스트로스가 보기에는 신화와 민담이 언어를 "초구조적으로" 사용한다는 사실을 간과한 것이다. 언어는 자연스럽게 문법적인 규칙과 낱말들을 사용한다. 하지만, 여기에 또 다른 차원이 덧붙여지기 때문에, 규칙들과 낱말들은 서사체들 안에서 "보통의" 기표들 – 텍스트 안에서 의미되는 것들과 관련된 – 과 동시에 의미작용의 요소들 – 또 다른 층위에 위치한 보충적인 의미화 체계들과 관련된 – 인 이미지들과 행위들을 창조하는 데 사용될 수 있다. 이와 같이, 결합되어 민담과 신화를 구축하는 언어와 메타언어는 공통된 층위들을 가질 수 있지만, 이들은 그러나 그 안에서 대체된다. 레비스트로스가 말한 신화소 역시 언어층위와 메타언어의 층위에 동시에 존재한다. 낱말의 문제가 아직도 존재하는 언어와는 반대로, 메타언어에서의 층위에서 모든 요소들은 규칙들에 따라 영향을 받으며 미리 결정된 통사적 작용에서 초래된다. 신화소가 낱말이면서 이러한 낱말을 더 큰 의미체계에 기입하는 메타언어적 작용에 참여하는 것은 구조적으로 모순된 것이 아니다. 레비스트로스가 "하나의 전체 신화가 하나의 낱말 안에서 표현될 수 있는 언어"의 가능성을 말한 것 역시 이러한 맥락에서는 얼마든지 정당화될 수 있는 것이다.

이러한 레비스트로스의 비판에서 그가 구상한 구조주의적 기획이 무엇인지를 어느 정도 가늠할 수 있다. 구조는 전체성을 지향하는 것이므로, 이를 기술하기 위한 전략이 필요하다. 레비스트로스는 음운론의 구조주의적인 규칙에서 그것을 찾았지만, 그것을 또 다른 메타언어의 차원으로 확장시켜 설명하고자 했다. 물론 이러한 모든 과정이 구조적이어야 함은 사실이다. 이러한 그의 기획이 어떻게 실천되고 있는지를 그가 기술한 신화에 대한 분석을 통해 살펴봄으로써, 그의 기획이 갖는 해체론적 함의를 추론해보기로 하자.

2. 신화의 구조분석

여러 편의 마법담을 통해 거기에서 발견되는 지속적인 요소들을 추출하려 한 프로프와는 달리, 레비스트로스는 먼저 하나의 신화를 치밀하게 읽어내고 그것을 통해 신화 넘어서의 구조로 나아가려 한다. 그의 오이디푸스 신화에 대한 분석[155]은 하나의 신화에 대한 독해가 이루어지는 과정을 구체적으로 보여준다.

프로프에서와 마찬가지로 한편의 신화에 대한 분석은 서사체의 분절에서 시작된다. 앞서 잠깐 언급된 신화소라는 단위는 음소라는 언어학적 단위로부터 유추하여 만들어낸 메타층위의 신화 분절단위라 할 수 있다. 이러한 단위가 갖는 정당성은 언어학적인 층위와 그것을 넘어선 초언어학적 층위 간에 어떤 구조적 관련성을 설정하는가에 달려 있다. 이를 위

155 이하 레비스트로스의 오이디푸스 신화 분석에 관한 논의는 Claude Lévi-Strauss, "The Structural Study of Myth", *Structural Anthropology*, pp. 206-231 참조.

해서는 먼저 기표와 기의 간의 결합이 자의적이라는 소쉬르의 공리를 받아들이지 않으면 안 된다. 하나의 언어학적 단위가 그것의 본질에 의해 규정되는 것이 아니라, 다른 단위들과 갖는 관계에 의해 규정된다는 구조주의 언어학의 기본 명제는 신화를 읽을 때도 적용될 수 있다. 그러나, 신화를 언어를 분석하는 언어학적 방법과 동일하게 분석할 수 있을까? 신화가 비록 언어로 이루어져 있다 하더라도, 그것은 언어와는 다른 차원에서 분석되어야 하는 것 아닐까? 레비스트로스는 모순적으로 보이는 이러한 언어와 신화 간의 구조에 관한 나름의 해결책을 제안한다. 먼저 그는 랑그와 파롤의 개념을 시간적 지시기준에 따라 구분한다. 언어의 구조적 측면인 랑그는 가역적 시간에 속하고, 언어의 통계적 측면인 파롤은 비가역적 시간에 속한다. 만일 이러한 두 층위가 언어에 존재한다면, 우리는 또한 제 3의 층위를 상상해 볼 수 있다. 레비스트로스가 신화의 분석을 위해 사용한 것은 바로 랑그와 파롤의 자질을 결합시키는 이러한 세 번째 지시기준이다. 그에 따르면, 신화는 오래 전에 일어난 것으로 여겨지는 사건을 다루는 것이지만, 신화에 실용적 가치를 부여하는 것은 그것에 드러나는 특수한 패턴들이 시간을 초월한다는 점이다. 다시 말해, 그것은 과거와 현재는 물론 미래까지 설명하는 것이다. 역사적이면서 비역사적인 이러한 이중 구조는 신화가 어떻게, 랑그와 파롤의 영역에 관여하면서, 언어학적인 것으로 남아있되 이들과 구분되는 제 3의 층위에서 절대적인 실재로 존재할 수 있는가를 보여준다. 신화가 존재하는 이러한 층위는 일반적인 언어의 층위와 분명히 다르지만, 그럼에도 같은 규칙의 적용을 받는 것으로 간주된다. 이러한 것은 논리의 비약처럼 보이지만, 구조적 관점에서 본다면 얼마든지 정당화될 수 있는 것이다. 레비스트로스는 이러한 층위를 다음과 같이 요약적으로 설명한다.

1) 만일 신화에서 찾아지는 의미가 있다면, 그것은 신화의 구성에 들어가는 고립된 요소가 아닌 그러한 요소들이 결합되는 방식에 있다.
2) 신화가 실제로 그것의 부분을 이루는 언어와 같은 범주에 속한다 하더라도, 신화의 언어는 특수한 자질을 보인다.
3) 이러한 자질들은 보통의 언어학적 층위 '넘어에서'만 발견될 수 있다. 다시 말해 이들은 다른 종류의 언어학적 표현에서 발견되는 것들보다 더 복합적인 자질들을 보인다.

레비스트로스는 이러한 가설에서 신화의 분절과 관련한 보다 구체적인 결과를 다음과 같이 도출해낸다.

1) 신화는 다른 언어들처럼 구성단위로 이루어진다.
2) 이들 구성단위들은 음소, 형태소, 의미소와 같은 층위들에서 분석될 때의 언어 안에 존재하는 구성단위들을 전제한다. 그럼에도 불구하고, 신화의 구성단위는 언어 안의 구성단위들이 그들 간에 차이가 나는 것과 같은 방식으로, 언어의 구성단위와 차이가 난다. 다시 말해 이들은 보다 높고 복합적인 질서에 속하는 것이다. 그러한 이유로, 이들을 대구성단위라 부를 것이다.

여기에서 우리는 언어의 가장 작은 분절단위에서 그것이 결합하여 이루어진 담화라는 가장 큰 단위에 이르는 과정에서 작용하는 일관적 원리를 찾으려한 레비스트로스의 의도를 읽을 수 있다. 그러나 이러한 각 층위들 간의 단위들이 모두 같은 수준으로 일정한 규칙에 의해 결합될 수 있다고 말하기는 어렵다. 가령 야콥슨은 변별적 자질에서 음소, 형태소, 낱말, 구, 문, 발화 혹은 텍스트에 이르는 과정에 작용하는 코드들이 단계마다 차이가 나며, 이것은 일종의 위계적 질서를 이룬다고 했다.[156] 음소에서 작용하는 코드가 가장 구속력을 갖는데, 단위들이 결합되면서 그 구속력이 약해지고, 따라서 변별적 자질과 같은 단위에서 작용하는 코드를 그대로 적용할 수 없게 되는 것이다. 신화 역시 이러한 선택의 폭이 넓어진 약화된 코드가 작용하는 발화 및 텍스트의 층위에 속한다면, 음운론에서 발견된 원리가 어디까지 영향을 미치는가가 기술되어야 할 것이다. 레비스트로스 역시 이러한 점을 인지하고, 나름의 구조적 전략을 마련한다.

먼저 신화소가 어떻게 만들어지는지를 살펴보자. 레비스트로스에 따르면, 신화소는 음소, 형태소, 의미소들 사이에서 찾아지는 것이 아니라, 문장의 층위에서 찾아져야 한다. 이 단계에서 할 수 있는 일은 구조분석을 위한 법칙을 찾는 일인데, 여기서 앞서 말한 대단위와 다른 단위들 간의 관계가 잘 설명되면서, 신화가 갖는 가역적이면서도 비가역적인 시간성이 고려된다는 것이다. 그에 따르면 신화의 진실한 구성단위는 고립된 관계들이 아니라, 그러한 관계들의 다발인데, 의미를 생산하기 위해 활용되고 결합되는 것은 어디까지나 이러한 다발로서이다. 이러한 다발은 통시적으로 간격을 두고 나타날 수 있지만, 이를 잘 집단화시키면 공시적이면서 통시적인 신화의 특성에 맞게 신화를 재조직할 수 있다. 다발이란 신화적 요소들이 줄거리에서 어떤 위치에 놓이는가와는 무관하게 이들이 갖는 유사성을 포착하여 하나의 단위를 구성한 결과로 나타난 것이다. 이들의 관계를 살피는 것은 줄거리로만 읽었던 종래의 신화의 독해에서 이탈하여 공시성의 차원에서 새롭게 신화를 읽는 일이다. 레비스트로스는 오이디푸스 신화를 다음과 같이 새롭게 배열해서 보여준다.

156 Roman Jakobson, *Selected Writings 2*, Mouton, 1971, pp. 280–282.

카드모스가 제우스에 강탈당한 누이 유로파를 찾아가다			
		카드모스가 용을 죽이다	
	스파르토이가 서로 죽이다		
			랍다코스 (라이오스의 아버지) =절름발이(?)
	오이디푸스가 그의 아버지 라이오스를 죽이다		라이오스 (오이디푸스의 아버지) =왼손잡이(?)
		오이디푸스가 스핑크스를 죽이다	
			오이디푸스 =퉁퉁부은 다리(?)
오이디푸스가 그의 어머니 이오카스테와 결혼하다			
	에테오클레스가 그의 남동생 (혹은 오빠?) 폴리니케스를 죽이다		
안티고네가 금지에도 불구하고 그의 남동생 (혹은 오빠?)을 땅에 묻다			

〈표 28〉 오이디푸스 신화에서의 신화소의 배열

이 도표에서 네 개의 수직적인 기둥이 만들어졌다. 각 기둥에는 같은 다발에 속하는 여러 항들이 배열되어 있다. 레비스트로스에 따르면, 단지 신화를 '말하는' 것이라면 이러한 기둥을 무시하고 위에서 아래로, 그리고 왼쪽에서 오른쪽으로 읽으면 되지만, 신화를 '이해하기' 위해서는 이러한 통시적인 차원을 무시하고 왼쪽에서 오른쪽으로 하나의 단위로 간주되는 기둥에 따라 읽어야 한다. 각각의 기둥은 우리가 찾아야 할 동일한 자질을 보여준다.

그가 찾은 자질은 다음과 같은 것들이다.

첫 번째 기둥에는 과대평가된 혈연관계의 자질이 내포되어 있다. 근친간의 탐색이나 성적 결합 같은 것이 그러한 예다.

두 번째 기둥에는 이와 반대되는 과소평가된 혈연관계의 자질이 내포된다. 근친간의 살해는 이들의 관계가 극단적으로 소원해지는 예를 보여주는 것이다.

세 번째 기둥에는 공통적으로 살해당한 괴물이 나타난다.

네 번째 기둥은 설명이 필요한데, 오이디푸스 부계의 별명이 가진 함축에 관한 것이다. 이런 이름들이 의미를 가질 수 있는 것은, 신화 자체가 맥락이 되기 때문이다. 여기서 제시된 별명들에서 '똑바로 걷고 꼿꼿이 서는 것에 대한 어려움'이라는 공통된 자질을 가정할 수 있다.

세 번째 기둥과 네 번째 기둥 간의 관계를 기술하기 위해서는 또다른 추론이 필요하다. 세 번째 기둥에서의 용은 인간이 땅에서 태어나기 위해 살해되어야 할 지생적 존재이며, 스핑크스는 인간의 생명을 빼앗는 괴물이다. 후자를 전자의 재생산으로 볼 때 이들은 모두 인류의 자동지생적 기원과 관련되어 있으며, 여기서 괴물들이 모두 인간에 의해 살해된다는 점은 인간이 땅에서 태어난다는 사실 자체가 부정되는 것이다. 따라서 세 번째 기둥은 '인류의 자동지생적 기원의 부정'이라는 공통된 자질을 갖는 것으로 간주된다. 여기에서 네 번째 기둥의 공통된 자질이 추론될 수 있는데, 레비스트로스는 이러한 추론의 토대로 푸에블로 신화를 참조한다. 인간이 땅에서 나올 때는 걸을 수 없거나 서투르게 걷는 것이 일반적이라는 것이다. 따라서 네 번째 기둥은 인류의 '자동지생적 기원의 지속'

이라는 공통된 자질을 보여준다.

이와 같은 분석에서 네 개의 기둥은 구조적으로 완결된 형태를 보인다. 다시 말해, 첫 번째 기둥과 두 번째 기둥의 관계는 세 번째 기둥과 네 번째 기둥의 관계와 같다는 것이다. 이 두 가지 관계가 구조적으로 연결될 수 있는 것은, 이들이 같은 방식으로 자기모순적인 한 그 모순 관계가 동일하다는 주장을 통해서이다. 레비스트로스는 이것이 잠정적이기는 하지만, 신화적 사고의 구조를 보여주는 것이라고 말한다. 이러한 독해과정을 통해 찾아낸 오이디푸스 신화의 의미를 레비스트로스는 다음과 같이 기술한다.

> 오이디푸스 신화로 돌아와서, 그것이 의미하는 바를 살펴보자. 인류가 자동지생적이라는 신념을 갖는 문화에서 신화는 이러한 이론과 실제로는 인간이 남녀의 결합에 의해 태어난다는 지식 사이에 만족할만한 전이를 찾을 수 없다는 것과 관련된다. 문제가 명백하게 해결되지는 않는다 하더라도, 오이디푸스 신화는 본래의 문제-하나로부터 태어나는가, 둘로부터 태어나는가?-를 파생된 문제-다른 데서 태어나는가, 같은 데서 태어나는가?-와 관계짓는 일종의 논리적 도구를 제공한다. 이러한 유형의 상관성에 의해 혈연관계의 과대평가와 혈연관계의 과소평가의 관계는 자동지생에서 벗어나려는 시도와 그것의 불가능성의 관계와 같다. 비록 경험이 이론에 모순된다 하더라도, 사회적 삶은 구조의 유사성에 의해 우주론을 정당화한다. 따라서 우주론은 진리이다.

이러한 과감한 추론에 관해서는 여러 가지 논란이 있을 수 있다. 신화의 분절된 단위를 추출하고 이를 배열하는 과정에서부터 그것을 통해 신화의 의미를 읽어내는 과정에 이르기까지 그는 거의 직관적인 수준의 가설을 제안하고 그것을 정당화시키려 한다. 신화에서 찾아진 신화소는 신화의 요소가 일정하게 반복된다는 것을 보여주는데, 이것은 야콥슨이 말한 병행과 유사한 것이다.[157] 이것은 일종의 시학의 문제인데, 레비스트로스는 이러한 시학의 문제를 넘어서 신화의 의미를 추론하는 데, 이러한 구조적인 반복을 활용하고 있다. 신화는 필연적으로 줄거리를 통해 의미가 전달되는데, 이러한 반복적인 요소를 시학이 아닌 의미론에 활용한다는 것은 기존의 의미론을 전적으로 해체하는 것이다. 그렇다면 줄거리는 아무런 의미가 없는가? 아마 그렇지 않을 것이다. 수많은 판본들을 참조하면서 그가 강조하는 종족학적 맥락은 이러한 줄거리 없이는 찾아질 수 없는 것이다. 더구나 레비스트로스는 신화를 시와 구분하면서, 나쁜 번역을 통해서도 신화적 가치가 유지된다는 점을 신화의 특징이라고 말한 바 있다.[158] 이것은 신화의 가치를 줄거리에 둔 것으로 볼 수 있는데, 이러한 줄거리를 해체하면서까지 신화의 의미를 찾아내는 것은 신화에 대한 또다른 논리, 다시 말해 또다른 신화를 만들어내는 것이다.

오이디푸스 신화의 분석을 통해 그가 말한 신화의 의미는 모순의 해결에 있다. 이러한 모순은 신화에 대한 종족학적 지식을 토대로 포착되는 것이며, 그 해결도 신화를 둘러싼 맥락에서 해결되는 것이다. 신화는 그 안에 모순을 담고 있으면서 아울러 사회적 삶에서의 모순을 해결하는 역할을 한다. 이러한 레비스트로스의 논리를 받아들인다면, 신화에는 어떤 모순과 그 모순과 같은 구조적 유사성을 갖는 다른 모순이 함께 존재하는데, 이러한 '함께'라는 상황은 그 모순을 모순으로 받아들이지 않게 하는 핵심적 역할을 한다. 이것은 신화가 어떤 내용의 줄거리를 가지고 있던, 이러한 구조적 동일성을 보여준다면 그 안에서 그 자체의 정당성을 획득할 수 있음을 주장한 것이다. 오이디푸스 신화를 통해 보여준 구조분석에

---

157 Jakobson, *Language in Literature*, pp. 82–83 참조.

158 Lévi-Stauss, op.cit., p. 210.

서 모순을 해결하는 중재의 역할까지 전개되는 논리가 다른 모든 신화에서 찾아질 수 있는지는 의문이다. 레비스트로스도 이러한 분석을 단지 보여주기 위한 하나의 사례임을 굳이 강조한 바 있다.[159] 그의 이론을 더욱 설득력 있는 것으로 받아들이려면, 그의 중재에 관한 논의를 살펴야 할 것이다. 그것은 단지 오이디푸스 신화뿐만 아니라, 여러 편의 신화에서 나타나는 구조적 관계를 통해서 드러나게 될 것이다.

3. 신화의 중재적 기능

그간 신화학자들의 관심 가운데 하나는 비슷한 줄거리를 갖는 여러 판본들을 어떻게 처리할 것인가였다. 때로는 판본들에 대한 가치평가를 통해, 더 낫고 못한 판본이 가려지기도 하였다. 그러나 구조주의적 관점에서 어떤 특권적인 지위를 차지하는 판본은 존재할 수 없다. 구조주의는 현상을 전체적으로 파악하므로, 이 세상에 존재하는 어떤 판본도 그 나름의 구조적인 위치를 차지하는 것으로 간주한다. 레비스트로스는 신화를 그것의 모든 판본들로 구성된 것으로 본다. 달리 말하면, 하나의 신화가 그러한 신화로 느껴지는 한 같은 것일 수 있다는 것이다. 심지어는 프로이드가 쓴 오이디푸스 신화에 관한 글도 오이디푸스 신화의 한 판본으로 간주될 수 있다는 것이다.[160]

이러한 전제를 바탕으로 할 때, 신화의 구조분석은 그것의 모든 변이들을 고려하여 이루어져야 한다. 가령 테베 판본의 모든 알려진 변이들을

159 Ibid., p. 213.

160 Ibid., p. 217.

이하 판본들 간의 구조적 관련성에 대한 레비스트로스의 논의는 ibid., pp. 217-231 참조.

분석한 뒤에는 다른 판본들도 같은 방식으로 분석해야 하는 것이다. 이를 통해 여러 개의 2차원적인 도면들을 얻을 수 있는데, 이들은 각각 하나의 변이를 다루는 과정에서 3차원적인 질서로 조직된다. 이것을 레비스트로스는 다음과 같은 그림을 통해 보여준다.

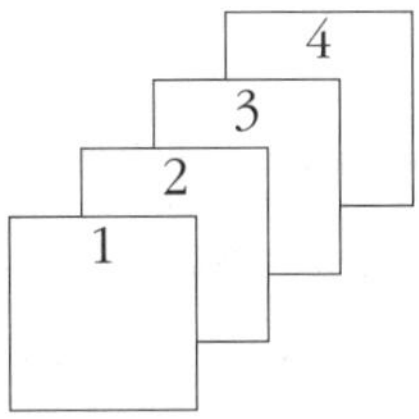

〈표 29〉 변이들의 3차원적 구성

이를 통해 신화의 변이들을 읽는 세 가지 독해, 즉 왼쪽에서 오른쪽으로, 위에서 아래로, 그리고 앞에서 뒤로(혹은 뒤에서 앞으로)의 독해가 가능함을 알 수 있다.

이 그림에서 겹쳐진 도면들이 죄다 동일할 것을 기대할 수는 없다. 관찰되는 차이가 다른 차이들과 어떤 상관관계를 갖는다는 것은 경험적으로 파악될 수 있으므로, 전체에 대한 논리적 접근은 단순화로 나아가게 되고, 결국은 신화에 대한 구조적 법칙이 도출된다. 하나의 종족에 속하는 한 신화의 변이 하나에 대한 구조분석은 단지 두 개의 차원만을 요구하지만, 같은 종족의 같은 신화의 여러 변이들을 사용한다면 지시의 틀은 삼차원적이 되고, 비교를 확대해나가면 그 차원들의 숫자 역시 늘어나게 되어, 결국은 직관적으로 파악하기 힘든 데까지 이르게 된다. 레비스트로스는 이러한 신화의 변이를 분석하는 실제의 예를 보여준다.[161] 이러한 분석을 통해 그는 한 신화의 모든 알려진 변이들을, 두 개의 변이들이 전도되면서도 대칭적인 관계로 각각의 극점에 위치하는 일종의 치환 집단을 형성하는 집합으로 조직해낸다. 다시 말해 줄거리를 양항대립이라는 구조적 관계로 환원시키면서, 이들 대립항들이 다른 대립항들과 서로 치환될 수 있는 가능성을 열어놓음으로써, 신화에서 일어나는 여러 변이들을 구조적으로 해명하고자 한 것이다.

신화적 사고에서 핵심적으로 간주되는 중재의 논리적 과정 역시 이로부터 파생된다.

한 마디로 중재란 해결될 수 없는 대립을 그보다 좁은 대립에서의 해결을 통해 해결하는 것이다. 레비스트로스는 이를 아메리카 신화의 트릭스터 형상을 통해 다음과 같이 설명한다.[162] 왜 북아메리카 어디든 그의 역할은 실제적으로 코요테이거나 갈가마귀에 할당되는가? 신화적 사고가 언제나 대립의 인식에서 그것의 해결로 나아가는 것임을 유념하면, 이러한 선택의 이유는 명백해진다. 우리는 단지 어떤 중재도 없는 두 개의 대립항들이 언제나 중재자로서의 제 3항을 허용하는 두 개의 등가적 항목들에 의해 대체되는 경향이 있다는 것을 가정할 필요가 있다. 그리하여 양극의 항들 중 하나와 중재자는 새로운 삼 항으로 대체되는 것이다. 레비스트로스는 이러한 중재과정의 구조를 다음과 같이 도식화시켜 보여준다.

첫 번째 양항	**첫 번째 3항**	**두 번째 3항**
삶		
	농경	
		초식동물들
		죽은 고기를 먹는 동물들 (갈가마귀, 코요테)
	수렵	
		맹수들
	전쟁	
죽음		

〈표 30〉 아메리카 신화의 중재 구조

이에 대한 레비스트로스의 설명을 따라가 보자.[163]

첫 번째 양항으로 제시된 삶과 죽음의 대립에는 중간적인 항이 없다. 그런데 이러한 대립항은 죽임에 의해 삶을 도모하는 경제활동들과 동질화된다. 농경은 식물을 생산함으로써 삶을 도모하는 것이고, 경작은 결국 곡물을 죽인다는 점에서 죽음에 참여하는 것이다. 이것은 자신이 스스로 생산하지 않은 살아있는 것, 즉 우리 자신처럼 생생하게 살아있는 동물을 죽임으로써 삶을 유지하는 수렵과는 대립되는 것이다. '수렵/전쟁'의 대립에도 또다른 대립이 덧붙여진다. 전쟁이란 추적과 살해를 포함한다는 점에서 수렵과 같은 것이지만, 삶을 단지 간접적으로만 유지시키며, 또한 인간의 삶을 빼앗음으로써 더욱 심각한 형태의 죽음을 생산하는 것이다. 이러한 경제활동의 삼 항을 동물의 경제활동과 비교할 수 있다. 초식동물은 비록 식물을 기르지는 않지만, 이들을 거두어 먹는다는 점에서 일종의 농경을 하는 셈이다. 맹수는 그가 먹는 것을 죽인다는 점에서 사냥꾼과 같지만, 이들이 사람을 죽일 수 있다는 점에서 전사와 약간 비슷하다. 이러한 두 극단의 중간쯤에 죽은 고기를 먹는 동물들이 위치하는데, 이들이 살을 먹는다는 점에서 맹수와 같지만, 그들이 먹는 것을 죽이지 않는다는 점에서는 초식동물과 같기도 하다.

중재의 논리는 이러한 트릭스터뿐만 아니라, 같은 신이 모순되는 특성 다시 말해 선하고 악한 특성을 동시에 갖는 경우에서도 찾아진다.[164] 레비스트로스는 샬라코의 기원을 갖는 호피 신화의 변이들을 비교하면서 다

---

161 Ibid., pp. 219–223.

162 Ibid., pp. 224–225 참조.

163 중재과정에 대한 설명은 Eric Csapo, *Theories of Mythology*, Blackwell, 2005, pp. 227–228 참조.

164 Lévi-Strauss, *Structural Anthropology*, pp. 227–228.

음과 같은 도식을 제시한다.

$$(\text{마사우우}:x) \simeq (\text{무잉구} \simeq \text{마사우우}) \simeq (\text{샬라코}:\text{무잉구}) \simeq (y:\text{마사우우})$$

여기서 x와 y는, 신인 마사우우가 두 번째 변이에서처럼 다른 신과 결합하기보다는 단독으로 나타나거나 세 번째 변이에서처럼 아예 나타나지 않는 것과는 달리, 두 개의 '극단적인' 변이들에서는 아직도 내재적으로 상대적인 가치를 갖는다는 사실에 상응하는 자의적 가치들을 나타낸다. 첫 번째 변이에서는 마사우우는 인간을 돕는 것으로 나타나고, 네 번째 변이에서는 인간에게 해로운 것으로 나타난다. 그러니까 그의 역할은 여기서 x와 y로 드러나는 특별히 정해지지 않은 그저 가능한 또 다른 역할과의 대조에 의해 규정된다. 두 번째 판본에서 무잉구는 상대적으로 마사우우보다 더 인간에게 이롭게 나타나며, 세 번째 판본에서는 샬라코가 무잉구보다 더 이로운 것으로 나타난다. 이러한 형식의 연결은 다른 변이들에서도 찾을 수 있다.

레비스트로스는 이러한 변이들의 전체적인 연결을 일종의 치환 집단으로 조직화하면서, 그것의 법칙을 다음과 같은 도식으로 제시한다.[165]

$$F_x(a):F_y(b) \simeq F_x(b):F_{a^{-1}}(y)$$

이에 대한 레비스트로스의 설명을 그대로 옮겨보자.

여기서 a와 b라는 항목은 그것의 기능으로서 x와 y를 갖는다. 항목과 관계들 간의 전

165 Ibid., p. 228.

> 도에 의해 각각 정의되는 두 개의 상황들 사이에 등가의 관계가 존재하는 것으로 가정되는데, 이는 다음 두 조건 아래에서이다. (1)하나의 항목이 그것의 대립항에 의해 대체될 때(이 도식에서는 a와 a_{-1}) (2)두 요소들의 기능가치와 항목가치 간에 전도가 일어날 때(이 도식에서는 y와 a)

레비스트로스의 난해한 설명에서 핵심은 대체와 전도라 할 수 있다. 중재가 일어나고 그 과정에서 대체와 전도가 일어나는데, 이것이 하나의 상황을 구조적으로 같으면서 또한 변화된 상황으로 유도한다. 위의 도식은 한마디로 a와 결합된 x가 y와 결합된 a_{-1}로 가는 과정을 보여준다. a가 a_{-1}이 된 것은 대체인데, 그럼에도 불구하고 a_{-1}의 자리에 y가 들어선 것은 전도라 할 수 있다. 이 과정에서 중재가 일어난다. y와 결합된 b가 또한 x와 결합됨으로써, b는 x와 y를 중재하는 중재항이 된다. b의 중재를 통해 생겨난 새로운 상황은 처음 a와는 반대되는 a_{-1}이 등장하지만, 그것이 새롭게 만들어진 구조 안에 위치지어짐으로써, 단순히 반대의 상황이 아닌 이미 존재하는 구조를 한 차원 넘어선 새로운 상황이 된다.

레비스트로스는 이러한 신화의 분석을 통해 다음과 같은 결론에 다다른다.[166]

신화에서 반복의 기능은 매우 중요하다. 신화를 공시적으로 읽어야 될 통시적 시퀀스들로 조직화할 수 있는 것은 그것이 갖는 공시-통시적 구조 때문이다. 이 때문에 신화는 판들이 겹쳐진 구조로 나타나는데, 이러한 판들이 절대적으로 동일한 것은 아니다. 신화의 목적이 모순을 해결할 논리적 모형을 제공하는 것이기 때문에, 이론적으로 무수히 많은 판들이 생성될 수 있으며, 이들은 조금씩 달리 나타나게 된다. 신화는 그것을 생

---

166 Ibid., p. 229.

산한 지적인 충동이 고갈될 때까지 나선형적으로 성장한다. 이때, 그 성장은 지속적인 과정인 반면, 그것의 구조는 단절적인 것으로 남아있다.

이러한 레비스트로스의 신화에 대한 분석은 일반적으로 설화에서 중요하게 말하는 줄거리에 대한 것이 아니다. 일반적으로 서사학에서 가장 먼저 다루어지는 줄거리 안에서의 분절 단위들 간의 필연적인 관계는 레비스트로스에게는 관심 밖의 영역이다. 한마디로, 레비스트로스에서 신화의 서사적 특성은 그다지 중요하지 않다. 신화적 사유를 드러내는 새로운 논리는 이러한 서사성을 넘어서 언어, 제의, 음식, 의상 등과 같은 문화의 여러 영역에서 두루 찾아질 수 있는 것이다. 이는 신화를 통해 문화 전반의 논리를 찾아내기 위한 레비스트로스 나름의 해체 전략이라 할 수 있다. 서사에 대한 해체, 이것이 레비스트로스의 신화학에서 찾아지는 가장 중요한 해체론적 함의인 것이다.

4. 레비스트로스 신화학의 해체론적 함의

레비스트로스의 신화학에서 해체론적 함의는 그가 구상하고 그려낸 구조의 모습을 통해 추론해낼 수 있다. 그러한 구조 속에서 설화나 신화 혹은 서사와 같은 범주는 큰 의미를 지니지 않는다. 그러한 것은 모두 구조를 기술하는 메타언어 안에서 상대화되어 기술되기 때문이다. 이러한 그의 방법 자체가 기존의 본질적 범주에 대한 해체를 보여주는 것이며, 따라서 새로운 언어를 창조하는 담론의 한 실천으로 나아간다고 말할 수 있다.

그는 구조주의자로서 모든 현상을 구조화시키려 한다. 신화 역시 이러한 구조화되어 기술될 대상이다. 그러한 관점에서 이 세상에 구조화될 수 있는 것과 구조화될 수 없는 것과 같은 구분은 존재하지 않는다. 앞서 말했듯, 프로프가 문학적 연구나 역사적 연구의 영역으로 간주했던 설화의 인물이나 형상들도 레비스트로스의 입장에서는 구조화되어 파악될 대상이다. 이는 파롤이 아닌 랑그만을 언어학의 연구대상으로 삼은 소쉬르의 관점을 그대로 이어받은 것이다.

그런데 이러한 구조는 단순히 현상을 추상화시킨 것도, 선험적으로 이미 존재해왔던 것도 아니다. 당연하게도 레비스트로스가 출발점으로 삼은 것은 수없이 많은 신화 텍스트들 자체이다. 그가 어떤 연역적인 사유를 통해 텍스트의 의미를 규정하려했든, 그가 텍스트 자체에 대한 독해를 가장 우선적으로 하려 했던 것은 엄연한 사실이다. 그는 먼저 신화를 읽고 이해하고자 하는 데서 모든 논의를 출발한다. 이 점은 프로프와 다른 점이다. 프로프 역시 일정한 범주의 마법담을 읽는 데서 시작했지만, 그가 생각한 것은 이러한 마법담의 유형이 갖는 공통적인 구조이다. 다시 말해 형태론이 그려낸 추상적인 형식들을 염두에 두고 프로프는 설화의 텍스트를 읽은 것이다. 그러나 레비스트로스는 오이디푸스 신화의 분석에서 보았듯, 분절과 새로운 배열 그리고 그러한 배열에 따른 의미의 생신이라는 과정을 통해 형태론을 넘어서 의미론의 영역에 진입하려 한다.

그러나 이러한 의미론이 완결된 신화의 우주를 구성하는 데 이르지는 않는다. 레비스트로스는 우리가 일상생활에서 쉽게 찾아낼 수 있는 경험적 범주들을 어떻게 논리화시킬 것인가에 관심을 갖는다. 그는 『신화학 1』의 서문에서 그 저술 목적을 분명히 밝힌다.

> 민족지적인 관찰을 통해 정확히 정의할 수 있고 각 특수한 문화의 관점으로도 이해할 수 있는, 날것과 익힌 것, 신선한 것과 부패한 것, 젖은 것과 태운 것 등등의 경험적인 범주들이 어떻게 추상적인 개념에 적용될 수 있고, 개념도구로 사용될 수 있으며, 명제로 연관시킬 수 있는지를 증명하려는 것이 이 책을 쓰는 목적이다.[167]

경험적인 데서 출발한다는 것은 그의 구조의 개념이 고정된 틀거리에 머물지 않음을 말한다. 이 세상에 존재하는 복잡한 현상들은 경험의 대상들이며, 그러한 데서 우리는 직관적으로 몇몇의 논리화를 위한 도구들이 숨어있음을 간파할 수 있다. 하나의 실마리를 통해 수많은 실타래를 이끌어내듯이, 하나의 구조를 기술하면 그러한 구조가 수많은 다른 현상들을 기술할 수 있는 하나의 토대가 된다. 하나의 신화 텍스트를 읽으면서 그것을 다른 판본들과 관련시킬 때, 이러한 구조화는 하나의 역동적 움직임으로 나타난다. 레비스트로스가 자주 쓰는 대체와 변형은 이러한 움직임을 설명하는 용어이다.

그가 참조신화[168]라고 말하는 어떤 신화에서 출발하여, 다른 신화에 대한 기술로 나아가는 과정에서 이러한 구조적인 원칙은 일관적으로 적용된다. 그가 어떤 신화를 접했을 때, 그 신화는 종래의 신화 텍스트에 부여했던 원전이나 원형과 같은 특권적 지위를 차지하는 텍스트가 아니다. 어쩌면 그것은 우연히 선택된 것일 수도 있고, 또 그러한 우연이 잘못된 것이라 할 수도 없다. 왜냐하면, 모든 구조는 앞서 존재했던 것이 아니라, 지금부터 만들어지는 것이기 때문에, 특권적인 지위의 텍스트가 미리 존재해있을 수 없기 때문이다.[169]

---

167 레비스트로스, 『신화학 1』, p. 93.

168 Ibid.,p.94.

169 데리다 역시 이 점에 주목하여 레비스트로스의 구조론이 갖는 해체론적 함의를 기술한 바 있다. 그는 여기서 "브리콜라주의 신화시적*mythopoetical* 힘"을 재발견한다. 하나의 중심, 주체, 특권적인 지시체, 기원, 혹은 절대적 아르케*arché* 에 대한 참조의 회피를 통해, 레비스트로스에서 신화는 통일성이나 절대적 기원을 갖지 않게 된다는 것이다. 데리다는 이러한 신화시적 기능이 중심의 철학적이고 인식론적인 요구를 신화적, 다시 말해 역사적 환상으로 나타나게 함으로써, 해체를 실천한다고 보는 것이다.

Jacques Derrida, "Structure, Sign, and Play in the Discourse of the Human Sciences", (eds.) Richard Macksey & Eugenio Donato, *The Languages of Criticism and the Sciences of Man*, The Johns Hopkins Press, 1970, pp. 256–258.

많은 부분 그의 구조의 생성에는 직관이 중요한 역할을 한다. 하나의 신화 텍스트로부터 시작하여 그 주변의 유사한 판본들, 그리고 그것을 둘러싼 민족지적인 지식들이 의미의 생성을 위해 대기하고 있다. 그것은 아주 불안정한 것이며, 곧 정리되어야 할 것인데, 그러한 작업을 레비스트로스는 "계속적 또는 체계적으로 요소들을 총체적 합으로 모으는 일이 없이 성운처럼 서서히 진전"[170] 시킨다. 그러기에 그의 작업은 시작도 끝도 없다. 혼란 속에서 어떤 질서가 만들어지고, 그것을 기술하는 과정이 곧 그의 신화학이다. 여기에서 드러나는 것은 신화가 스스로 그 자체의 논리를 생성해나가는 과정이다.

결론 삼아, 그의 신화학에서 중요한 해체론적 함의를 요약해보자.

그의 신화학에서 서사는 해체된다. 그에게 중요한 것은 더 이상 서사가 아니다.

또 그의 신화학에서는 실체나 본질들이 모두 구조화되어야 할 대상으로 해체의 운명에 놓인다. 그것은 경험적인 범주들로서 구조가 생성되기 위한 하나의 토대가 된다.

그의 신화학에서 따라서 구조는 언제나 변화하는 것이며, 또한 만들어지는 것이다. 경험과 직관을 통해 이러한 구조가 파악되며, 그것이 서서히 세상의 질서를 만들어나간다. 그것은 현실을 모사하는 구조가 아니라, 그것 넘어서에 존재하는 또다른 질서를 보여주는 새로운 구조이다. 그것은 가령, 갈등과 모순이 중재를 통해 해결되는 하나의 드라마가 실현되는 세계이며, 오로지 신화적 사유를 통해서만 다가갈 수 있는 세계이다. 그것은 현실을 그대로 지시하는 형이상학적 언어로는 기술될 수 없는 세계이기에, 그것을 기술하기 위한 전혀 다른 언어가 준비되어야 한다.

---

170 레비스트로스, 『신화학 1』, p. 95.

그것은 기존의 언어를 숙주로 해서 생성되는 해체론적 언어인데, 성운처럼 확산되는 의미들의 그물을 그려내기 위해, 레비스트로스가 사용한 언어가 바로 이러한 언어가 아니겠는가?

4장
의미론적 우주의 완성:
그레마스의 구조의미론

1. 설화학과 의미론

프로프가 설화를 대상으로 형태론을 구축하려 했다면, 레비스트로스는 신화를 대상으로 문화의 일반적 법칙을 기술하려 했다. 그렇다면, 그레마스는? 프로프를 설화학자, 레비스트로스를 신화학자라 한다면, 그레마스는 어디까지나 의미론자이다. 그렇다면, 설화학의 의미론적 우주를 구축하는 과정에서 그레마스의 의미론이 갖는 역할은 무엇인가? 설화학에서 말하는 서사성은 이러한 의미론에 어떻게 연루되는가? 이에 대한 해답을 얻기 위해 먼저 그레마스가 생각하는 의미론이 무엇인지 살펴볼 필요가 있다.

의미론이란 말할 것도 없이 의미작용을 다루는 이론을 말한다. 그레마스는 의미론의 목적을 하나의 의미작용의 총체로 간주되는 어떤 자연언어를 기술하기 위한 필요적이고도 충분적인 개념적 방법들을 만들어내는 것이라고 한다.[171] 이러한 의미론은 그러나 언어학에서 여러 가지 난관에 부딪힌다.[172] 언어학자들이 의미작용에 관해 말하기를 주저하는 것이다. 그러기에 의미론의 연구는 다른 언어학 분야에 비해 뒤늦게 시작되었다. 역사언어학이나 구조언어학에서도 의미론은 음운론이나 문법론 이후에야 논의되기 시작한다. 그 이유는 무엇보다도 의미론이 다루고자 하는 '의미' 혹은 '의미작용'이 갖는 근본적인 모호함 때문일 것이다. 그것은 방법론을 정립하는 데 혹은 그 대상의 구성요소들을 정의하는 데 결정적으로 작용한다. 가령, 음소의 한정된 목록과 그것의 분절적 자질은 음성학과 음운론을 발전시키는 데 결정적 역할을 한다. 그러나, 의미론에는 그러한 것이 없었다. 전통적으로 의미론의 대상을 정의하는 데 거칠게 '심리적 실체'라는 말이 쓰였는데, 이것은 의미론을 심리학이나 사회학과 혼동하게 하는 결과를 낳았다. 심지어 행동심리학에 의존한 언어학에 이르면, 블룸필드와 같이 '의미를 갖는 것이 음성적 형식'이라든지, '의미에 대해 알 수 있는 것은 아무 것도 없다'와 같은 명제를 낳기도 했다.

그러나 이에 대한 그레마스의 입장은 분명하다. 만일 의미론이 자연언어를 연구대상으로 하는 것이라면, 그것의 기술은 소쉬르가 말한 기호학, 즉 의미작용을 다루는 폭넓은 학문의 한 부분이 되어야 한다는 것이다.[173] 그가 자연언어를 "의미작용의 총체"라고 하였을 때, 그것은 소쉬르가 말한 기표와 기의의 결합을 말하는 것이다.[174] 구조적 관점에서의 의미론은 따라서 기표와 기의로 이루어진 기호들의 세계, 그러한 기호들의 결합에 의해 생성된 의미론적 우주를 다루는 것이다. 의미론적 우주가 닫혀진 것으로 지각된다는 것은 그것이 가령 기호와 대상들 간의 관계나 아니면 기호 바깥에 존재하는 지시대상을 의미작용에 참여시키지 않는다는

---

171 A.J.Greimas, *Sémantique structurale*, p. 13.

172 의미론이 갖는 여러 가지 난관에 대해서는 ibid., pp. 6-8 참조.

173 Ibid., p. 5.

174 Ibid., p. 7.

것을 말한다.[175] 만일 기호가 대상과 직접 지시관계로 엮인다면, 앞서 말한 의미론의 난감한 문제들, 다시 말해 의미론의 대상을 모호한 '심리적 실체'와 같은 것으로 보는 문제들이 다시 떠오를 것이다. 이에 대해 그레마스는 자연언어 안에 포함된 의미작용들을 비언어학적인 의미작용의 총체들로 전환시키려는 것은 비실제적인 시도일 뿐이며, 한 마디로 "꿈 같은" 일이라고 못박는다.[176] 그리하여 그레마스는 과학적인 의미론, 기표와 기의의 결합을 통해 전체적인 체계가 부감될 수 있고, 그러한 체계 안에서 다양하게 일어나는 의미작용을 기술할 수 있는 방법론적 언어를 고안하려 한다. 그가 하나의 거친 발상이라고 말하면서 제안한 의미생성의 행로는 그가 구상한 의미론적 우주가 무엇인지를 분명히 보여준다.

2. 의미생성의 행로

그레마스가 제시한 생성행로는 심층에서 표층에 이르기까지 다음과 같은 세 단계에 걸쳐 있다.[177]

> 1) 심층구조들은 개인과 사회의 기본적인 존재양식 그리고 결과적으로 기호학적 대상의 존재 조건들을 정의한다. 우리가 아는 한, 심층구조들의 본질적 구성요소들은 정의될 수 있는 논리적 위상을 갖는다.
>
> 2) 표층구조들은 발현에 민감한 내용들을 담화적 형태들로 정리하는 기호학적 문법 체계를 구성한다. 이러한 체계의 최종 산물들은, 이들이 이론적으로 어떤 실체 안

175 Ibid., pp. 13–14.

176 Ibid.

177 Greimas, *Du sens*, pp. 135–136.

에서, 그리고 언어학적 대상들의 경우에는, 어떤 언어 안에서 나타날 수 있는 한, 이들을 발현하는 표현으로부터 독립적으로 나타난다.

3) 발현의 구조들은 기표들을 생산하고 조직화한다. 이들이 보편소처럼 보이는 것들을 포함할 수 있다 하더라도, 어떤 주어진 언어 혹은 어떤 주어진 사물들에 특수한 것으로 남아있다. 이들은 어휘소, 형상, 빛깔 등의 표층 문체론에 의해 연구된다.

이미 앞서의 시학에 대한 논의에서 발현의 구조에 대한 언급이 있었다.[178] 이러한 시학의 영역으로 간주될 수 있는 발현의 구조 역시 그레마스의 의미론적 행로의 한 단계로 존재한다. 다시 말해, 그레마스에게 시학은 일종의 의미론적 시학이라 할 수 있다. 여기서는 이러한 시학과 연결되면서 또한 분절되는 지점으로부터 시작하는 기호-서사적 구조에 관해 살펴보기로 한다. 의미의 본질적 구조가 드러나는 심층구조로부터 행위항들 간의 관계와 서사의 변형이 드러나는 표층구조에 이르는 과정에서 의미론을 통어하는 여러 가지 통사론적 관계들이 밝혀질 것이다. 이러한 과정에서 앞서 말한 프로프와 레비스트로스의 설화학적 패러다임들이 해체되거나 새롭게 재구성되는 양상들이 드러날 것이다.

1) 심층구조

그레마스는 생성행로의 가장 심층에 의미작용의 본질적 구조를 설정한다.[179]

의미작용의 총체로서의 우주 혹은 기호학적 체계로서의 의미작용을 일단 S라 할 때, 의미론적 축으로서의 그것은 그와 모순되는 $\bar{S}$를 갖는다.

---

178 앞서 논의에서는 이를 Gremas & Courtés, op.cit.에 따라 '담화구조'라 하였으나, 결국 같은 내용을 지칭하는 것이다.

179 의미작용의 본질적 구조에 대한 논의는 Greimas, *Du sens*, pp. 136-142 참조.

당연히 $\overline{S}$는 S가 갖는 의미를 결핍한다.

만일 S의 의미론적 축(내용 실체)이 내용 형식의 층위에서 두 개의 모순적인 의소[180]들로 분절되어,

$$s_1 \longleftrightarrow s_2$$

와 같이 나타날 때, 이들 두 의소들은 그와 분리된 모순적인 항목들을 다음과 같이 이끌어낸다.

$$\overline{s_1} \longleftrightarrow \overline{s_2}$$

이러한 의소 분절이 이루어지면, S는 s_1과 s_2를 결합하는 복합적인 의소로 재정의되며, 이접와 연접의 이중적 관계 안에서 의미의 본질적 구조가 다음과 같이 나타난다.

---

180 '의소'란 야콥슨이 말한 변별적 자질을 의미작용에 적용하여 그레마스가 도출해낸 개념이다. 가령 /b/와 /p/를 구분하는 자질로, 유성성을 든다면, 이를 다음과 같이 도식화할 수 있다.

/b/(유성성) r /p/(무성성)

이것은 다음과 같은 일반적인 도식에서 나온 것이다.

A(s_1) r B(s_2)

이 도식을 의미론에 적용시켜 '소녀'와 '소년'의 관계를 살피면 다음과 같은 도식이 나온다.

소녀(여성성) r 소년 (남성성)

여기서 '소녀'와 '소년'을 의미론적으로 구별하는 자질, 즉 '여성성'과 '남성성'이 바로 그레마스가 말한 의소이다.

Greimas, *Sémantique structurale*, pp. 22–23.

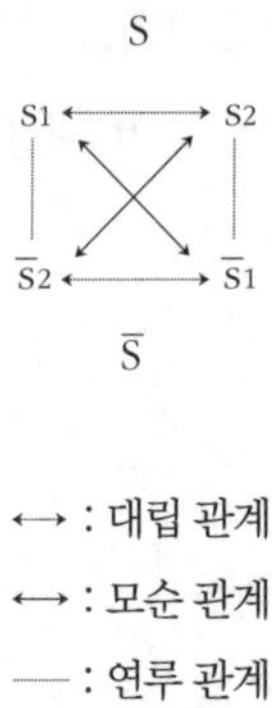

〈표 31〉 의미의 본질적 구조를 드러내는 기호사각형

그레마스는 이러한 기호사각형의 모델이 몇 가지 정의되지 않은 개념을 사용한다고 말한다. 하나는 구조적 관계를 해석하는 데 필요한 연접과 이접의 개념이고, 다른 하나는 두 가지 유형의 이접, 즉 대립의 이접과 모순의 이접이다.

기호사각형은 이러한 분류론적인 배치뿐만 아니라, 항목들 간에 작동하는 통사론적 작용을 내포하는 것이기도 하다. 이러한 작용은 어떤 방향을 향해 이루어진다.[181] 앞서의 의소항들은 다음과 같은 두 개의 가능한 변형으로 나타날 수 있다.

$s_1 \Rightarrow \overline{s_1}$ 혹은 $\overline{s_1} \Rightarrow s_1$

한편 두 개의 도식으로 이루어진 기호사각형에서 이들 간의 논리적 선후관계를 따지면, 방향성을 갖는 작용은, 첫 번째 도식, $s_1 \Rightarrow \overline{s_1}$ 혹은 $\overline{s_1} \Rightarrow s_1$ 으로 시작하거나, 두 번째 도식, $s_2 \Rightarrow \overline{s_2}$ 혹은 $\overline{s_2} \Rightarrow s_2$ 으로 시

181 통사론적 작용들의 방향성에 대해서는 Greimas, *Du sens*, p. 165 참조.

작할 수 있다.

이러한 상대적 관계를 토대로 본질적 구조에 작용하는 통사론적 작용을 정리하면 다음과 같다: 가령 항목 s_1을 부정하면서 동시에 항목 $\bar{s}_1$를 긍정하는 모순작용에, 항목 $\bar{s}_1$에 참여하면서 동시에 새로운 항목 s_2를 불러일으키는 새로운 전제 작용이 뒤따른다. 통사론적 작용은 방향성을 가질 뿐만 아니라, 논리적 연결까지 갖게 됨을 보여주는 것이다.

이러한 기호사각형은 항들 간의 새로운 결합을 통해 또다른 범주적 항들을 생성시킬 수 있다.[182] 이것은 기호사각형이 응용되어 본질적 구조의 또다른 모습으로 생성되는 과정을 보여준다. 기호사각형에서 대립항들 사이의 두 가지 관계들(대립항들의 축과 하위대립항들의 축)과 연루항들 사이의 두 가지 관계들(긍정적 연루항들의 축과 부정적 연루항들의 축)이 새롭게 지각된다. 기호체계가 위계적 관계로 이루어지는 것이라면, 이러한 항들 간의 관계에서 생겨난 또다른 항은 그 이전의 항에 비해 위계적으로 우월한 위치를 차지한다. 이 경우, 대립의 두 관계들은 그들 간에 모순의 관계로 진입하고, 연루의 관계의 두 항은 그들 간의 대립관계를 정립한다. 그레마스가 든 유명한 예가 바로 진위판정의 기호사각형이다.

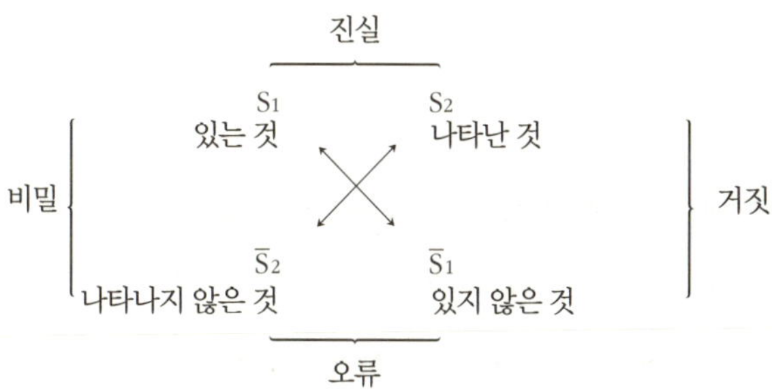

〈표 32〉 진위판정의 기호사각형

182 Greimas & Courtés, op.cit., p. 310.

여기서 진실과 오류는 모순적 메타항인 반면, 비밀과 거짓은 대립적 메타항이다.

그레마스는 이외에도 항들 간의 결합을 통해 복합적인 범주적 항들이 생성되는 기호사각형의 또다른 응용사례를 보여준다.[183] 이때의 범주적 항들은 대립항들 간에 "-이면서 -인" 관계가 세워지면서 나타나는 복합적이고 중립적인 항들로 나타난다. 복합적인 항은 대립의 축에 있는 항들의 결합(S_1+S_2)으로 나타나는 반면, 중립적인 항은 하위대립의 축의 항들 간으로 결합($\bar{S}_1+\bar{S}_2$)에서 나온다. 이들 두 항들 가운데 어느 것이 주도적인가에 따라, 어떤 자연언어에서는 긍정적인 복합적 항들과 부정적인 복합적 항들이 생산될 수도 있다.

그레마스에게 기호사각형은 의미론적 우주의 가장 기본적인 모델로서, 모든 의미작용을 관장하는 것으로 간주된다. 그러나 그것은 단순한 네 항목 간의 관계만을 보여주는 것은 아니다. 항목들은 어떤 방향을 가지고 움직이는 작용 안에서 역할을 한다. 단순히 형태론적일 뿐 아니라, 통사론적이기도 하다. 이것이 서사성과 연결되는 지점이다. 기호사각형을 통해 설화 텍스트를 기술할 때, 그것은 심층적인 설화의 문법을 기술하는 것이다. 그레마스는 이러한 서사의 심층 문법의 특징을 다음과 같이 요약했다.[184]

> 1) 서사문법은 분류론적 모델에 의해 제공된 본질적 형태론과 앞선 단계에서 서로 정의된 분류론적 항들에서 수행된 작용을 관할하는 기본적 통사론으로 이루어진다.
>
> 2) 서사적 통사론은 내용 가치들이 투여될 수 있는 항들에서 수행되는 작용들로 구성

183 Ibid., pp. 310-311.

184 Greimas, *Du sens*, pp. 165-166.

된다. 통사론은 따라서 이들 항들을 부정하거나 긍정함으로써 이들을 변형하고 조종하거나, 혹은 이들을 이접하거나 연접함으로써 같은 것에 이른다.

3) 통사론적 작용은 이들이 정립된 분류의 틀 안에 있기 때문에, 어떤 방향을 가지며, 예측이나 계측이 가능하다.

4) 이러한 작용들은 또한 질서 있게 연결되며, 작용적인 통사론적 단위들로 분할될 수 있는 과정들을 구성한다.

담화가 의미를 생성하는 것은 모든 자연언어에서 일반적인 현상이다. 의미생성의 행로 역시 의미작용이 일어나는 모든 곳에서 나타난다. 그 심층에 존재하는 이러한 서사문법은 모든 의미작용이 근본적으로 서사적인 형상으로 나타날 수 있음을 말하는 것이다. 설화라는 장르의 개념에서 벗어나 보편적인 설화학의 가능성이 이러한 의미론에서 생겨날 수 있는 것은 그레마스의 의미론이 기존의 본질적인 여러 범주들을 해체하는 지점에 있기 때문이다.

여기서는 그레마스가 든 사례를 통해 이러한 의미작용의 본질적인 구조가 설화성과 맞닿는 지점을 살펴보기로 하자.

그레마스는 레비스트로스가 제시한 문화 대 자연의 양항대립을 받아들여 성관계의 사회적 모델을 기호사각형으로 제시한다.[185] 여기서 문화는 허용된 관계를, 자연은 수용불가능한 관계를 포함한다. 허용된 관계는 달리 코드화되는데, 사회가 이를 결혼 관계의 규정을 통해 통제하거나, 아니면 그저 자연스러운 관계로 받아들인다. 이것이 문화에 해당하는 것이라면, 이와 대립되는 자연에 해당하는 것은 금지된 관계(근친상간 등)와 규정되지 않은 관계(결혼 아닌 관계)들이다. 그레마스는 이를 다음

185 Ibid., pp. 142-144.

과 같은 기호사각형으로 보여준다.

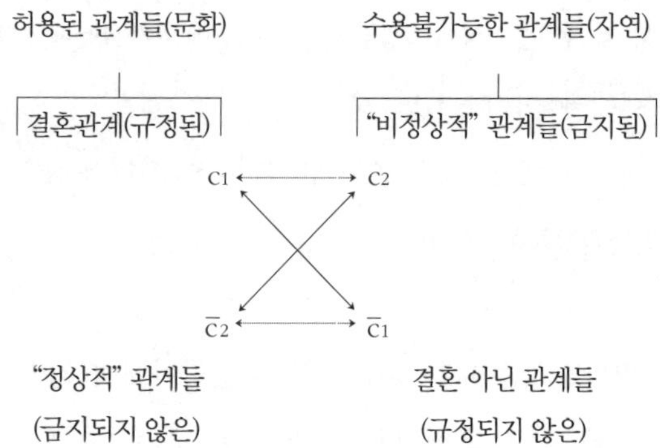

〈표 33〉 성관계의 사회적 모델

이러한 사회적 모델에 투여되는 내용은 절대 객관적인 것은 아니다. 가령 동성애가 영국 사회에서는 때로는 금지되지만 보로로족에서는 금지되지 않는다. 동성애는 대개 이성애만을 허용하여 결혼관계를 규정짓는 축과는 대립되는 축에 놓이지만, 사회에 따라 허용된 관계가 될 수도 있고 수용불가능한 관계가 될 수도 있다. 위의 기호사각형에서 한 쪽의 모순항들(c_1, $\bar{c}_1$)은 사회화된 성관계를 포함하고, 다른 쪽의 모순항들(c_2, $\bar{c}_2$)은 사회화되지 않은 성관계를 포함한다. 레비스트로스가 말한 친족관계는 이들 중 사회화된 성관계에 관한 것이다.

이러한 기호사각형은 성관계의 경제적 모델을 보여주는 기호사각형과 등가적인 것이다. 그레마스를 이를 다음과 같이 제시한다.[186]

185 Ibid., pp. 142–144.

186 Ibid., pp. 144–145.

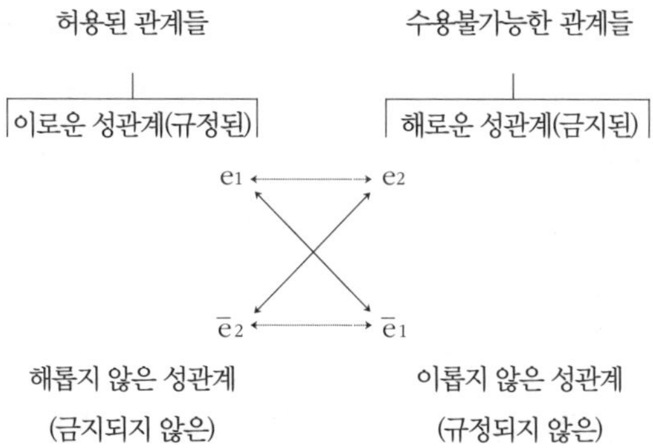

〈표 34〉 성관계의 경제적 모델

사회화된 성관계가 재물의 교환을 불러일으키는 한, 경제적 하위구조는 사회적 가치들의 체계의 사회화된 성관계에 부합하며, 이에 따라 다음과 같은 여덟 가지 가능한 관계들이 만들어진다.

결혼관계들	$c_1 \simeq e_1$	(이로운)
	$c_1 \simeq e_2$	(해로운)
	$c_1 \simeq \bar{e}_1$	(이롭지 않은)
	$c_1 \simeq \bar{e}_2$	(해롭지 않은)
결혼 아닌 관계들	$\bar{c}_1 \simeq e_1$	(이로운)
	$\bar{c}_1 \simeq e_2$	(해로운)
	$\bar{c}_1 \simeq \bar{e}_1$	(이롭지 않은)
	$\bar{c}_1 \simeq \bar{e}_2$	(해롭지 않은)

〈표 35〉 사회화된 성관계와 경제구조의 부합양상

이러한 그레마스의 설명에서 기호사각형은 하나의 동위소*isotopie*[187]를 통해 구성되며, 이러한 기호사각형은 다른 동위소를 통해 구성된 사각형과의 구조적인 관계를 통해 새로운 분류론적 항목을 만들어냄을 볼 수 있다. 레비스트로스가 신화의 판본들 간에 존재하는 구조적인 관련성을 찾아냈듯, 그레마스는 기호사각형들 간에 존재하는 다양한 구조적 관계들의 가능성을 탐색한다. 이것은 그레마스의 모델이 보다 보편적인 의미론적 우주를 전제하기 때문이며, 따라서 더 추상적으로 보이는 까닭이 된다.

그러나 다양하게 만들어진 분류론들이 단지 정태적인 항목의 배치에 머물지 않는다. 통사론적 작용이 이러한 항목들 간에 이루어지면서, 다양한 설화의 가능성이 실현된다. 가령 하나의 설화를 읽어가면서, 거기에서 분절된 의소들을 찾아내고 그것을 동위소를 통해 배열함으로써 하나의 기호사각형이 만들어질 수 있다. 가령 설화에서 주인공이 어떤 행위를 할 때, 그 행위는 상황을 변화시키는데, 그것이 곧 하나의 내용가치를 부정하고 다른 내용가치를 긍정하는 기호사각형의 작용으로부터 비롯된 것으로 가정된다. 설화의 어떤 인물이 근친상간을 범했을 때, 그것이 정당화되는가 하는 것은 설화의 차원에서 포착될 수 있지만, 심층구조에서 내용 가치는 이러한 인물들이 하는 행위와는 다른 차원에서 부정되거나 긍정되면서 가치론을 형성한다.

이러한 기호사각형은 의미생성 행로의 다른 층위에 지대한 영향을 미치는 것으로, 의미와 관련된 모든 분파된 학문의 영역에서 기본적인 틀로 사용된다. 이것은 기호사각형이 방법론적 도구로서 갖는 다양한 역할을

187 그레마스가 물리학과 화학에서 빌어와 사용하는 동위소는 발화-담화의 동질성을 보여주는 집합소들의 연결에서 만들어지는 반복성을 뜻한다. 적어도 둘 이상의 의소적 형상들이 결합되어 만들어지는 통합체가 동위소를 세우기 위한 최소한의 맥락이 된다. 그레마스가 사회적 모델이나 경제적 모델을 기호사각형을 통해 구성할 때, 이들 모델에서 의소들은 사회성이나 경제성의 형상을 갖고 있으며, 이러한 형상이 동일하게 기호사각형에 나타남으로써, 기호사각형의 정당성이 입증될 수 있다.
Greimas & Courtés, op.cit. ,p. 163.

시사하는 것이다. 그는 내용의 형식과 의소의 항들만을 고려하여 기호사각형을 다른 모양으로 제시하는데, 이것은 두 쌍의 범주들의 관계맺음, 즉 동질화된 모순들의 관계로 정의되는 상관관계 자체로 나타난다.[188]

$$\frac{S1}{\overline{S1}} \simeq \frac{S2}{\overline{S2}}$$

그레마스는 이러한 도식이 매우 널리 활용될 수 있다고 말한다. 가령 그는 레비스트로스의 오이디푸스 신화의 분석을 이러한 도식으로 정리했다.[189]

$$\frac{\text{/과대평가된 친족 관계/}}{\text{/과소평가된 친족관계/}} \simeq \frac{\text{/자동지생적인 인간 본성/}}{\text{/자동지생적인 인간 본성에 대한 부정/}}$$

이러한 도식은 또한 비교신화학의 방법으로 활용되기도 한다.

그레마스는 스칸디나비아 신화 '신들의 황혼'과 인도의 마하브하라타 신화가 갖는 유사성을 통해 그 구조적 관계를 밝힌다.[190] 두 이야기에서 모두 선과 악의 시대가 신이 개입한 다른 두 종류의 투쟁-하나는 정당하고 하나는 정당하지 않은-에 의해 펼쳐진다. 이것은 다음과 같이 도식화된다.

$$\frac{\text{/정당하지 않은 투쟁/}}{\text{/정당한 투쟁/}} \simeq \frac{\text{/더 나쁜 세계/}}{\text{/더 좋은 세계/}}$$

이러한 도식이 성립할 수 있는 것은 이들 두 신화가 여러 가지 공통된

---

188 Greimas, *Du sens*, pp. 137-138.

189 Ibid., p. 118.

190 Ibid., pp. 122-125 참조.

요소들을 갖고 있기 때문이다. 이들이 갖는 변별적 자질을 파악하기 위해서는 이러한 등가적인 도식이 바탕이 되어야 한다.

먼저, 양항대립

/더 나쁜 세계/ 대 /더 좋은 세계/

를 통해 그레마스는 새로운 양항대립을 도출한다. 세계를 만드는 도덕적 판단이 두 개가 아닌 세 개의 항을 포함하는 시간의 범주와 연결되어 있음을 추론하면서,

/과거/ 대 /현재/ 대 /미래/

의 대립을 이끌어내는 것이다.

또한 /선/ 대 /악/이 아닌 /더 좋은/ 대 /더 나쁜/이라는 상대적인 범주의 양항대립을 내세우는데, 여기에는 복합적인 제 3의 항이 포함된다. 이를 도식화시키면 다음과 같다.

/더 좋은/ ←――――→ /더 나쁜/

/긍정적/ 대 /복합적/ 대 /부정적/

여기서 복합적인 항은 현재가 과거 혹은 미래에 비추어 더 좋거나 더 나쁘다는 점을 감안할 때, 현재로 자리매김될 수 있다. 이러한 공통된 기반에서 인도 신화와 스칸디나비아 신화를 비교하면, 다음과 같은 도식이 만들어진다.

세계	부정적	과거	인도의 개념 (부정적·과거 / 복합적·현재)
	복합적	현재	
	긍정적	미래	스칸디나비아의 개념 (복합적·현재 / 긍정적·미래)

〈표 36〉양항대립을 통한 인도 신화와 스칸디나비아 신화의 세계관 비교

인도 신화와 스칸디나비아 신화 각각을 놓고 보면 한 범주에 포함된 세 개의 항이 모두 실현되지는 않는다. 그러나 이들 두 신화를 포함하여 전체적인 구조적 틀이 세워질 수 있으며, 그것은 보다 보편적인 의미작용의 모델을 보여준다. 이들 관계를 좀 더 상세히 살펴보자.

/정당한/ 대 /정당하지 않은/의 대립을 불러일으키는 /정당한 투쟁/ 대 /정당하지 않은 투쟁/의 대립은 등치 도식에서 고정된 요소처럼 보인다. 그러나 비교가 행해지면서 기의 안에서 보충적인 자질이 드러난다. /정당한/ 대 /정당하지 않은/의 대립으로 조직화되는 기의 /투쟁/이 두 신화에서 모두 찾아질 때, 투쟁을 교사하는 주동자를 결정하는 /선/ 대 /악/의 범주는 같은 방식으로 분포되지 않는다. 그레마스는 이를 다음과 같은 그림으로 보여준다.

인도

투쟁	정당하지 않은	교사자: 악
	정당한	교사자: 선

스칸디나비아

투쟁	정당하지 않은	교사자: 악
	정당한	교사자: 악

〈표 37〉 투쟁의 교사자의 구조적 자질의 차이에 따른 인도 신화와 스칸디나비아 신화의 비교

인도의 경우, 투쟁의 자질을 규정하는 두 개의 상관적 범주들의 대칭은 부분적으로 두 개의 가치 판단들-하나는 투쟁의 기원에 관한 것이고 다른 하나는 그것의 전개에 관한 것-사이의 구별을 부분적으로 위장한다. 다시 말해, 투쟁은 그것의 기원과 원인들에 관한 한 선하거나 악하며, 그것의 전개 즉 그것이 일어나는 방식에 관한 한 정당하거나 정당하지 않다. 한편, 스칸디나비아의 경우, 대칭은 깨어지고 투쟁은 그것이 공정하든 공정하지 않든 항상 악의 주동자에 의해 촉발된다. 인도신화에서 실현된 선과 악의 범주는 스칸디나비아 신화에서는 중립화되며, 이것은 무표화된 항 /악/에 유리하게 작용하는 것이다.

등치도식에 따른 그레마스의 비교신화학적 분석은 레비스트로스의 신화학에서 행해진 비교의 방법과 많은 차이가 있다. 그 비교가 주로 판본들 간에 이루어졌던 레비스트로스의 경우와는 달리, 그는 시공간적인 간격을 갖는 전혀 다른 신화들을 과감하게 비교한다. 또 동위소의 설정을 통한 내용의 분절은 각 신화가 드러내는 의미범주들을 보다 간명하게 드러낸다. 특히 프라그 학파가 제시한 유표성의 문제[191]를 통해, 양항대립에서 하나의 항이 문화적 맥락에 따라 그 가치가 달리 부여되는 양상들이 드러난다. 이것은 등치도식의 토대가 되는 기호사각형 역시 문화적 맥락에서 어떤 방향성을 구현하는 양상을 보여줄 수 있음을 말한다.

그레마스가 심층층위에서 의미작용의 본질적 구조로 설정한 기호사각형은 자연언어의 과학적 의미론을 기술하기 위한 기본적인 도구라 할 수 있지만, 실제로 언어로 기술될 수 있는 다양한 문화 현상에서 그것의 역동적인 의미작용을 기술하기 위해 얼마든지 활용될 수 있다. 심층구조는 하나의 심급으로서 표층구조라는 심급을 전제한다. 그레마스가 말한 의

191 유표성과 무표성에 대해서는 이 책, pp. 315–316 참조.

미생성의 행로에서 행로란 단순히 요소들 간의 방향을 갖고 선적으로 진행되는 배열뿐 아니라, 중간 영역을 거쳐 하나의 지점에서 또 다른 지점으로의 진행을 제시하는 역동적 작용이기도 하다.[192] 그레마스가 말한 표층구조에서 일어나는 의미작용을 통해 우리는 그가 기획한 의미론적 우주에서 서사성의 문제가 구체적으로 어떻게 정립되고 있는지를 살펴볼 수 있다.

2) 표층구조

심층구조에서 개념적 성격을 가졌던 심층문법이 형상성을 지닌 줄거리를 생산해내기 위해서는 바로 형상적인 재현으로 가는 것이 아니라, 중간적인 기호학적 층위에서 준인간적*anthropomophe* 재현을 거쳐야 한다. 그레마스는 바로 이러한 준인간적 층위를 표층적 서사문법이라 명명한다.[193] 심층구조에서는 단지 가치의 긍정이나 부정이 문제되었다면, 표층구조에서는 이러한 가치와 이러한 가치를 위해 실제로 행동하는 주체들이 나타나는 것이다. 심층구조에서의 작용이 다음과 같은 최소한의 형식을 갖는 표층구조의 서사 발화로 전환된다.

$$EN = F(A)$$

여기서 A는 행위항을 말하고, F는 그것이 하는 행동을 말한다. 그러나 이들이 어떤 형상을 띠는 것은 아니다. 가령, 프로프가 말한 행위영역에서의 '주인공'이 어느 정도 추상적으로 추론된 형태론적인 형상임을 살

192 Greimas & Courtés, op.cit., p. 347.

193 표층적 서사문법에 대해서는 Greimas, *Du sens*, pp. 166-183 참조.

핀 바 있지만, 그레마스의 표층구조에서 나타나는 주체들은 이보다 훨씬 철저하게 하나의 체계 안의 항으로 추상화된다. 그러나, 표층구조에서 준인간적 형태가 드러난다는 것은 거기에 심층구조에서의 논리적 특성과는 다른 서사적 특성이 부각될 수 있음을 말한다. 가령 심층구조에서의 '작용'이 전치되어 나타난 표층구조에서의 '행위'는 자연세계에서 일어나는 실제의 행위라기보다는 일종의 '언어학적 행위'라고 하는 것이 적절하다. 다시 말해 그것은 메시지 안에서 코드로 전화된 행위인 것이다.

여기서는 그레마스가 이러한 행위의 주체들을 어떻게 구조적인 체계 안에서 유형화시켰는가를 살피고, 이들이 행하는 언어학적 행위들이 구성하는 논리, 즉 서사문법을 기술해보기로 한다.

여기서 문제되는 것은 행위자*acteur*, 행위항, 그리고 행위항 모델이다.

가령, 심청이라는 인물이 있다고 하자. 그는 효심이 강한 착한 처녀이다. 그는 얼굴이 예쁠 수도 있고, 부지런할 수도 있다. 또 어려서 어머니를 잃은 상처를 안고 살고 있을 수도 있다. 심청이 설화나 소설에 나타날 때, 이러한 형상들은 다양한 상황에서 구체적으로 기술될 수도 있다. 그러나 이러한 인물의 모든 형상이 서사문법으로 기술될 수는 없다. 그레마스는 프로프가 마법담에서 찾아낸 등장인물들을 언어학적으로 재해석하여, 서사적 통사론과 관련을 갖는 행위항과 이들이 나타나는 특수한 담화 안에서 인식되는 행위자를 구분한다.[194] 행위자가 개별적인 설화에서 생겨나는 것인 반면, 행위항은 모든 설화의 합체를 통해서만 설정된다. 그런 점에서 행위항은 행위자와의 관계에서 메타언어적 위상을 갖는다. 이들의 관계는 설화와 같은 서사의 담화에서 복합적으로 나타난다. 하나의

194 행위항 및 행위자에 관한 논의는 Greimas, *Du sens II*, pp. 49–66, Greimas, *Sémantique structurale*, pp. 172–191 참조.

행위항이 여럿의 행위자로 나타날 수도 있고, 여럿의 행위항이 하나의 행위자로 나타날 수도 있다. 표층구조의 서사문법에서 문제되는 것은 이 중에서 행위항들이다.

그레마스는 먼저 프로프가 마법담에서 그리고 수리오가 드라마에서 찾아낸 등장인물들의 목록을 참조하여, 행위항의 신화적 모델을 다음과 같이 제시한다.

발송자 → [대상] → 수령자

↑

원조자 → [주체] ← 적대자

〈표 38〉 행위항의 신화적 모델

이들 행위항들은 표층구조에서 일정한 통사론적 역할을 수행한다. 이러한 역할을 기술하기 위해 그레마스가 설정한 서사문법의 여러 가지 요소들을 살펴보기로 하자.[195]

이를 위해 기본적인 범주로 설정된 것은 다음과 같은 것들이다.[196]

1)주체 – 대상 *Sujet – Objet*

2)하다 – 이다 *Faire – Être*

3)양태적 – 기술적 *Modale – Descriptif*

앞서 행위항 도식에 보았듯, 주체와 대상은 표층적 서사문법의 기본 축

195 Greimas, *Du sens*, pp. 166–183 참조.

196 Hénault, op.cit., p. 45.

을 이룬다. 준인간적 존재로서 주체가 나타나며, 그가 하는 행위는 대상을 얻기 위한 것이다. 설화에서 대상은 주체와 이접해 있거나 연접해 있는 상태로 존재한다. 이것을 상태발화라 하며, 여기에 나타나는 주체를 상태주체라 한다. 이는 다음과 같이 나타난다.[197]

연접 발화 = $S \cap O$

이접 발화 = $S \cup O$

주체가 어떤 행위를 한다는 것은 이러한 상태에 변형을 야기시키는 것이다. 이것을 행위발화라 하며, 그러한 발화의 주체는 행위주체가 된다.

F 변형 ($S_1 \rightarrow O_1$)[198]

여기서 S_1은 변형을 불러일으키는 주체이며, O_1은 변형의 결말 상태를 기술하는 발화이다. 이러한 변형은 주체와 대상의 연접을 불러일으키는 변형과 주체와 대상의 이접을 불러일으키는 변형으로 나타난다. 이를 각각 가치의 현실화와 잠재화라 한다.

현실화 = F 변형 [$S_1 \rightarrow O_1 (S \cap O)$]

잠재화 = F 변형 [$S_1 \rightarrow O_1 (S \cup O)$]

상태를 기술하는 발화들의 구성적 기능들의 변형만을 고려한다면, 서

---

197 Greimas, *Du sens II*, p. 28.

198 이접과 연접을 불러일으키는 변형과 그로 인한 현실화 및 잠재화에 대해서는 ibid., pp. 28–29 참조.

사성은 이러한 잠재화와 현실화의 통합체적 연결로 나타난다고 말할 수 있다. 이런 관점에서 본다면, 주체 역시 잠재화된 주체와 현실화된 주체로 설정될 수 있으며, 이때 잠재화된 주체는 그 잠재성을 벗어던지면 현실화된 주체가 된다.

연접과 이접의 복합적인 양상은 하나의 대상을 사이에 둔 두 주체 간에 일어난다.[199] 여기에서 닫혀진 가치론적 우주가 형성된다. 프로프가 분석한 마법담에서 주인공은 늘 그 적대자와 대결하는데, 이는 바로 하나의 가치를 놓고 이접과 연접의 상태에 변형을 가하는 행위가 이중적으로 겹쳐진 것이다. 이는 다음과 같이 나타난다.

$$(S_1 \cup O) \sqsupset\!\sqsubset (S_2 \cap O)$$

이들 두 상태는 상호 전제의 관계에 놓인다. 만일 S_1이 O와 이접된다면, 당연히 S_2는 O와 연접되는 것이고, S_1이 O와 연접된다면 또한 당연히 S_2는 O와 이접된다. 따라서 이러한 세 개의 행위항이 포함된 복합적인 발화가 다음과 같이 제시된다.

$$(S_1 \cup O \cap S_2)$$

그레마스는 여기서 한 걸음 더 나아가, 이러한 주체와 대상의 접합 관계에 소쉬르가 말한 통합체적 관계과 계열체적 관계가 존재한다고 말한다. 계열체적 접합이란 두 개의 구분되는 주체들에 영향을 미치는 연접과 이접이라는 두 발화들 간의 논리적으로 필연적인 병존을 말하고, 통합체

199 하나의 대상을 통한 연접과 이접에 대한 논의는 ibid., pp. 32-39 참조.

적 접합이란 동일한 주체를 가지며 단순한 전제의 관계로 결합된 두 개의 접합 발화들의 연결을 말한다. 이들의 가장 단순한 형태가 설화에 나타날 때, 다음과 같은 형식을 갖는다.

	통합체적 접합
계열체적 접합	$(S_1 \cup O) \rightarrow (S_1 \cap O) \rightarrow$ $(S_2 \cap O) \rightarrow (S_2 \cup O) \rightarrow$

〈표 39〉 연접과 이접의 통합체적 및 계열체적 관계

가장 기본적으로 주체와 대상 간의 이접과 연접이 만들어내는 두 개의 서사 프로그램들은 동시적으로 일어나면서 또한 모순적인 관계를 갖는다. 다시 말해, 하나의 주체의 이접은 다른 주체의 연접을 낳는데, 이러한 모순적인 상황은 설화에서 변형이 일어나는 경우에도 그대로 계속된다.

설화에서 주인공이 어떤 행위를 하는 것은 무엇인가 상태를 변화시키기 위한 것이다. 따라서 그것은 설화의 중심축을 이루면서, 설화의 줄거리를 형성한다. 이러한 행위가 서사문법에 편입되면서 언어학적 행위가 될 때, 서사적 변형으로 나타나는데, 그레마스는 이러한 변형의 유형을 네 가지로 제시한다. 변형의 주체가 주체 S_1이거나 주체 S_2와 동일화될 때, 이들 두 주체 각각이 변형 이전에 잠재화된 주체이거나 현실화된 주체라는 전제하에, 다음과 같은 네 가지 변형이 나타난다는 것이다.

1. 만일, 'S_3 변형 = 잠재화된 주체 S_1' 이라면, 'F 변형 $[(S_3 = S_1) \rightarrow (S_1 \cap O)]$'으로 나타난다. 이것은 재귀적 현실화라 할 수 있는데, 형상적 층위에서는 대상의 강탈로 나타난다.

2. 만일, 'S3 변형 = 현실화된 주체 S2' 라면, 'F 변형 [(S_3 = S_2) → ($S_1 \cap O$)]'으로 나타난다. 이것은 타동적 현실화라 할 수 있는데, 형상의 층위에서는 대상의 귀속으로 나타난다.

3. 만일, 'S3 변형 = 현실화된 주체 S1' 이라면, 'F 변형 [(S_3 = S_1) → ($S_1 \cup O$)]'으로 나타난다. 이것은 재귀적 잠재화라 할 수 있는데, 형상적 층위에서는 대상의 포기로 나타난다.

4. 만일, 'S3 변형 = 잠재화된 S2' 라면, 'F 변형 [(S_3 = S_2) → ($S_1 \cup O$)]'으로 나타난다. 이것은 타동적 잠재화라 할 수 있는데, 형상의 층위에서는 대상의 피탈로 나타난다.

서사적 변형의 네 가지 유형은 구조적으로 긴밀하게 연관되어 있다. 통합체적으로는 모든 서사는 잠재화에서 현실화로, 혹은 현실화에서 잠재화로 연결된다. 그러나 한편으로는, 하나의 주체의 잠재화가 다른 주체의 현실화를, 한 주체의 현실화가 다른 주체의 잠재화를 필연적으로 함의하는 계열체적인 관계를 구성한다. 이러한 관계를 그레마스는 다음과 같은 도식으로 제시한다.

	획득	상실
시련	강탈	피탈
증여	귀속	포기

〈표 40〉 서사적 변형의 네 가지 유형

이러한 논의를 통해, 주체와 대상의 이접과 연접을 촉발하는 변형의 두 가지 형태로 '시련'과 '증여'가 있음을 알 수 있다.

대개 하나의 대상을 놓고, 두 개의 주체가 대립함으로써 이들 간의 갈등이 설화의 주된 줄거리를 형성한다면, '시련'은 설화에서 가장 핵심적으로 형상화되는 요소라 할 수 있다. 이 때 한 주체와 다른 주체는 서로 대립하는 행동을 하는데, 이는 심층구조에서 가치의 긍정과 부정이라는 작용으로부터 비롯된 것이다. 그레마스는 이러한 시련의 과정을 통합체적으로 연결되는 서사발화로 나타낸다.[200]

NU1 = F: 대결 ($S_1 \leftrightarrow S_2$)

NU2 = F: 지배 ($S_1 \rightarrow S_2$)

NU3 = F: 귀속 ($S_1 \leftarrow O$)

설화에서 가치의 획득은 이러한 투쟁을 통해서만 드러나는 것은 아니다. 가치는 증여의 형태로 전달되기도 하는데, 이것은 일종의 가치의 소통이라 할 수 있다. 예컨대 프로프가 분석한 마법담의 기능 가운데 주술적 도구를 획득하는 과정에서 증여가 나타나며, 그가 제시한 등장인물에도 '증여자'의 행위영역을 분명히 설정한다.

증여 가운데 가장 일반적인 형태는 상호증여의 양상으로 나타나는데,[201] 가령 설화에서 과업에 대한 보상이 이루어질 때, 과업은 대상을 다른 주체에게 귀속시키기 위해 포기하는 것이고, 보상은 다른 주체가 대상을 포기함으로써 결과적으로 자신에게 귀속하게 하는 것이다. 그 결과는 이전 상태의 회복이며 균형이다. 가령, S1이 대상을 포기함으로써 S2에로 대상이 귀속되는 변형, 즉,

$$(S_1 \cap O \cup S_2) \Rightarrow (S_1 \cup O \cap S_2)$$

200 Greimas, *Du sens*, pp. 172-173.

201 대상의 상호증여 양상에 대해서는 Greimas, *Du sens II*, pp. 39-40 참조.

는 S_2의 변형 행위에 의해,

$$(S_1 \cup O \cap S_2) \Rightarrow (S_1 \cap O \cup S_2)$$

가 되는 것이다.

증여에서 두 개의 대상이 있을 때, 그것은 교환으로 나타난다. 그레마스는 이러한 경우에 일어나는 변형의 유형들을 두 가지로 제시한다.[202] 먼저, 교환이 일어났지만, 주체가 자신이 포기한 대상에 대해 아직도 미련을 갖고 있을 가능성이 있을 때, 이러한 교환은 잠재화된 교환이다. 이는 다음과 같이 도식화된다.

$$F\ \text{변형}\,[S_1 \rightarrow (O_1 \cup S_1 \cap O_2)] \supset\!\!\subset F\ \text{변형}\,[S_2 \rightarrow (O_1 \cap S_2 \cup O_2)]$$

잠재화된 교환에서 포기한 대상이 더 이상 그 주체와 관련을 갖지 않게 될 때, 교환은 완전히 실현된 것이다. 이러한 현실화된 교환은 다음 도식으로 나타난다.

$$F\ \text{변형}\,[S_1 \rightarrow (S_1 \cap O_2)] \supset\!\!\subset F\ \text{변형}\,[S_2 \rightarrow (O_1 \cap S_2)]$$

이러한 교환이 이루어질 때, 주체들 간에는 신뢰를 바탕으로 한 계약관계가 이루어진다. 그러나 이러한 신뢰가 깨어져, 가령 한 주체가 속임을 당하거나, 아니면 교환 대상 간의 가치의 격차가 뚜렷할 때, 이는 단지 가치의 포기나 귀속이 아닌 피탈이나 강탈로 나타날 수도 있다.

202 두 개의 대상들을 통한 연접과 이접의 논의는 ibid., pp. 39–44 참조.

가치의 교환은 그레마스가 제시한 행위항 가운데 발송자와 수령자의 역할과 깊이 관련되어 있다. 앞서 다룬 서사적 변형에서 주체가 대상을 획득하는 과정은, 그것이 자신을 위한 것이라는 점에서 '반성적 행위'이며, 그 결과는 '반성적 귀속'으로 나타난다. 그러나 이러한 것은 보다 일반적인 귀속의 구조의 한 사례일 뿐이다. 언어학적으로 소통의 틀 혹은 보다 일반적으로 교환의 구조라 할 수 있는 일반적인 귀속의 구조는 발송자, 소통의 대상, 수령자가 참여하는 전이의 양상으로 나타난다.[203]

F: 전이 (S → O → R)

여기서는 두 개의 다른 통사론적 층위가 뚜렷이 구분된다. 하나는 대상의 귀속과 관련된 층위이며 다른 하나는 순전히 대상의 소통과 관련된 층위이다. 대상의 소통과 관련될 경우, 발송자와 수령자는 대상의 가치가 위치하는 장소성을 갖는다. 다시 말해, 전이란 공간적으로 발송자에서 수령자로 가치가 이동하는 것을 말하는 것이다. 이때 전이는 포기(표층구조에서의)이거나 이접(심층구조에서의), 그리고 귀속(표층구조에서의)이거나 연접(심층구조에서의)으로 동시에 해석될 수 있다.

가치의 전이가 일종의 장소성을 갖는다고 했는데, 이에 따라 전이의 주체들은 직시항으로 나타날 수 있다. 이들 직시항에는 내용 가치들이 투여될 수 있는데, 그레마스에 따르면 이러한 투여는 두 개의 상관되는 틀에 의해 이루어진다.[204] 준인간적 층위에서 틀은 동위적 공간들(수행이 전개되는 장소)에 대응하고, 각각의 공간은 연접된(이들은 모순의 같은 축에

203 대상의 소통이 드러내는 통사론에 대해서는 Greimas, *Du sens*, pp. 175–176 참조.
204 가치의 유형적 통사론에 대해서는 ibid., pp. 176–178 참조.

대응하기 때문에) 그러나 부합되지는 않는 두 개의 직시항들로 이루어진다. 이들은 심층층위에서 모순항들과 등가적으로 나타난다. 따라서 다음과 같은 기호사각형이 그려진다.

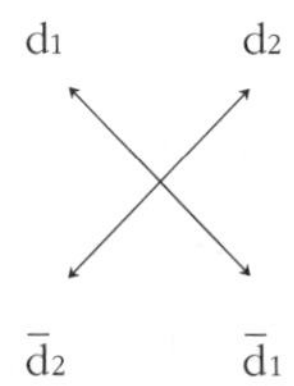

〈표 41〉 대상을 전이하는 주체들을 가리키는 공간적 직시항들 간의 기호학적 관계

또다른 관점에서 보면, 종속적 축들인 $\bar{d}_2 \rightarrow d_1$과 $\bar{d}_1 \rightarrow d_2$는 그 직시항들이 이접된 이질장소적인 공간을 구성하는데, 왜냐하면 이들이 일종의 전제 관계를 갖는다는 점에서 부합되는 것이기는 하지만, 같은 모순항의 축에는 속한 것이 아니기 때문이다.

그레마스는 일련의 대상 가치의 전이들이 연결되어 나타나는 가치의 유통을 두 개의 행로로 제시한다.

(1) $F(d_1 \rightarrow O \rightarrow \bar{d}_1) \rightarrow F(\bar{d}_1 \rightarrow O \rightarrow d_2)$

프로프가 분석한 러시아 마법담을 이를 통해 해석하면 다음과 같다: 사회(d_1)가 결핍을 경험하고, 적대자($\bar{d}_1$)는 공주(O)를 납치하여 다른 데로 데려간다(d_2).

(2) $F(d_2 \rightarrow O \rightarrow \bar{d}_2) \rightarrow F(\bar{d}_2 \rightarrow O \rightarrow d_1)$

역시 러시아 마법담에 적용하여 보면, '주인공($\bar{d}_2$)이 어떤 곳(d_2)에서 공주(O)를 발견하여 부모(d_1)에게 데려다 준다.'가 될 것이다.

러시아 마법담은 그 안에서 두 개의 수행 주체들이 연속적으로 작용하고, 부합된 공간들 중의 하나(주인공의 공간)를 다른 하나(적대자의 공간)에 반하여 가치화시킴으로써 가치들의 순환적 전달을 보여주는 셈이다. 그러나 그레마스에 따르면, 우리는 단지 단순한 이중적 이야기만을 다루지는 않는다. 기원신화는 보통 그러그러한 가치 대상의 결핍을 원래의 상황으로 간주하고, 가치의 획득은 단지 하나의 행로(위에서 (2)에 해당하는)에 따라 이루어진다. 직시항 d_1을 위한 가치의 획득은 필연적으로 그리고 동시적으로 직시항 d_2을 위한 가치의 상실이 되며, 그 역도 마찬가지이다. 이러한 관점에서 가치를 위한 같은 행로는 두 개의 다른 해석을 낳게 된다. 이야기는 항상 승리의 이야기이면서 동시에 패배의 이야기인 것이다. 그것을 결정하는 것은 서사적 통사론의 문제가 아니라 내용 가치들의 가치론적 분절과 관련된 것이다. 두 개의 부합된 공간들 중 하나는 행복한 것으로 투여되고 다른 하나는 불행한 것으로 투여된다.

객관적인 가치만을 다룬다면, 전이의 분류적 통사론은 서술을 가치를 창조하는 과정으로 조직화한다. 다시 말해 이야기에 의미를 부여하는 책임을 맡으면서 이야기의 주된 흐름으로 자리잡는다. 이것은 곧 수행의 발화를 보여주는 것이며, 전이로 나타나는 통사론적 행로는 결국 수행들의 통합체적 연결이 되는 것이다.

그레마스가 말한 시련과 증여에서 이루어지는 가치의 귀속은 설화에서 변화를 극명하게 드러내는 가장 핵심적인 부분이다. 이것은 굳이 비유하자면, 토마제프스키가 말한 구속 모티프에 해당하는 것이며, 줄거리의 전개에 없어서는 안 될 요소들이다. 이것은 하나의 동사로 나타나며, 그 동사의 실천을 기술한 것이다. 그것은 그야말로 '기술적'*descriptive*이다. 앞서 제시한 분류론적 통사론도 순수하게 기술적인 것이다.[205] 그러나 이러한 기술적인 동사만으로 설화의 통사론이 완결되지는 않는다. 동사는 다른 동사에 의해 의미론적 제약을 받는다. 그러한 제약이 매우 다양하게 이루어지면서, 서사적 통사론은 더욱 복합적인 양상으로 전개된다. 하나의 동사에 대해 또다른 동사가 의미론적인 제약을 가하는 경우를 양태화라 한다. 그레마스의 서사의미론에서 이러한 양태화는 매우 중요하게 다루어진다. 그가 말한 양태화의 몇 가지 논리들을 설화의 통사론과 관련하여 살펴보기로 하자.

앞서 말한 주체와 대상의 이접과 연접을 불러일으키는 서사적 변형은 '-이게 하는' 수행에 해당되는 것이다. 그런데 '-이게 함'에서 행위가 이루어질 때, 잠재화된 순간의 존재를 설명하는, 위계적으로 우위에 놓이는, 새로운 상태의 발화를 논리적으로 전제한다. 이는 '-함의 임'으로 나타나는데, 그레마스는 이를 '수행'과 대립시켜 '능력'이라 말한다. 행위는 이러한 능력과 수행으로 이루어지는데, 이들이 결합될 때 수행은 능력을 전제로 하지만 능력이 수행을 전제로 하는 경우는 없다. 서술어가 다른 서술어에 의해 수정되는 것을 양태화라 한다면, 수행과 능력 모두 양태적 구조로 간주되어야 한다.[206]

앞서 말한 '함'과 '임' 간에 이루어지는 양태적 관계는 다음 두 가지로 나타나는데, 이것이 곧 수행과 능력을 정의하는 것이다.

'임'을 양태화하는 '함' = 수행

'함'을 양태화하는 '임' = 능력

205 Ibid., p. 178.

206 '수행'과 '능력'에 대해서는 Greimas, *Du sens II*, pp. 70-71 참조.

이와 같이 양태화하는 서술어와 양태화되는 서술어가 다른 경우를 그레마스는 타동의 양태성이라 한다.[207] 그러나, 이와는 달리, 양태화하는 서술어와 양태화되는 서술어가 같은 경우도 있다. 다음 두 경우가 그러한 것들이다.

'임'을 양태화하는 '임'

'함'을 양태화하는 '함'

먼저 '임'을 양태화하는 '임'의 경우를 살펴보자.

그레마스는 이것의 예로 진위판정의 양태성을 제시한다.[208] 이와 관련된 양태적 서술어는 이미 앞에서 제시한 기호사각형[209]에서 범주화되고 분석될 수 있다. 여기에서 드러난 거짓이니 진실이니 하는 메타항들은 어떤 상태를 나타내는 서술어를 양태화한 서술어의 범주들이다. '–임'이라는 서술어로 나타나는 상태가 있고, 그것을 '진실'로 규정하는 또다른 서술어가 있어 그 상태 자체를 나타내는 서술어를 수정하는 것이다.

그 다음, '함'을 양태화하는 '함'의 경우가 있는데, 그레마스는 이를 작위의 양태성이라 한다.[210] '함'을 불러일으키는 또 다른 '함'이 설정됨으로써, '하게 함'이라는 양태적 동사가 만들어진다. 이것 역시 기호사각형에 투사하면, 다음과 같이 나타난다.

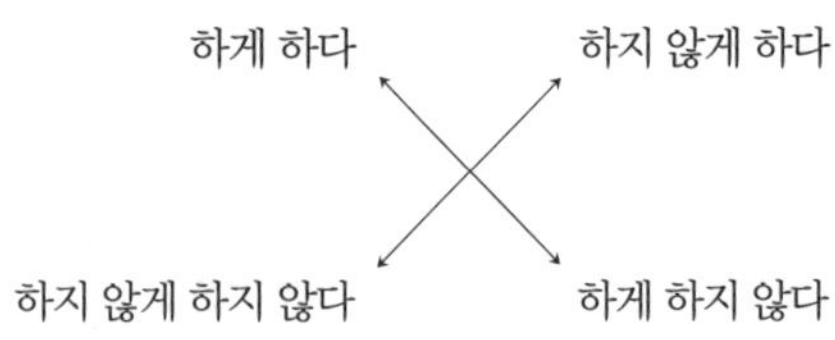

〈표 42〉 작위의 양태성의 기호사각형

이러한 양태성에는 두 개의 주체가 위계적으로 설정된다. 양태주체(S_2)와 행위주체(S_1)가 그것이다. '하게 하다'에서 첫 번째 '하게'의 주체가 S_1이라면 두 번째 '하다'의 주체는 S_2이다. 이러한 양태성이 일어나는 영역은 소통, 표상, 위임 등의 개념들을 포괄하는 것으로 보인다.

진위판정의 양태성과 작위의 양태성은 실천적 차원보다는 인식적 차원과 관련되어 있다. 작위의 양태화가 육체적인 '함'를 불러일으키려 하는 인식적 '함'이라면, 같은 방식으로 진위판정의 양태화는 대상들에 대해 아는 것으로 나타나는 인식적 작용이라 할 수 있다.[211]

그레마스는 인간의 행위들이 연결되는 과정에서 이들 양태성들이 어떤 통합체적인 위상을 갖게 되는지를 기술한다.[212] 먼저, '하게 함'이라는 작위적 양태발화가 양태주체 S_2에 의한 인식적 수행으로 나타난다. 이러한 인식적 수행은 가령, '믿게 함' '알게 함' 등과 같은 인식적 프로그램으로 확장될 수 있다. 그러나 동시에 이러한 인식적 수행을 통해 추구된 대상은 주체 S_1의 함축적으로 지각된 실천적 능력의 잠재화이기도 하다. 그리고 진위판정의 양태화는 S_1의 실천적 수행을 지배하는 S_2에 의한 인식적 능력으로 해석될 수 있다.

그레마스는 이러한 네 개의 양태적 구조들이 통합체적으로 결합되는 양상을 다음과 같이 보여준다.

207 타동적 양태성에 대해서는 ibid., p. 71 참조.

208 진위판정의 양태성에 대해서는 ibid., pp. 71–73 참조.

209 이 책 〈표 6〉 참조.

210 작위의 양태성에 대해서는 Greimas, *Du sens II*, pp. 73–74 참조.

211 Ibid., p. 74.

212 Ibid., pp. 74–75 참조.

S_2의 인식적 수행 S_2의 인식적 능력

↓ ↓

S_1의 능력 S_1의 수행

실천적 행위

〈표 43〉 양태성들의 통합체적 결합

여기서 S_2의 수행은 S_1의 능력을 전제하며, S_2의 능력은 S_1의 수행의 존재를 전제한다. 이러한 과정은 설화의 일반적 서사 프로그램으로 나타난다.

이러한 서사 프로그램을 바탕으로 그레마스는 보다 세부적인 양태화들을 제시한다.[213] 몇 가지 예들을 간략히 살펴보기로 하자.

능력의 세부적 양태화들로 그레마스가 제시한 잠정적인 목록은 다음과 같은 것들이다.

/원함/ *vouloir*

/해야(이어야) 함/ *devoir*

/할(일) 수 있음/ *pouvoir*

/앎/ *savoir*

이러한 목록은 아직은 완전한 구조화가 이루어진 것이 아니며, 다른 양태화들이 덧붙여질 가능성을 열어놓은 것이다. 그러나 이러한 양태화들은 기호사각형을 통해 양태적 논리를 구현하며, 그것은 설화의 전개에서 다양한 형상들로 구현될 수 있다. 가령, '해야 함'을 통해 그레마스가 제

213 Ibid., pp. 76–82 참조.

시한 기호사각형을 살펴보기로 하자.

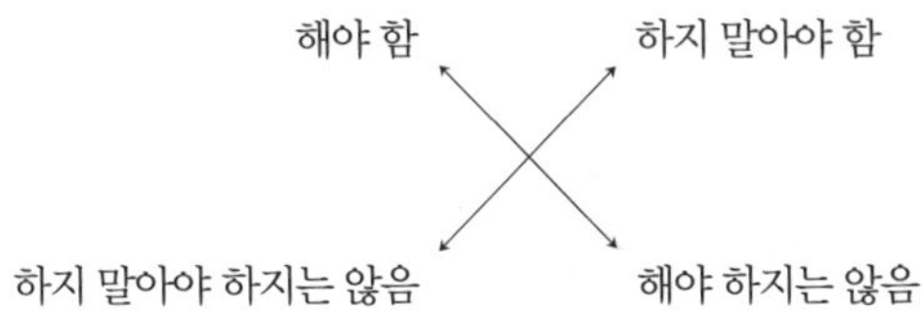

〈표 44〉 '해야 함'의 양태성의 기호사각형

이러한 양태적 범주의 항들에 명명을 하면, 다음과 같이 나타나는데, 이는 의무의 양태성들의 집합을 보이는 것이다.

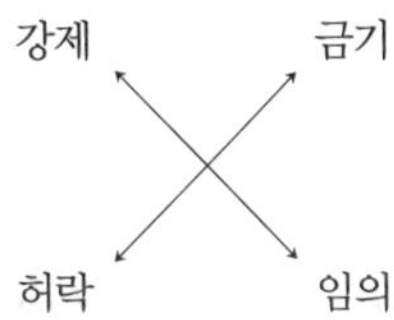

〈표 45〉 의무의 양태성의 기호사각형

같은 방식으로 그레마스는 /이어야 함/의 양태적 구조를 추론하고, 이들 항에 대해 다음과 같이 명명한다.

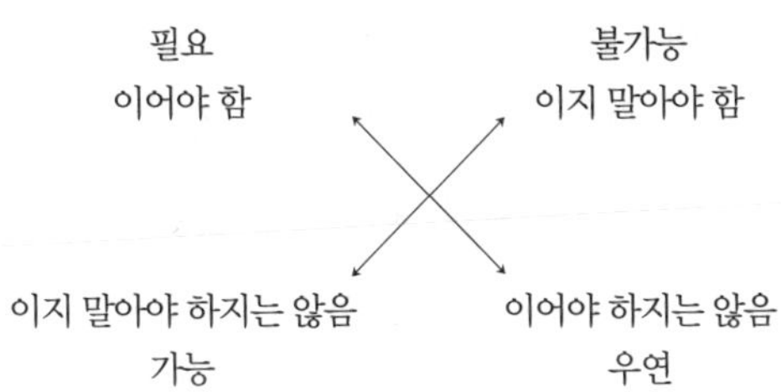

〈표 46〉 당위의 양태성의 기호사각형

이것을 당위의 양태성이라 할 때, 의무의 양태성과 당위의 양태성은 양태화되는 서술어만 '임'과 '함'으로 구분될 뿐, 양태화하는 서술어는 같다. 이러한 양태성들을 분류하려 할 때, 이러한 구조적 관계는 중요한 의미를 갖는다. 다시 말해, 다양한 양태화하는 서술어가 있다 하더라도, 이들은 먼저 두 가지로 구분되는 양태적 구조로 드러날 수 있다는 것이다. 이것을 그레마스는 다음과 같이 나타내 보여준다.

m=양태적 발화

f=함의 발화

e=임의 발화

〈표 47〉 양태성의 두 가지 가능한 실현을 나타내는 기호사각형

이러한 두 가지 가능성이 앞서 제시된 세부화된 양태화의 목록들에서 실현될 경우, 능력을 분절하는 여덟 개의 양태적 범주들이 얻어질 수 있다. 덧붙여 같은 숫자의 가능한 논리도 예상할 수 있다. 가령 /해야 함/으로부터 비롯된 양태적 집합에 바탕을 둔 의미의 논리에 따라, /원함/에 바탕을 둔 의지의 논리를 예측하는 것이 가능한 것이다. 이것은 양태적 구조들이 상관적 관계를 맺는 모습을 보여주는 양태적 분류론의 구축으로 나아갈 수 있다. 그레마스는 이에 대한 보다 세밀한 논의를 폈지만, 여기서는 실천적 능력의 국면에서 양태성들이 어떤 통합체적인 조직을 이루는가에 대해서만 논의하고자 한다. 그레마스가 제시한 도식을 살펴보자.

능력		수행
잠재화하는 양태성들	현실화하는 양태성들	실현된 양태성들
해야(이어야) 함 하기를 원함	할(일) 수 있음 할 줄 앎	이게 함

〈표 48〉 '능력'과 '수행'의 양태성들의 통합체적 조직

설화에서 주인공이 행위를 수행하기 전, 두 가지로 구분되는 양태성을 거치게 된다. 이는 오랜 철학적 전통에서 비롯된 규약처럼 보이지만, 무엇보다도 서술에서 주체가 어떤 상황에 처해 있는가하는 조건과 주체가 무엇인가를 할 수 있는가하는 자질이 인지됨으로써 구분된 것이다. 이러한 양상이 발현의 층위에서의 능력의 획득과 수행의 실천에 그대로 나타나지는 않지만, 그렇다고 이러한 양태성들이 갖는 규약으로서의 정당성이 훼손되는 것은 아니다.

3. 신화의 의미론적 분석

그레마스는 이러한 보편적 의미론을 토대로 실제 신화 텍스트에 대한 분석의 사례를 보여준다.[214]

그에게 신화를 의미론적으로 재구성하는 일은 형상적 형식들의 다양성이나 그 변이들에도 불구하고 추론되는 자율적인 의미론적 우주를 기

214 이하 그레마스의 신화 분석에 대한 논의는 Greimas, *Du sens*, pp. 185–230 및 A.J.Greimas, *Des dieux et des hommes*, PUF, 1985 참조.

술하기 위한 것이다. 신화에서 찾아지는 이러한 의미론적 우주는 방법론적 차원에서 그보다 더 큰 의미론적 우주의 필수적인 한 부분으로 간주된다. 이러한 신화적 우주의 재구성은 그 나름의 내적인 정당성을 갖는 새로운 가설들을 끊임없이 형식화하는 것으로 나타난다.

그에 따르면 의미론은 텍스트 해석의 일반적인 문제들을 다루며, 분석 작용들의 목록을 수집하는 것이다. 문장 안에서의 의미를 다루는 지금까지의 의미론의 관행에서 벗어나 신화의 의미론은 서사 안에서 분절된 문장들의 연결을 통해 작업해야 하며, 또한 맥락에 대한 참조를 통해 서사적 동위소를 구성하는 데 필수적인 텍스트 외적 정보들을 활용해야 한다는 것이다. 그리고 신화의 전달이 의식 대 무의식의 구분을 넘어서는 것이기 때문에, 불변소도 화자나 독자가 될 수가 없다고 말한다. 기술의 대상이 수용의 결과에 있는 것이 아니라, 전파의 층위에 존재하는 것이기 때문에, 기존의 의미론과는 다른 차원에서, 신화들의 해석을 설명할 수 있고 또한 신화학자들의 개념화의 요구에 맞는 의미론을 개발해야 한다고 말한다. 여기서는 레비스트로스가 『신화학 1』에서 참조신화로 삼았던 보로로 신화를 텍스트로 삼아 분석한 사례를 살펴보기로 하자. 레비스트로스가 그가 점차적으로 펼쳤던 신화적 우주에 이러한 신화의 발화를 귀속시키려 한 반면, 그레마스는 참조신화를 하나의 서사적 단위로 간주하고, 이로부터 그것의 최대 가독성을 이루기 위한 기술적 과정들을 명료하게 밝히려 한다. 이러한 그의 신화 분석은 신화의 해석 자체보다는 방법론적 탐구에 초점을 맞춘 것이기 때문에, 레비스트로스의 신화 분석 방법론을 토대로 하되, 그가 제안한 의미작용의 일반적 구조를 통해 그것을 수정하는 방식으로 이루어진다.

레비스트로스는 신화의 구조적 요소를 세 가지 – 틀, 코드, 메시지 – 로 제시했는데, 그레마스의 관심은 이러한 요소들이 의미론의 영역 안에서 어떻게 해석될 수 있는가, 그리고 이들 각각이 신화적 서사의 해석에서 어떤 역할을 수행하는가에 있다.

먼저, 틀에 대해 살펴보자. 그레마스는 불변소를 나타내는 틀이라는 용어가 서술로서의 신화의 구조적 상태를 지시하는 것인데, 이것이 이중적으로 나타난다고 보았다. 하나는 모든 신화적 이야기에 공통적으로 나타나는 구조적 자질들의 총체가 하나의 서사 모델을 구성한다고 할 수 있고, 다른 하나는 이러한 모델이, 신화를 하나의 특수한 내용이 하나의 특수한 방식으로 구조화된, 문장을 뛰어넘는 담화적 단일체로 설명한다는 것이다.

그레마스에 따르면 담화적 단일체 즉 서사는 하나의 연산, 즉 문장에 나타나는 서술어 기능들이 언어학적으로 방향을 지닌 행위들의 총체를 따를 때의 그 문장들의 연결로 간주된다. 연결로서의 서사는 일차원적이며, 따라서 단순한 의미론적 구조로 나타난다. 서술의 2차적 전개는 이러한 구조에서 나타나지 않으므로, 종속적인 구조적 층위를 구성해야 하는 것이다. 서사의 하위부류들(신화, 민담, 연극 등)은 극적 서사의 자질로 간주될 수 있는 특성을 공유하는데, 이들은 모두 '전 대 후'로 양분되는 것이다. 이러한 담화적인 '전 대 후'는 상황의 역전이라 불리우는 것에 대응한다. 이러한 두 층위를 그레마스는 다음과 같은 도식으로 보여준다.

$$\frac{\text{전}}{\text{후}} \simeq \frac{\text{전도된 내용}}{\text{정립된 내용}}$$

서사들의 목록들을 제한하여, 가령 러시아 민담이나 레비스트로스의 참조신화에서 그레마스는 또다른 자질을 찾아내는데, 이는 이들의 최초의 시퀀스와 최종의 시퀀스가 서사 그 자체와는 다른 신화적 '현실'의 층위에 위치한다는 것이다. 서사의 이러한 특징에 대응하는 새로운 내용의 분절이 나타나는데, 여기서 두 개의 화제적 내용 – 하나는 정립된 것이고 다른 하나는 전도된 것인 – 은 이론적으로 이와 동일한 변형 관계를 갖는 두 개의 상관된 내용과 결합된다. 신화 분석의 첫 단계에서 서사를 시퀀스로 분절할 때, 이러한 그레마스의 분절은 매우 유용하게 활용될 수 있다.

틀에 대한 이러한 관점을 토대로 신화 발화가 갖는 특수한 의미라 할 수 있는 메시지가 살펴질 수 있다. 그레마스는 신화의 메시지가 두 개의 동위소에 동시에 위치하면서 두 개의 다른 독해, 즉 담화적 층위와 구조적 층위의 독해를 낳는다고 말한다.

그가 말한 첫 번째 동위소는 서사적 동위소이다. 이러한 동위소는 서사에 대한 준인간적 관점에서 찾아진다. 행위자가 행위를 하면서 사건이 연결되고 그것을 곧 서사로 보는 것이 이러한 관점의 결과이다. 이러한 층위에서 첫 번째 범주화, 즉 개인성 대 집단성은 공통체로부터 단절되고 상황의 역전을 불러일으키는, 다시 말해 상황 전과 상황 후 사이의 중재자 역할을 하는 반사회적 주인공을 부각시킨다. 그의 첫 번째 동위소는 언어학적 관점에서 기호들의 분석과 동시에 일어난다. 여기서 행위자들과 서사적 사건들은, 단의적인 발화에서 통사론적 관계들에 의해 조직화된 의미소들로 분절될 수 있는 어휘소들이 된다.

그레마스가 말한 두 번째 동위소는 이러한 담화적 국면 위에 제시된 내용 구조의 층위에 위치한다. 여기서 문제는 어휘소들과 서사적 시퀀스의 발화 단위들, 그리고 이에 대응하는 내용들의 구조적 분절들 간의 등가성을 구축하는 것이다. 이를 위해서는 의소의 분석이 필요한데, 여기서는 어휘소 – 행위자와 어휘소 – 사건들에서의 준인간적 특질들은 나타나지 않는다. 주인공이 하는 행위는 여기서 단지 변형의 언어학적 작용으로만 나타날 뿐이다.

요컨대, 신화의 메시지를 분석할 때, 두 가지 종류의 동위소를 바탕으로 분석이 가능한데, 하나는 어휘소 분석이고 다른 하나는 의소 분석이다. 전자는 표층적 구조에 존재하며 서사적 특성에 대한 분석이라면 후자는 심층적 구조에 존재하며 내용적 특성에 대한 분석이라 할 수 있다. 그레마스는 민담과 같은 서사의 부류에서는 이러한 두 개의 동위소의 상응 관계를 통해 메시지가 읽혀지지만, 신화와 같은 또 다른 부류에서는 하나의 단일한 서술 안에서 시퀀스들이 두 개의 동위소에 번갈아 위치하면서 뒤얽힌 모습을 보인다고 말한다.

마지막으로 코드에 대해 살펴보자.

그레마스는 레비스트로스의 신화학이 신화 서사의 구조를 정의하는 데로부터 신화적 우주를 기술하는 데로 전환되어 간다고 말한다. 이것은 일반적이고 역사적인 비교적 기술의 가능성을 고려하는 것인데, 이러한 비교적 관점은 방법론을 정립하는 데 매우 중요한 기여를 한다고 본다. 특히 신화들을 지배하는 코드의 체계를 기술하기 위해서는 다양한 맥락에 대한 이해가 선행되어야 하는데, 이러한 과정 역시 언어학적인 과정으로 기술되어야 한다. 가장 먼저 필요한 것은 비교를 위한 서사 단위를 분절하는 것이다. 가령 서사적 통합체나 아니면 다른 서사적인 요소들이 비교를 위한 분절 단위가 될 수 있는데, 이때 두 개의 다른 서사들에 속하는 두 개의 다른 서사적 요소들의 비교는, 주어진 의미론적 범주 안에서 일어나는, 하나의 요소를 다른 요소의 변형으로 간주하는 계열체적인 이접을 보여주는 것이다. 그레마스는 이러한 서사 단위의 규정을 위해 프로프의 분석을 이끌어온다. 가설적으로 그가 제시한 통합체의 세 가지 유형은 '수행적 통합체'(시련), '계약적 통합체'(계약의 성립과 위반), '이접적 통합체'(출발과 귀환)이다. 이러한 서사적 요소들과 통합체들은 신화의 맥락적인 정보로부터 온 것이 아니라, 언어학적 단위를 세우기 위한 일반적 방법론에서 온 것이다.

그러나 신화의 코드를 기술하기 위해서는 맥락에 대한 고려 역시 필요하다. 이러한 맥락에 대한 정보의 탐구는 어휘소의 형식으로 이야기 안에서 나타나는 서사적 요소들의 층위에 위치하는 것이다. 이들은 형식적 자질과 실체적 자질로 구분된다. 형식적 자질이란 어휘소들이 행위항이거나 서술어들임을 뜻하는 문법적 자질과 서사적 통합체 안에서 그리고 전체로서의 서사 안에서 이들의 기능적 정의로부터 이끌어내어진 서사적 자질들이다. 이로부터 그레마스는 맥락 분석과 서사 모델을 구분한다. 맥락이란 서사 자체로부터 독립된 그리고 서사 모델에 의해 차후적으로 수용된 내용 투여의 형식으로 나타난다. 그러나 동시에 이러한 내용 투여는 이미 구축된 내용들이기도 하다. 마치 소설가가 그의 이야기를 전개하는 데 있어서 그가 임의로 선택한 이름으로부터 그의 인물들을 점차적으로 발전시켜나가듯이, 신화 창조의 과정은 그것이 개념적 내용들을 부여한 행위자들을 창조해 나간다. 이는 가령 제 3의 분석자가 아닌 보로로족 자체가 갖는 내용에 대한 산포된 지식이며, 이는 맥락의 1차 재료를 구성하며 코드로 조직될 수 있는 것이다.

이러한 구축된 내용들은 어휘소들로 나타나기 때문에, 전체로서의 맥락은 하나의 항목이 정의되는 신화적 사전으로 환원시킬 수 있다. 예를 들어, '표범'이라는 항목은 표범의 자질에 대해 알려진 모든 것, 표범이 하거나 할 수 있는 모든 것을 포함하는데, 이러한 사전의 도움으로 우리는 신화적 문장들을 읽는 데 생겨나는 모호성들을 어느 정도 해결할 수 있으며, 특정 어휘소들의 남용이나 시퀀스들의 지나친 확장을 억제함으로써 서사에 대한 관찰을 용이하게 할 수 있다.

그레마스는 이러한 사전을 만들고 사용하기 위해서는 먼저 구성된 내용의 분류와 서사 모델에 대한 충분한 지식이 선행되어야 한다고 지적한다. 단지 어휘소-행위항들을 통해 레비스트로스가 말하는 '존재물들의 체계'를 이끌어낼 수 있다. 이것의 옳고 그름은 문제되지 않으며, 분류 기준 즉 의소의 범주만이 중요할 뿐이다.

예를 들어, '인간 대 동물'이라는 범주적 대립은 서사 안에서 서사적 모델 범주인 '선재성 대 후재성'과 상관되는 것으로 나타난다. 이 경우, 대립은 화제적 내용을 정립된 내용과 전도된 내용으로 분절하는 기능을 한다. 그리고 상관된 항목들에 따라, 인간이 동물이었거나 동물이 인간이었다고 말할 수 있다. 그러나 어휘적 층위에서 표범은 명칭의 변화 없이 서사의 처음에서부터 끝에 이르기까지 참여할 수 있다. 첫 부분에서 그것은 인간 존재인 것이고, 두 번째 부분에서 그것은 동물일 것인데, 그 역으로도 나타날 수 있다. 달리 말해, 어휘소 '표범'의 내용은 분류론적일 뿐만 아니라, 위상적인 것이기도 한 것이다.

'표범'이라는 어휘소에 포함된 수많은 '의미효과' 가운데 무엇이 기술을 위해 적절한 것인가는 메시지의 일반적 동위소 혹은 더욱 단순하게 신화가 나다내는 신화적 우주의 차원들에 따라 결정된다. 만일 다루는 차원이 음식 문화에 대한 것이라면, 표범은 그 기능면에서 소비자 역할을 하고, 그 내용의 의소 분석은 '전 대 후'의 대립과의 상관관계를 통해 소비자로서의 역할을 다음과 같이 보여준다.

$$\frac{\text{전}}{\text{요리된 + 신선한}} \simeq \frac{\text{후}}{\text{날 것의 + 신선한}}$$

따라서, 표범을 불의 주재자라 말하는 것은 옳지 않으며, 그것은 특정 위치에 있을 때만 주재자일 뿐이다. 신화적 사전은 표범의 정립되고 전도된 정의를 제시할 뿐 아니라, 신화적 우주의 근본적인 문화적 차원의 분류를 전제하기도 한다.

그레마스는 이러한 서사적 요소의 변형이 신화들 간에서 뿐만 아니라, 신화 발화 내부에서도 일어난다고 말한다. 그가 다룬 참조신화에서 표범으로서의 주인공이 수사슴으로서의 주인공으로 변형하는 것이 그러한 예이다. 음식의 층위에서 그것은 다음과 같이 소비자가 변형되는 것일 뿐이다.

[날 것의 + 신선한 + 동물] → [날 것의 + 신선한 + 야채]

(표범) (수사슴)

이러한 변형은 실제로 (음식) 범주 안에서 동물로부터 야채로의 계열체적 대체이며, 서사적 모델의 구조적 요구의 층위에서 정당화될 수 있는 것이다.

앞서 말한 사전과 관련하여, 위의 예는 앞서 다룬 것과는 반대의 경우라 할 수 있다. 왜냐하면 첫 번째 경우, 명칭은 변하지 않지만 내용은 변하는 것인데, 두 번째 경우는 명칭과 내용이 모두 변하는 것이기 때문이다.

그레마스에 따르면 이러한 변화들이 드러나는 것은 어휘소 분석이 아닌 의소 분석에서이다. 따라서 사전이 완전해지기 위해서는 코드의 층위에서 인지된 변형들의 결과로 생기는 일련의 등가적 '명칭들'을 지적할 수 있어야 한다. 결과적으로 사전은, 신화의 자동적 해석을 위해 절대적으로 필요한 것으로, 이는 '틀'에 대한 그리고 특수한 코드들을 통해 분절된 신화적 우주에 대한 지식의 전개를 보여주는 기능을 한다. 사전에 등록된 것은 신화 해석 이론의 다른 부분들의 도움으로 만들어진 의미론적 범주의 집합에 의해 지지될 때, 그 정당성을 인정받을 수 있다.

신화적 사전의 이러한 조건은 레비스트로스가 말한 코드 특히 이 경우에 음식의 코드를 이해하는 데 중요한 역할을 한다. 그레마스는 코드를,

적은 수의 의소 범주들로 구성된, 그리고 그것의 조합이 의미소의 형식 안에서 신화적 우주의 주어진 차원들에 속하는 내용 투여의 전체성을 보여주는 형식적 구조라고 말하면서, 그 예로서 다음과 같은 음식문화 코드의 수형도를 보여준다.

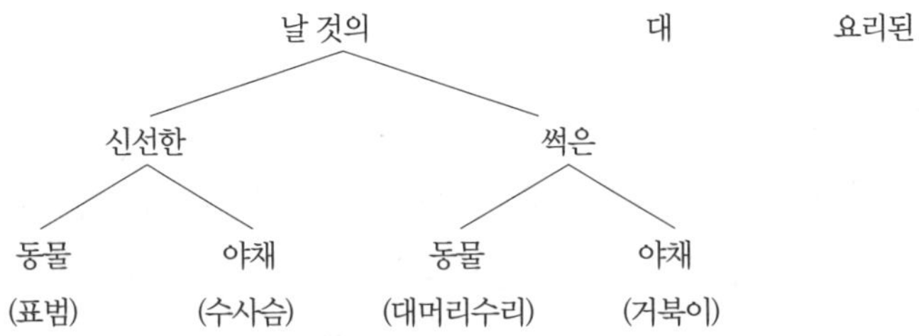

〈표 49〉 보로로 신화의 음식문화 코드

이 그림을 위에서 아래로 읽어가는 과정에서 하나의 의미소를 이루는 의소 결합을 볼 수 있으며(가령, 동물이라는 의미소는 /날 것의/와 /신선한/의 의소 결합으로 이루어진다), 각각의 의미소가 소비의 대상으로 간주되는 내용 투여를 나타낸다고 할 때(/날 것의/와 /신선한/의 의소가 결합된 의미소인 '동물'에 "표범"이 채워진다), 이미 만들어진 조건 안에서 조합이 소비의 가능한 내용-대상들을 죄다 보여주려고 하는 것이 분명해진다.

더구나, 서사 자체의 층위에서 각각의 의미소(동물, 야채 등)는 특수한 어휘소(표범, 수사슴 등)와 대응하는데, 이때 어휘소와 그것의 내용을 설명하는 의미소 간의 관계는 두 가지 다른 방식으로 나타난다. 하나는 발현된 어휘소가 소비의 대상인 의미소와 관련하여 소비의 주체로 매번 나타나는 방식인데, 여기서는 발현의 층위와 내용의 층위 간의 문체적 거리로 간주될 수 있는 지속적 관계를 다룰 수 있다. 다른 하나는 내용의 코드화된 결합을 나타내기 위한 그러그러한 동물 형상의 선택이 형식적 구조에 의존하지 않는 방식이다. 그런데 이것은 어떤 문화적 공동체 안에서 발현되면서 완결된 신화적 몸체를 구성한다. 이는 신화의 어휘 목록(가령, 사전)이 닫혀진 조합을 나타냄을 의미하는 반면, 코드는 비교적 열린 조합으로 기능함을 말하는 것이다. 같은 코드가 다른 신화적 우주에서 다른 방식으로 나타남으로써, 이러한 코드는 비교 신화학의 토대인 일반적 모델을 구축할 수 있다.

결론적으로, 그레마스는 틀과 코드, 서사적 모델과 분류적 모델이 신화 해석의 이론의 두 요소임을 주지시키며, 신화의 해석이 신화적 메시지를 생성하는 이러한 결합된 두 개의 구조들에 대한 이론적 지식을 바탕으로 이루어져야 한다고 말한다.

이러한 이론적 토대에서 그는 보로로 신화에 대한 실제적인 기술의 사례를 보여준다.[215] 이러한 기술은 메시지의 발생, 틀의 모델, 코드들의 결합을 통해 메시지와 그 안에 내재한 모델 모두에 대한 이해를 증진시키는 방향으로 나아간다. 메시지를 시퀀스로 분절하여 그것을 서사 단위로 전사하고 이에 대한 몇 가지 논평을 덧붙이는 방식으로 진행되는 이러한 서사적 메시지에 대한 기술에 이어, 그는 이를 바탕으로 서술의 동위소를 통해 코드를 구축하는 구조적 메시지의 기술을 시도한다. 여기에서는 그레마스가 제시한 등치 도식이 활용되며, 이를 통해 그가 기호사각형을 통해 드러내려 했던 서사 메시지의 심층적 의미구조가 기술된다. 특히 음식 문화에 관한 한, 여기에는 '살아있는'(V)과 '죽은'(M)의 양항대립의 범주가 문제된다.

보로로 신화에 대한 해석을 통해 그레마스가 최종적으로 제시한 도식

215 Ibid., pp. 197–230 참조.

은 다음과 같은 것이다.

<table>
<tr><td rowspan="2">내용들</td><td colspan="2">전도된</td><td colspan="2">정립된</td></tr>
<tr><td>상관된</td><td colspan="2">화제의</td><td>상관된</td></tr>
<tr><td>변형의 결과들</td><td>nonV+M</td><td>M+nonV</td><td>V+nonM</td><td>nonM → M
nonV vs. V</td></tr>
<tr><td>문화적 차원</td><td>성적</td><td colspan="2">요리의</td><td>자연의</td></tr>
<tr><td>문체적 관점</td><td>소비자</td><td colspan="2">소비 대상</td><td>생산자</td></tr>
</table>

〈표 50〉 보로로 신화의 의미구조

4. 그레마스 의미론의 해체론적 함의

레비스트로스가 프로프의 형태론에 대해 비판했을 때, 그것의 요점은 그것이 구조적이지 못하다는 것이었다. 실체나 형상과 같은 현실세계에 존재하는 모든 것 가운데, 형태론에 포함되는 것과 그렇지 않은 것을 구분함으로써, 구조의 완전한 기술에 이르지 못했다는 지적이다. 그렇다면, 레비스트로스는 그가 말한 구조주의의 이상을 실현했을까? 그레마스의 의미론을 살피며 드는 생각은 레비스트로스가 프로프에 대해 했던 비판을 그레마스가 레비스트로스에 대해 할 수 있지 않을까 하는 것이다. 구조주의가 본질을 구조 안의 항목으로 치환함으로써, 그 본질성을 해체하는 것이라면, 그레마스는 프로프와 레비스트로스의 설화학에서 잉여적으로 남아있던 본질적 요소를 가장 철저하게 해체한 구조주의자라 말할 수 있다. 이는 그가 기본적으로 설화학자나 신화학자가 아닌 구조의미론자라는 것과도 무관하지 않다.

프로프는 일정한 특성을 가진 마법담이라는 하나의 장르로 규정될 수 있는 설화로부터 귀납적으로 그것의 문법을 찾아내려 했다. 여기에는 기존의 장르라는 문예적 분류체계가 그대로 남아있다. 마법담이라는 장르는 구조적으로 규정된 범주가 아니다. 만일 그것이 구조적인 개념이라면, 마법담과 구조적 관계를 갖는 다른 장르들도 제시되어야 했을 것이다. 그런 점에서 레비스트로스는 프로프에 비해 보다 해체적이다. 그러나 레비스트로스 역시 그가 비판한 프로프의 한계에서 완전히 벗어난 것으로 보이지는 않는다. 그가 비록 신화와 설화에 대한 기존의 구분에서 벗어나려 하기는 했지만, 그에게는 '신화적'이라는 형이상학적인 개념이 늘 따라다닌다. 비록 그것을 구조적으로 드러내려 했지만, 그러한 신화적인 것이 다른 어떤 범주와 구조적으로 구분되어 드러나는지에 대해 명확한 설명이 없다. 레비스트로스는 어떤 사유에 대해 말하고자 했으며, 그러한 사유가 구조적임을 증명하려고 했다. 그러나 그레마스는 사유가 아닌 언어에 대해 말하고자 했다. 그의 관심은 마법담도 신화도 아닌 자연언어 자체이며, 그것이 생성하는 의미에 관한 것이다. 설화라는 것은 보편적인 의미작용이 일어나는 과정에서 하나의 단계로서 자리매김되는 것이다. 따라서 그것은 문학적인 장르로서의 설화가 아닌 담화를 생성하는 의미생성의 행로에서 거쳐야 할 한 단계인 것이다. 따라서 그레마스의 관점에서 보자면, 이 세상에 존재하는 모든 언어의 의미작용에는 이러한 설화가 존재한다고 말할 수 있다.

그레마스가 제시한 의미생성의 행로는 그 자체로 완전하게 구축된 의미론적 우주를 보여주는 것이다. 여기에는 층위들 간에 일어나는 전환이 있다. 이와 같이 층위들이 설정되고 이들 간에 일어나는 작용을 기술하는 구조적 작업은 프로프나 레비스트로스에서는 찾아볼 수 없는 것이다. 프로프가 변이에 대해 언급하고 레비스트로스가 대체나 치환과 같은 구조적인 작용에 대해 말했지만, 그것이 가능한 모든 층위들 간에 존재하는 구조적인 의미작용을 기술한 것이라고 볼 수는 없다. 한 마디로 이들의 구조는 하나의 층위에서 주로 기술되었을 뿐, 다층위 간에 이루어지는 보다 역동적인 작용이 기술되지는 못했다. 특히 레비스트로스가 강조한 경험적인 것, 그리고 그것의 토대가 되는 맥락은 그의 강조에도 불구하고 구조화되는 데는 어려움이 있었던 것으로 보인다. 다시 말해 이들은 구조를 생성하는 토대가 될지언정, 그 자체가 구조화되지는 못한 것으로 보인다. 그레마스는 그런 점에서 레비스트로스보다 훨씬 구조적이다. 하나의 항목이 인지되는 맥락을 해체하여 그것의 의소들을 추출하고 이들 의소들이 구성하는 범주를 기술함으로써, 레비스트로스에서 어휘로 드러나는 여러 구조적 단위들을 의소라는 더 구조적인 단위로 해체한 것이다. 따라서 레비스트로스가 말한 다소 어정쩡한 '신화소'라는 개념은 더 이상 그레마스에서는 존재할 수 없다.

그레마스는 설화학에 관한 한, 개별적인 판본을 가진 텍스트보다는 주로 프로프와 레비스트로스가 이미 만들어놓은 설화에 대한 메타언어를 활용하여, 이에 대한 또다른 메타-메타언어를 만들어내는 데 주력했다. 따라서 그는 보다 더 연역적인 방식으로 인식론적 구상을 펼칠 수 있었다. 그리고 이러한 작업이 그가 구상한 자연언어의 의미론이라는 보편적인 기획에서 이루어지고 있다는 점에서, 그가 행한 설화에 대한 모든 기술은 그것의 설화성으로부터 최대한 멀어진 것이라 할 수 있다. 굳이 말한다면, 이것은 의미론을 통한 시학이나 인류학의 해체로 간주할 수 있는 것이며, 설화 자체가 닫힌 의미론적 우주로 구축되기보다는, 보다 보편적인 의미론적 우주에 필연적으로 편재하게 될 계기를 맞게 된 것이라 할 수 있다.

5장
구조주의의 기획과 설화 의미론의 완성

프로프와 레비스트로스 그리고 그레마스가 서로의 이론들에 대해 상호 반응한 사례가 있다 하더라도,[216] 이들이 보이는 이론의 전개는 일종의 전제 내지는 선후 관계에 놓인다. 이에 따라 이 글은 프로프에서 레비스트로스를 거쳐 그레마스에 이르는 설화학의 흐름을 구조주의의 기획이 실행되면서, 본질적인 범주들이 해체되는 과정으로 보고자 했다. 마지막으로 몇 가지 설화학의 기본 범주들로 간주되는 것들이 이들 이론가들에서 어떻게 다르게 나타났는가를 비교함으로써, 이러한 가설을 보다 분명하게 입증하고자 한다.

설화는 문장들로 이루어진 담화로 구성되어 있다. 문장들은 대개 주어와 서술어로 이루어진다. 주어는 주인공이나 등장인물의 형상으로 나타나고 서술어는 이들의 상황이나 행위로 나타난다. 문제는 이들에서 형상성을 제거하여 보편적인 체계로 편입시킬 때, 이들이 체계 안에서 어떠한 항목으로 설정될 것인가 하는 점이다.

가장 먼저 설화의 구조적 단위를 설정한 예를 프로프의 '기능'에서 찾을 수 있다. 앞서 말했지만, 프로프는 기능을 '인물의 행위로 이해되는

데, 이는 행위의 과정에서 그것이 갖는 유의미성의 관점에서 정의되는 것'이라고 하였다. 가령 '주인공이 집을 떠난다'와 같은 것인데, 이러한 기능 안에는 주인공이라는 형상을 갖는 주어와 그의 행동을 기술하는 서술어가 결합되어 있다. 이러한 기능은 주어와 서술어가 체계 안에서 완전

---

216 프로프의 레비스트로스에 대한 비판, 그리고 이에 대한 프로프의 반론은 이미 앞에서 상세히 다룬 바 있다. 프로프의 반론에 대해 레비스트로스는 그의 생각을 후기 형식으로 간단하게 다음과 같이 제시했다.

"프로프의 이탈리아어본에서 그는 이 글(레비스트로스가 프로프를 비판한 글)에 대해 불쾌한 심정을 담은 장광설로 반응했다. 이탈리아 편집자의 물음에 대한 대답으로, 그러나 내게 오해인 듯이 보이는 것까지 다루지는 않는 선에서 간단히 코멘트를 하려 한다. 원본을 갖고 있지 않은 관계로 나는 번역본 164쪽에 실린 내용을 겨우 재구성할 수 밖에 없었다:

이탈리아 편집자에 의해 이 책에 포함된 프로프의 예언자적인 작업에 대해 1960년에 내가 쓴 글을 읽은 모든 사람들은 그것이 의도하는 바가 무엇인지를 알아차릴 수 있었을 것이다. 그것은 다른 사람들에 의해 그리고 같은 방향으로 나 자신에 의해 이룩된 모든 시도들보다 4반세기 앞섰던 위대한 발견에 바치는 헌사였던 것이다.

이 때문에 내가 충분히 경의를 표했고 또 그럴만한 자격을 갖추었다고 생각한 이 러시아 학자가 내 말을 전혀 다르게 받아들인 데 대해 놀라움과 유감을 금치 않을 수 없다. 그의 작업의 이론적이고 방법론적인 면들에 대한 정중한 토론이 아닌 불성실한 공격으로 받아들인 것이다.

이 주제에 대해 그와 논쟁을 벌이고 싶지는 않다. 다만, 관점들의 유익한 교환이 구술전통들의 연구와 해석에 대한 우리 각자의 기여에 바탕을 둘 수 있었음에도 불구하고, 그는 나를 철학자로 간주하면서 나의 모든 민족학적인 작업을 간과했다.

그러나, 이러한 대립으로부터 이에 대한 더 많은 지식을 가진 독자들이 어떤 결론을 이끌어내든지 간에, 프로프의 작업은 그들에게나 나에게 있어서나 영원히 처음이라는 이점으로 받아들여지게 될 것이다."

Lévi-Strauss, "Reflections on a Work by Vladimir Propp", pp. 144-145.

그런가 하면, 그레마스의 보로로 신화의 분석에 대한 레비스트로스의 반응을 살필 수 있는 단서도 있다.

"의무감에서, 나는 레비스트로스가 이 글(그레마스가 보로로 신화를 분석한 글)에서의 나의 해석, 특히 신화의 최초와 최종의 시퀀스에 관하여 완전히 동의하지 않았음을 밝혀야겠다. 레비스트로스의 전문성에 비하면 턱없이 부족한 이 방면의 나의 능력 때문에 독자는 그의 유보적 태도에 깊이 유념해야 할 것이다. 그러나 우리는 서사의 화제적 내용과 경계적 시퀀스들에서 표현된 내용들 간에 상관관계가 있다는 법칙은 정당한 것으로 유지된다는 것을 강조하는 것이 중요하다고 생각한다."

Greimas, *Du sens*, pp. 229-230.

히 대체 가능한 구조적 항목이 될 수 없음을 보여준다. 다시 말해 주인공이 구조적인 체계 안에 존재하는 것도 아니며, '집을 떠난 행위' 역시 구체적인 형상을 드러냄으로써, 구조적인 연결 관계를 갖지 않는다. 프로프가 '기능들의 연쇄가 항상 동일하다'고 말한 것은, 연쇄가 동일하게 나타나는 반복성을 말한 것일 뿐, 그 연쇄가 어떤 구조적 관계임을 밝힌 것은 아니다. 더구나, 그가 제시한 몇 개의 행위영역은 그 자신도 인정했듯이, 이러한 구조적인 형태론에서 벗어나 존재하는 것이다.

그렇다면, 레비스트로스가 말한 '신화소'는 그 대안이 될 수 있을까? 프로프가 말한 기능들과는 달리 '신화소'들은 이들의 관계가 음소와 같은 구조적 관계로 설정되었다는 점에서 보다 구조적이라 할 수 있다. 그러나 문제는 그 신화소가 무엇으로 구성되어있는지를 분석할 수는 없다는 데 있다. 레비스트로스는 그것을 관계의 다발이라고 말하는데, 여기서 다발이라는 말이 갖는 모호성이 문제된다. 오이디푸스 신화 분석에서 보면, 가령 과대평가된 혈연관계를 나타내는 몇 개의 어구나 문장들이 하나의 다발을 이룬다고 할 수 있다. 그렇다면, 신화소란 같은 의미를 추론할 수 있는 어구나 문장들의 덩어리를 말하는 것이다. 그것은 어떻게 추출되는가? 먼저 신화를 읽고 직관적인 몇 개의 신화소에 대한 가설을 세워야 할 것이다. 그 다음 그 신화소에 해당할만한 어구나 문장들을 신화의 줄거리에서 추출하게 된다. 신화소는 그런 점에서 직관적인 가설을 통해 만들어지는 것이다. 그러나, 이러한 직관은 다른 직관에 의해 대체될 수 있다. 같은 신화를 놓고 얼마든지 다른 신화소가 만들어질 수 있는 것이다. 문제는 이러한 신화소 자체가 의미를 구현하기보다는 신화소가 다른 신화소와 관계하면서, 그 관계 자체가 어떤 의미를 구현한다고 보는 시각이다. 레비스트로스가 오이디푸스 신화를 분석하면서 내린 결론은 매우 명백하다. 인간의 출생에 대해 인간이 갖는 모순된 관념을 중재하는 것이 바로 그 의미이다. 그런데, 신화소 자체가 그런 의미를 구현하는 것이 아니다. 여기에 신화소라는 단위가 갖는 모순이 드러난다. 그것은 분명히 어떤 직관에 의해 의미를 갖는 것으로 선택된 것이지만, 그러나 구조 안에서 그 의미는 다른 의미로 대체된다. 과대평가된 혈연관계라는 의미가 모순의 중재라는 의미로 대체되는 것이다. 신화소는 따라서 그 자체가 갖는 의미와 그것이 구조 안에서 구현할 의미 간의 간극을 드러내게 된다. 바꾸어 말하면, 신화소에는 서사적인 의미와 문화적인 의미가 함께 내포될 수 있는데, 이들 간에는 심각한 간극이 존재하게 되는 것이다. 이것은 신화라는 서사에서 문화라는 사유체계로 비약하는 과정에서 생겨난 문제점이다.

신화소가 갖는 더 심각한 문제는 그것이 무엇인지가 명확하게 드러나지 않는다는 점이다. 레비스트로스는 이를 음소, 형태소, 의미소 등과 비교했지만, 그가 말한 신화소는 이들처럼 분명하게 분절되지 않는다. 신화소는 이미 설화적인 것을 벗어나 새롭게 만들어진 체계에 존재하는 것이며, 그런 점에서 담화가 갖는 구조의 모든 것을 기술하려는 구조주의 기획을 넘어서, 아직 담화라 말하기 어려운 추상적인 사유체계의 구조를 기술하는 무리를 범하게 되는 것이다. 신화소에는 따라서 인물이나 그 행위들이 구조적으로 기술될 수 없으며, 따라서 적어도 레비스트로스에서 그 문제는 영원히 유보된 것으로 보인다. 레비스트로스가 철저한 구조주의자이지만, 그는 역시 인류학자였고, 그 맥락에 대한 지식을 버릴 수 없었다. 신화라는 담화를 이러한 맥락과 연결하려다 보니, 담화에 대한 분석은 포기하지 않을 수 없었으며, 이는 자연언어에 대한 분석을 일정부분 포기하는 결과를 낳는다.

레비스트로스에서 생겨난 이러한 간극과 모순을 보다 완전하게 해결한 것이 그레마스의 구조의미론이다. 신화를 포함한 담화, 즉 자연언어 일반이 모두 구조의미론의 대상이 된다. 구조의미론에서 서사적인 것은 구조화되어 드러난다. 그런데 이러한 서사적인 층위는 그보다 심층적인 층위와 그보다 표층적인 층위와 연결되어 있다. 가령, 레비스트로스에서 소거되었던 설화적 담화가 복원된다. 프로프로 되돌아간 것이 아니라, 프로프가 말한 비구조적인 잉여들을 모두 구조 안으로 끌어들인 것이다. 구체적인 발현의 층위는 물론이고, 기호사각형으로 드러나는 본질적 구조와 이들 서사적 구조는 연결되어 있다. 레비스트로스가 신화를 분석하면서 보여준 서사적 의미와 문화적 의미의 간극은 그레마스에서 서사적 구조와 본질적 구조 간의 생성 관계로 결합됨으로써, 구조주의의 이상에 보다 가까이 가게 된 것이다. 하나의 인물이 행위항으로 나타나는가 하면 행위자로 나타나기도 한다. 그런데, 이들은 서로 연결되어 있다. 형상으로 나타나는 하나의 행위는 주체와 대상 간의 이접과 연접을 만들어내는 통사론 안에서의 행위로부터 비롯된 것이고, 또 이러한 행위는 보다 본질적인 기호사각형의 구조로부터 비롯된 것이다. 서사적 층위에서의 행위는 기술적 행위이거나 양태적 행위로 나타나는데, 이는 곧 그 행위가 언어학적 행위임을 말하는 것이다. 이러한 언어학적 행위가 매개가 되어 설화의 담화가 표면으로 떠오르게 된다. 이러한 완전한 구조주의의 실천은 앞서 말했듯, 설화학을 전적으로 자연언어의 의미론의 관점에서 재편하기 위한 해체의 도정을 거쳐 이루어진 것이다. 그레마스는 프로프와 레비스트로스를 해체하고, 구조주의를 실천함으로써, 설화의 의미론적 우주의 방대하면서도 섬세한 구도를 그려냈다. 그것은 기본적으로 닫혀있지만, 그것이 곧 모든 것이라는 점에서 그의 기획은 일단 성공했다고 말할 수 있다. 그러나, 정말 그것으로 설화학의 이상은 완성된 것일까? 우리는 시방 이러한 닫혀진 이상을 숙주로 또 다른 언어들이 버섯처럼 피어나고 있는 현실을 목도하고 있다. 그 언어는 단속적으로 혹은 산포적으로 나타난다. 이들은 이제 우리가 본격적인 해체의 설화학을 마주해야 할 단계에 와있음을 말하는 조짐들이다. 구조주의의 이상이 완벽할수록, 그것에 대한 해체의 욕구는 강해진다. 그간 소외되고 소거되었던 것들을 통해, 새로운 언어가 구성되고 창안되는 실험은 해체의 설화학이 갖는 생산성의 또다른 극점을 보여줄 수 있다.

제4부

화용론

1장
의미론의 화용론적 해체

이 책에서 중점적으로 다룬 형식주의 이후의 설화학에서 가장 핵심적인 문제는 구조의 발견과 완성이었다. 구조는 하나의 텍스트에서 찾아질 수 있는 것이지만, 그것은 구조라는 말이 갖는 보편성을 보장하지 못하기 때문에 구조주의자들은 이 세상에 존재하는 모든 텍스트들이 갖는 구조를 찾아내려는 욕망을 갖는다. 가령, 설화 판본 하나에 대한 분석이 설화학의 출발일 수 있지만, 적어도 프로프로부터 시작된 구조주의 설화학은 여러 판본 혹은 하나의 장르에 속하는 여러 텍스트들에서 보편적인 구조를 찾아내려 한다. 설화학에 함의된 '설화'의 장르론적 함의는 여기에서 실현되는 구조주의가 보편적인 구조주의가 아닌 국지적인 구조주의가 될 수밖에 없음을 말해준다. 그러나 구조주의자의 궁극적인 꿈은 이 세상에서 가장 보편적인 구조를 찾아내는 데 있을 것이다. 그 꿈이 그레마스의 의미론에서 이루어졌다고 감히 말할 수 있다. 프로프에서 레비스트로스를 거쳐 그레마스에 이르는 동안, 마법담이니 신화니 하는 장르론적 국지성은 사라지고 의미론적 보편성만이 남게 된다. 여기에서 설화는 의미론적 우주가 생성되는 과정에서 거쳐야 하는 하나의 단계로 상정된다. 따라서 이 세상에 존재하는 모든 의미론적 텍스트에는 '설화'가 필연적으로 존재할 수밖에 없다. 이러한 구조주의의 보편적 사유에 이르면, 구조 이전에 존재했던 형이상학적이고 본질적인 개념적 분류들, 다시 말해 어떤 언어의 매개없이 우리의 인식 안에서 현실과의 직접적인 접촉을 통해 만들어졌던 체계들이 여지없이 해체된다. 이 책에서 다루는 '설화'라는 개념 역시 마찬가지이다. 설화라는 개념은 이 책이 추구하는 해체의 맥락에서 매우 유동적으로 표류한다. 그것이 갖는 국지성과 보편성 사이에서 개념이 이동하면서, 해체의 운동에 참여하는 것이다. 설화가 우리가 처음 상정했던 가장 국지적인 구술서사에 한정된 개념에서 구술과 문자를 넘어서 이야기로서의 서사로 확장되거나 아니면 이러한 서사가 함의된 모든 담화로 확장되는 과정에서 설화가 갖는 담론적인 위상은 매우 달라진다. 설화라는 말이 고정된 개념을 갖지 않고, 이와 같은 의미론적인 스펙트럼 안에서 유동하는 양상은 오늘날의 해체론적 사유와 밀접한 관련을 갖는 것이다. 이러한 상황에서 우리가 기술할 수 있는 것은 장르로서의 설화가 갖는 고정된 위계가 아니라, 설화를 통해 새롭게 생성되는 체계가 갖는 담론적 위상들이다. 이 책이 내세운 설화학이라는 학문적 영역 역시 그 생성과정에서 기호학이나 의미론 등과 같은 학문 영역들과 연계하여 새로운 체계를 만들어낸다. 하나의 개념으로 집약해가는 것이 아니라, 개념으로부터 탈주하면서 새로운 개념을 끊임없이 생성해가는 것이야말로, 오늘날 설화학에게 주어진 해체론적 과업이 될 것이다.

지금까지 이 책의 기술에서 보았듯, 이러한 해체는 구조주의가 완성되어가는 과정에서 이미 존재해온 것이다. 가장 완전한 구조는 이 세상의 모든 것을 텍스트로 보고, 그 텍스트가 갖는 모든 측면을 포괄하여 그들 간의 관계를 완전하게 기술하는 순간 만들어진다. 구조를 통해 모든 것을 기술한다는 것은 구조를 위해 그간 우리의 인식을 지배해왔던 많은 본질적인 것들이 희생되어야 함을 말한다. 그러나 해체는 구조주의의 완성으로 끝나지 않는다. 구조주의가 해체론을 함의한다 하더라도, 해체론은 그것을 넘어 활동하는 담론적 행위로 나타난다. 구조주의의 기획이 완성되었다고 생각하는 순간, 그것은 하나의 규범이 되어 텍스트의 자유로운 탈주를 규제하려 한다. 우리가 구조적으로 사유하는 것이 단지 텍스트의 관계망을 기술하는 틀을 전제하는 사유를 하는 것을 말하지는 않는다. 레비스트로스가 말하듯, 구조주의적 사유는 구체적인 것에 대한 사유이다. 그러나 역설적이게도 구조주의는 하나의 거대한 기획을 우리에게 제시하고, 그것을 틀로 삼아 텍스트를 기술하게 만든다. 이러한 모순 앞에서 우리는 이러한 구조를 폐기해야 할 것인가? 대표적인 해체론자인 데리다는 이에 대해 다음과 같이 말한다.

> 또한 당신이 환기시킨 구조의 개념의 경우는 틀림없이 훨씬 더 애매모호합니다. 모든 것은 구조라는 개념과 더불어 행한 작업에 달려 있습니다. 기호의 개념-그러므로 기호학-과 마찬가지로 그것은 로고스중심적이며 인종중심적인 확신들을 공고히 함과 동시에 뒤흔듭니다. 우리는 이러한 개념들을 폐기할 수 없으며 그렇게 할 방법 또한 가지고 있지 않습니다. 그러므로 기호학의 내부에서 개념들을 변형시키고 이동시키며 그것들의 전제와는 다른 방향으로 바꾸어놓고 다른 연쇄망 속에 재기입하며, 작업의 지평을 조금씩 변화시키고 그리하여 새로운 지형을 생산해내야 합니다.[217]

해체가 가능한 것은 지금까지 설화학의 도정에서 구조의 생성을 통한 해체가 그 씨앗이 되기 때문이다. 구조를 폐기할 수 없으며, 또한 구조 이전으로 돌아갈 수도 없다. 데리다의 말대로, 변형, 이동, 재기입, 지평의

217 자크 데리다, 『입장들』, 박성창 편역, 솔, 1992, p. 46.

변화와 지형의 생산과 같은 작업이 구조를 바탕으로 이루어져야 하는 것이다. 그것은 구조라는 이름으로 지워졌던 것들을 다시 복귀시키는 일이며, 그러한 복귀는 역설적으로 구조라는 숙주가 있기에 가능한 것이다. 그렇다면, 구조주의가 완성되는 과정에서 지워졌던 것은 무엇이며, 그것들을 어떻게 귀환시킬 것인가? 먼저 우리는 최초의 소쉬르의 전제, 즉 파롤이 아닌 랑그를 언어학의 대상으로 삼았던 공리를 돌이켜 보아야 할 것이다. 랑그가 고정된 체계라 해도, 그것은 어느 순간의 공시태에서 그런 것이다. 파롤이 변하면서 그것을 규제하는 랑그 역시 변화한다면, 변화하는 랑그, 혹은 상황 안에서의 랑그의 새로운 위상에 대한 사유가 당장 요구된다. 대상이 아닌 과정, 외연이 아닌 내포, 개체가 아닌 맥락, 분석이 아닌 해석에 대한 관심이 촉발되는 시점에 다다른 것이다. 우리는 이것을 통틀어 화용론적 관심이라 명명할 수 있다. 종래의 내재적인 것과 초월적인 것 간의 결정론과 환원론적 관계 짓기가 아닌, 초월적인 것과 내재적인 것 간에 일어나는 미시적인 상호작용을 기술할 수 있는 보다 유연한 논리는 상황성과 가변성을 담화에 이끌어들이는 화용론을 통해 창안될 수 있으며, 이것 역시 이 책에서 말하는 넓은 의미의 해체의 기획 안에 있다고 말할 수 있을 것이다.

2장
내포성의 구조화와 이데올로기의 발현:
바르트의 신화론

바르트의 신화론이 획기적인 의미를 갖는 것은 먼저 그가 말한 신화가 종래의 장르로 고정된 신화가 아니라는 점에 있다. 신화는 특정한 담화가 의미작용하는 상황에서 일어나는 하나의 가능성으로 간주된다. 따라서 신화는 담화가 있는 곳이면 어디든 서식한다. 바르트가 말한 메시지로서의 신화는 그 메시지의 내용에 의해 정의되는 것이 아니라, 그것이 발화되는 방식에 의해 정의된다.[218] 그것은 특정한 사회에서 공인되어 받아들여지는 것이라는 점에서 코드와 같은 형태로 나타난다. 어떤 대상에 어떤 사회에서 그 대상이 갖는 본래의 의미를 넘어서는 또 다른 공통된 의미가 부여될 수 있는 것이다. 이때 바르트가 말한 메시지는 단지 구술적인 발화에 한정되지 않으며, 가령 사진, 영화, 보고서, 스포츠, 쇼, 공공성과 같은 것들도 모두 신화적 발화를 생성할 수 있다.[219] 이 말을 바꾸어 말하면, 신화성은 일정한 의미작용의 형식만 갖춘다면 그것이 어떤 내용이든 관

---

218 Roland Barthes, *Mythologies*, Seuil, 1957, pp. 215–216.

219 Ibid., p. 216.

계없이 발현될 수 있다는 것이며, 앞서 이 책에서 제시한 설화가 갖는 신화성의 가설을 받아들인다면,[220] 설화 역시 메시지 어디든 편재할 수 있다고 말할 수 있다.

그렇다면 그러한 신화는 어떤 과정을 거쳐 나타나는가? 이를 이해하기 위해서는 하나의 담화가 의미를 구성하는 과정에서 두 단계의 과정을 거친다는 가정을 해야 한다. 메시지에는 겉으로 드러내는 외연적 의미와 그 안에 숨겨진 내포적 의미가 있다. 이러한 가정은 결코 새로운 것이 아니다. 텍스트의 의미를 찾는 데 골몰해온 오랜 해석학적 전통이나 문학적 형식이나 기법을 탐구한 영미의 신비평이나 독일의 문예학 등에서도 이러한 내포적 의미에 대한 관심은 늘 있어온 것이다. 그러나 문제는 그러한 내포적 의미를 어떻게 드러내는가 하는 점이다. 적어도 직관적으로 포착되지 않고 언어적 매개를 거쳐 소통가능한 양식으로 그것이 기술되기 위해서는 구조화의 단계를 거쳐야 한다. 여기에 의미와 구조 사이에 일어날 수 있는 모순을 담론적으로 해결해야 할 과제가 생겨난다.

1. 예름슬레우의 내포기호학

바르트가 말한 신화의 의미작용을 설명하기에 앞서 그의 관점의 토대가 된 구조적인 틀인 예름슬레우의 내포기호학에 대해 살펴볼 필요가 있다.

예름슬레우는 소쉬르가 배제한 실체에 대해 기호학적 관심을 갖는다. 그는 형식을 '내용 – 형식'과 '표현 – 형식'으로 구분한 것처럼 실체를 '내용 – 실체'와 '표현 – 실체'로 구분한다.[221] 이 세상에는 그러나 그 이전에

220 이 책, 제1부 2장 참조.

기호학적으로 규정되지 않는 무정형의 덩어리와 같은 것들이 내용 층위와 표현 층위에 존재하는데, 이것을 '내용–물질'과 '표현–물질'이라고 한다. 이들은 현실세계에 그냥 존재하는 것이기 때문에, 의미화될 가능성을 갖고 있을 뿐 아직 기호학적으로 형성된 상태가 아니다. 예름슬레우가 이러한 물질에 대해 관심을 가진 것은 이것이 기호학적으로 내용–실체와 표현–실체를 형성시키기 때문이다. 다시 말해, 예름슬레우는 기호학적으로 형성된 실체들의 층위를 가정한 것이다. 이것이 소쉬르와 구분되는 점이다. 기호학적인 실체는 물질이 형식에 의해 특별하게 구조화되면서 생겨난다. 따라서 실체는 언어적 형식을 위한 필수적인 전제는 아니며, 오히려 언어적 형식이 실체를 위한 필수적인 전제로 작용한다고 볼 수 있다. 기호작용이 이루어지는 과정에서 실체는 가변적인 것이지만, 그것을 구조화시키는 형식은 고정적이라는 점에서, 예름슬레우가 다루는 기호는 이러한 형식에 국한된 것이다. 그런 점에서 예름슬레우는 여전히 소쉬르의 공리에서 벗어난 것은 아니다.

예름슬레우의 관심은 기호가 의미작용하는 과정에서 생겨나는 여러 가변성에 관한 것으로 확장된다. 앞서 말한 기호학적인 네 개의 층위를 바탕으로 그는 다시 외연기호학을 확장하여 내포기호학과 메타기호학의 가능성을 제시한다. 그것의 어떤 국면–표현 국면과 내용 국면–도 기호학이 아닌 기호학을 외연기호학이라 한다면, 그것의 표현 국면이 기호학인 기호학은 내포기호학이고, 그것의 내용 국면이 기호학인 기호학은 메타기호학이다. 여기서는 바르트의 신화론과 직접 관련된 내포기호학에 대해 좀 더 살펴보기로 하자.[222] 가령 우리가 일반적으로 하나의 텍스트를

221 Hjelmslev, op.cit., pp. 47–75 참조.

222 예름슬레우의 내포기호학에 대해서는 ibid., pp. 114–120 참조.

읽을 때, 하나의 구조적 동질성이 있을 것이라고 가정한다. 그러나 텍스트에는 수없이 다양한 요소들이 존재하는데, 가령 다양한 형식이나 문체, 매체와 방언, 음조 등과 같은 것들이다. 이러한 것들이 결합하면서 생겨나는 조합은 무한한데, 이들은 단일한 체계로 미리 규정할 수 없는 가변적인 것들이다. 예름슬레우는 이를 '내포소'*connotator*로 명명한다. 텍스트가 무한히 생산될 수 있는 것은 표현의 대체, 다시 말해 하나의 기호 집단에 속하는 두 개의 기호 간에 일종의 '번역가능성'이 존재하기 때문인데, 이때 이러한 기호 집단은 차례로 각자의 내포소와 연대한다. 김소월의 '진달래꽃'을 영어로 번역하면, 영문 '진달래꽃'은 한국어 '진달래꽃'과 같은 외연적 내용을 공유하지만, '한국어적 특성'과 '영어적 특성'이라는 다른 내포소를 갖게 된다. 달리 말해보자. 같은 한글 '진달래꽃'을 다른 사람이 다른 음조로 읽었다 해도 똑같은 번역가능성이 실현되면서 다른 내포소를 생산해낼 수 있다. 이러한 내포소의 생산은 외연적 형식이나 실체 모두에서 일어날 수 있다. 문제는 이러한 가변적인 것을 기호학적인 언어로 기술하기 위해서는 새로운 방법이 모색되어야 한다는 점이다. 외연적 기호학을 표현으로 보고 그에 대한 내용을 내포소로 보는 예름슬레우의 방법론은 이러한 가변적인 것을 기호학으로 포괄하기 위해 구사된 전략에서 비롯된 것이다. 텍스트를 분석할 때, 먼저 외연기호학적 분석이 완결된 뒤, 같은 과정을 통해 내포기호학적 분석이 이루어질 수 있다. 기호학을 표현 국면으로 다루는 내포기호학은 기호학의 새로운 규칙을 제시했다기보다는 외연기호학에 적용된 규칙을 연장한 것에 불과하다는 점에서 지속적인 것과 가변적인 것, 내재적인 것과 초월적인 것, 본질적인 것과 상황적인 것 간에 일어날 수 있는 성가신 모순을 절묘하게 해결한 기호학으로 평가될 수 있다.

2. 신화의 의미작용

바르트의 신화론에서 차용된 방식이 바로 이러한 것이다.[223] 바르트 역시 기호학이 형식에 대한 과학임을 인정한다. 그러나 신화론은 형식의 학문인 한 기호학의 한 부분이기도 하지만, 동시에 역사과학인 한 이데올로기의 일부이기도 하다는 것이 바르트의 주장이다. 왜냐하면 신화론은 형식 안의 관념들을 연구하는 것이기 때문이다. 이러한 점은 예름슬레우가 형식에 의해 만들어진 내용 실체를 기호학적 층위에 포괄시킨 것과 같은 맥락이다. 그러나 바르트는 그가 제시한 표현이나 내용이라는 용어 대신 다시금 소쉬르의 용어로 돌아가, 기표와 기의 간의 관계에서 생겨나는 내포성에 주목하여 신화론을 전개한다. 일반적으로 기호학에서의 관심은 기표와 기의에 집중되어 있다. 기표가 기의를 나타낸다는 일반적인 관념에 의지하는 것이다. 그러나 바르트는 여기에 두 개가 아닌 세 개의 다른 항이 존재한다고 주장한다. 우리가 포착하는 것은 기표와 기의 하나하나가 아니라 이들의 상관성이기 때문에, 이들을 결합시킨 기호라는 항이 더 추가되어야 한다는 것이다. 그가 제시한 예는 이런 것이다. 만일 '정열'을 '장미'로 나타냈다고 하자. 이 경우, 기의인 '정열', 기표인 '장미'만이 존재한다고 말할 수 있을까? 그렇지 않다. 정확히 말해 여기에는 오직 '정열화된' 장미가 있을 뿐이다. 그러나 분석의 차원에서 우리는 세 개의 항들을 찾을 수 있다. 왜냐하면 정열을 담은 이런 장미들은 완전하고도 올바르게 장미와 정열로 분해될 수 있으며, 이들 따로 존재했던 것들이 결합하여 제 3의 대상인 기호가 만들어지기 때문이다. 경험의 차원에서는 메시지에서 장미를 분리해낼 수 없지만, 분석의 차원에서는 기표로서의

223 바르트의 신화론에 대해서는 Barthes, op.cit., pp. 215-268 참조.

장미와 기호로서의 장미를 혼동할 수는 없다. 즉 기표가 텅 빈 것이라면 기호는 가득 찬 것인데, 의미는 바로 여기에 있는 것이다.

바르트는 신화에서도 이와 같은 기표, 기의, 기호 간의 관계가 찾아진다고 말한다. 신화는 이전에 존재한 기호학적 연쇄로부터 구축된 2차 기호체계라는 점에서 특수 체계라 할 수 있다. 1차 체계에서 기호인 것(개념과 이미지가 결합된 전체)이 2차 체계에서는 단지 기표가 된다. 바르트는 신화적 발화의 다양한 재질들(언어, 사진, 회화, 포스터, 제의, 오브제 등)이 처음에는 모두 다를지라도 그들이 신화에 의해 포착되는 순간, 하나의 순수한 의미작용의 기능으로 환원된다고 말한다. 처음의 기표와 기의의 결합에서 기표는 더 큰 체계의 일부가 되면서 단순한 재질로만 받아들여진다. 이렇게 더 큰 체계가 만들어지는 것은 기호의 확장이라 할 수도 있고 왜곡이라 할 수도 있다. 예름슬레우가 말한 내포소의 형성이 일어나는 것이다. 그리하여 바르트는 예름슬레우의 내포기호학의 모델에서 빌어 와 만들어낸 신화생성의 기호학적 모델을 다음과 같이 제시한다.

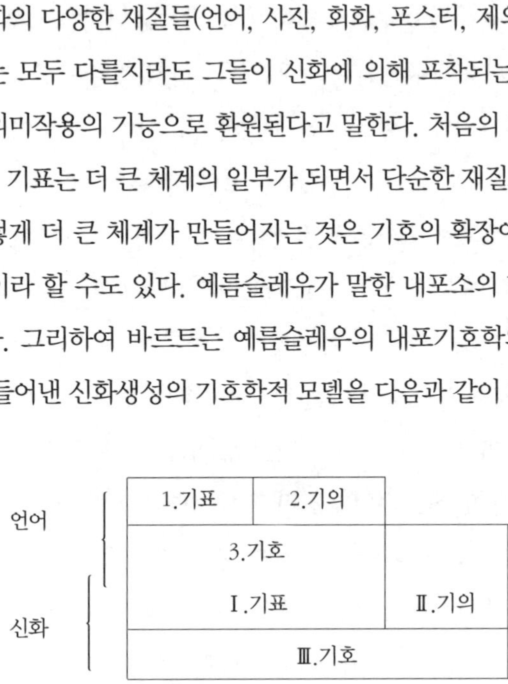

〈표 51〉 신화생성의 기호학적 모델

여기서 1차 체계의 기표와 기의의 관계는 2차 체계의 기표와 기의의 관계와 같으면서 다름을 알 수 있다. 2차 체계가 1차 체계를 토대로 구축되었고, 또한 소쉬르가 말한 기표와 기의 간의 일정한 관계를 공유한다는 점에서 이들의 관계에서 동질성을 찾아낼 여지가 있다. 그러나 이들의 관계는 분명히 다르다. 예름슬레우가 외연기호학과 내포기호학을 구분한 기준이 여기에도 그대로 적용되어 1차 체계의 기표는 기호가 될 수 없지만 2차 체계의 기표는 기호가 되는 것이다. 적어도 2차 체계에서 기의를 찾아내기 위해서는 1차 체계를 기호 전체로 인식하는 전단계를 필수적으로 거쳐야 하는 것이다. 그것은 문자적인 것이 될 수도 조형적인 것이 될 수도 있으며, 때로는 이들을 종합한 어떤 메시지가 될 수도 있다. 그것이 하나의 전체적 기호로 받아들여질 때, 그 기표에 대한 기의가 떠오르게 되는 것이다. 문제는 그것이 떠오르는 방식이 1차 체계에서 기의가 나타나는 방식과 다른 점이 있다는 데 있다. 언어는 기표와 기의의 자의적인 결합으로 이루어져 쉽게 소통될 수 있다. 1차 체계는 그와 같은 소통이 이루어지는 체계이다. 그러나 2차 체계에서는 그러한 소통이 쉽지 않다. 2차 체계에서 의미를 읽어내는 일이 쉽지 않고, 또 그것이 의도적으로 은밀히 감추어져 있을 수 있다. 신화가 생성되는 방식이 바로 그런 것이다. 바르트는 신화의 기표가 모호한 방식으로 제시된다고 말한다. 그것은 의미이면서 형식이고, 가득 찬 것이면서 텅 빈 것이라는 것이다. 의미로서 기표를 읽을 때, 그것은 감각적인 현실로 우리에게 수용된다. 그것은 그 자체로 충만한 것이며, 그 나름의 합리성을 주장할 수 있는 것이기도 하다. 예를 들어, 문자와 사진으로 이루어진 다음 쪽의 광고[224]의 의미를 읽어보자.

이 광고에서 쓰인 문구들은 광고의 사진이 보여주는 풍경만큼이나 절제되어 있다. 우리는 이 광고를 보며, 첫 번째 이러한 문자와 사진을 그 자체로 충만한 의미로 받아들인다. 고급스럽고 조용한 저택과 맑은 공기와 나무들이 가득한 정원에서의 삶의 한 풍경이 거기에 있다. 그것은 그

---

224 『CASA LIVING』, 시공사, 2008.5 게재 광고

자체로 아름다운 것이며, 따라서 그것은 내가 꿈꾸는 삶의 한 모습일 수도 있다. 바르트는 이미 구축된 이러한 의미가 일종의 지식, 과거, 기억, 그리고 사실들, 관념들, 결정들을 비교할 수 있는 질서를 보여준다고 말한다. 그런데 이러한 의미가 형식이 되면서, 그것은 그것이 갖는 우발성으로부터 멀어진다는 것이다. 우발성으로부터 멀어진다는 것은 그것이

하나의 역사적 사실로서 자리매김되는 것이 아니라, 그러한 것들이 증발한 채 문자나 사진과 같은 껍데기만 남게 됨을 말하는 것이다. 이것은 우리가 메시지를 읽는 과정에서 생겨나는 것으로, 의미에서 형식으로, 언어학적 기호에서 신화적 기표로의 비정상적인 역행을 보여주는 것이다. 멋진 저택의 문을 열면 보이는 푸른 숲으로 난 오솔길은 그렇게 순수한 풍경이 아니라, 무엇인가를 감춘 하나의 형식이 되는 것이다. 다시 말해 형식은 그것을 채울 의미를 요구하게 되고, 그러면서 이 광고는 전체적으로 무엇인가 다른 의도를 가진 신화적 기표로 작용하는 것이다.

그런데 문제는 이 과정에서 형식이 의미를 완전히 제압하지 못하고 단지 빈곤하게 할 뿐이라는 데 있다. 이것은 1차 체계와 2차 체계를 연결하는 하나의 고리로 작용한다. 형식이 의미를 마음대로 주무른다 해도, 의미가 완전히 소거될 수 없는 것은 결국 형식이 그 의미에 토대를 두지 않으면 안 되기 때문이다. 멋진 저택과 푸른 정원은 그것이 다른 것을 감추고 있다 하더라도, 그 멋진 모습의 껍데기는 계속 유지하는 것이다. 형식은 의미를 소거하려 하지만, 또한 그것에 기대지 않으면 안 되는 역설적 상황이 벌어지는 것이다. 그런 점에서 바르트는 신화를 의미와 형식 사이에 계속되는 숨바꼭질이라고 말한다.

그렇다면, 이러한 메마른 형식을 차고 들어온 개념 즉 새로운 의미는 어떤 것인가?

바르트에 따르면 형식이 메마르면서 형식 밖으로 흘러나갔던 이야기들이 다시금 개념에 의해 불러 모아지는데, 그 개념은 결정된 것이며, 역사적이면서 동시에 의도적인 것이다. 그리고 그것이 신화를 발화시키는 동기가 된다는 것이다. 앞서의 광고에서 그것은 특정 회사의 제품이 환경친화적이라는 것으로 나타난다. 이러한 개념은 세계 전체와 관련될 수 있는 것인데, 가령 화학물질의 위험성이나 웰빙 유행 혹은 생태론적 관심

더 나아가서는 한국의 여러 사회 문화적 상황들이 거기에 연루될 수 있다. 개념에 투여되는 것은 현실 자체라기보다는 현실에 대한 지식이며, 따라서 의미에서 형식으로 나아가면서 드러난 광고 메시지는 그 지식을 상실하지만, 또한 개념을 통해 지식을 더욱 잘 받아들일 수도 있게 된다. 신화적 개념에 투여된 지식은 따라서 명료하고 순수한 본질이 아닌 혼란스러운 무정형의 연상처럼 나타나며, 또한 개방된 성격을 갖는 것으로 간주된다. 그것은 상황에 따라, 또는 그것을 수용하는 집단에 따라 달리 기능하는 것이다. 바르트는 바로 이 점이 신화적 개념이 갖는 역사성을 말해주는 것이며, 그 때문에 역설적으로 신화를 제압할 수 있는 것도 역사일 수밖에 없다고 말한다. 멋진 저택에서 바라본 푸른 정원과 오솔길은 그 자체로 충만한 것인데, 어느 순간 그것이 비워지고 형식이 되었을 때, 그 형식을 채우는 이야기는 반쯤은 그러한 환상적이고 생태적인 삶일 테지만 결국은 그러한 삶을 이루기 위해서는 특정한 기업이 만드는 상품을 소비해야 한다는 것이다. 21세기 한국의 어느 인테리어 잡지에 이러한 광고가 게재된 것 자체는 이 광고가 어느 시점 어느 공간에서 전달되는 역사성을 띤 메시지임을 보여준다. 그러나 그러한 메시지에 숨은 신화를 읽어내기 위해서도 역시 이러한 상황이 고려되어야 한다. 바르트는 그러한 신화가 독자에게는 일종의 사실의 진술이면서 통고처럼 제시된다고 말한다. 가령, '특정 회사의 제품은 환경친화적이다'라는 이야기는 그 자체가 사실인 것처럼 제시되면서 또한 그렇게 생각하기를 우리에게 은근히 명령하고 있다. 그것이 우리에게 그렇게 전달되어 우리에게 아무렇지도 않은 사실로서 받아들여질 때, 광고의 사진과 문자는 그 자체로 응고된 기표가 되며, 그에 따른 신화적 의미작용이 반복적으로 이루어지게 된다.

이러한 신화를 해독하는 방식을 바르트는 세 가지로 제시한다.

첫 번째는 텅 빈 기표에 초점을 맞추고, 아무런 모호함도 없이 개념으로 하여금 신화의 형식을 채우도록 하는 것이다. 멋진 저택과 푸른 정원이라는 기호를 비워 거기에 '특정회사의 제품은 환경친화적이다'라는 개념을 채워버림으로써, 멋진 저택과 푸른 정원이 특정 기업의 한 상징으로 굳어지게 하는 것이다. 이것은 말할 것도 신화제작자, 그리고 이 경우 광고주나 광고제작자들이 하는 일이다.

두 번째는 가득 찬 기표에 초점을 맞추어 거기에 숨어있는 왜곡을 읽어내는 일이다. 멋진 저택과 푸른 정원이 특정 회사의 이미지에 대한 알리바이임을 읽어내는 이러한 일은 신화학자의 몫이라 할 수 있다.

마지막으로, 의미와 형식으로 만들어진 뒤얽힌 전체로서의 신화적 기표에 초점을 맞춘다면, 독자는 애매한 기호작용을 수용하게 된다. 신화의 메커니즘과 그것의 역동성에 반응하면서 독자는 신화를 읽는다. 이 경우, 멋진 저택과 정원은 더 이상 명백한 상징이나 알리바이가 아니며, 그것은 특정기업의 환경친화성의 현존 자체가 된다. 이러한 독해는 신화소비자의 몫이다.

가령, 첫 번째와 두 번째 방식의 신화의 독해에 의하면, 신화는 더 이상 존립할 필요가 없다. 만일 광고에서 그것을 만든 사람들이 기업의 환경친화성을 홍보하기 위해 어떤 문구나 이미지를 썼다면, 적어도 그들에게 그 광고는 신화로 존재하지 않는다. 그것은 하나의 기업홍보물일 뿐이다. 만일 그 광고를 보고, 누군가 이것이 기업의 환경친화성을 홍보하기 위해 교묘한 문구와 이미지를 끌어왔다는 사실을 파악한다면, 역시 그에게 광고는 더 이상 신화가 아니다. 그러나 대개의 광고 소비자들은 그 광고를 어느 정도 진실이면서 또 어느 정도 비사실적인 이야기로 경험한다. 광고 소비자들은 광고에 나온 문구와 이미지들이 특정한 상황에서 의도적으로 만들어졌다고 생각하기보다는, 그 자체로 합리적인 것으로 굳어진 다시 말해 자연스러운 것으로 받아들인다. 바르트가 신화가 역사를 자연으로 변형시킨다고 말한 것은 그런 의미에서이다. 이러한 바르트의 생각은 레비스트로스가 신화의 기능을 갈등의 중재로 본 것과 상통하는 것이다. 모순을 모순으로 받아들이기보다는 신화의 중재를 통해 모순이 아닌 것으로 받아들이는 과정이 바로 바르트의 신화소비자들이 신화를 수용하는 방식인 것이다. 다만 바르트는 신화를 레비스트로스보다 훨씬 폭넓은 개념으로 제시한다. 마치 곰팡이처럼 어디든 여건이 주어진다면 신화는 번식할 수 있는 것이다. 그 여건은 매우 이데올로기적인데, 바르트가 말한 신화는 이러한 이데올로기를 감추는 하나의 도구로 작용할 수 있다.

3. 바르트 신화론의 해체론적 함의

바르트가 말한 신화는 종래의 설화학에서 말한 신화의 개념과는 전혀 다르다. 신화는 하나의 판본으로 존재하는 것이 아니다. 또 거기에는 인물이나 행위와 같은 서사의 구성요소들도 나타나지 않는다. 한 마디로 구조주의적 관점에서 가장 중요하게 생각하는 텍스트가 바르트의 신화론에서 무엇인지가 명확하게 드러나지 않는다. 가령 앞서의 광고는 그 자체로 텍스트이기는 하지만, 그러나 그 자체만으로 신화가 되지는 않는다. 그것은 신화 생성을 가능하게 하는 하나의 숙주일 뿐이다. 그렇다면, 바르트가 말한 신화에는 구조가 있는 것일까? 앞서 바르트의 신화론을 논하면서 기술한 것은 모두 구조적 과정에 속한다. 분명히 바르트의 신화에도 구조가 있다. 그러나 그 구조는 멈추어진 텍스트의 구조가 아니라, 상황에 따라 생성되는 과정의 구조이다. 의미가 비워지고 형식화되는 것은 하나의 과정이다. 그것은 그레마스가 의미생성의 행로에서 발생을 말했을 때의 과정과는 전혀 다른 것이다. 그레마스가 만들어낸 닫혀진 의미론적 우주 안에도 움직임이 있지만, 그러나 어떤 커뮤니케이션의 상황에서 발신자와 수신자, 그리고 수없이 다양한 맥락들이 관여하면서 일어나는 가변적 의미작용은 이러한 움직임과는 다른 움직임인 것이다. 생성이란 구조 안에서만 이루어지는 것이 아니라, 구조를 넘어서 존재할 수 있다. 혹 그것은 각자의 마음에서 일어나는 것은 아닐까? 바르트가 말한 신화 생성에 관여하는 신화제작자, 신화학자, 신화소비자의 마음이 각기 다르다면, 이는 신화소 및 신화의 판본들 간에 일어나는 의미론적 교체 넘어서 근본적으로 관점에 따른 신화 생성의 존재 여부가 문제된다. 다시 말해 어떤 텍스트가 신화로 포착될 수도 있고 그렇지 않을 수도 있다. 이러한 점은 신화의 의미를 어떻게 해석하는가의 문제가 아닌, 신화가 과연 존재하는가하는 보다 근본적인 문제인 것이다. 그러나 바르트는 이러한 모든 해체의 가능성 앞에서 최대한 이들을 불러 모으려 한다. 신화는 어떤 메시지에 내포된 것으로 간주되고, 그 내포는 엄연히 기표와 기의의 관계를 통해 드러날 수 있다. 바르트가 불러모으는 것은, 역사나 이데올로기 같은 것들이다. 신화는 역사의 대척점에 서있으며, 역사와 역동적인 상호작용을 한다. 바르트의 말대로 신화는 역사를 자연화시킴으로써 그것을 무력하게 하는데, 그것이 신화로 포착되는 순간 그것은 역사 안에 편입되면서 탈신화화될 수 있다. 신화에 대항하는 것은 이러한 신화가 갖는 신화성을 드러내는 담론을 통해서만 가능하다. 신화의 신화가 만들어진다면, 그것은 신화에서 역사성을 회복시키는 하나의 방식이 될 것이다. 그것은 또한 이데올로기와 깊은 관련을 맺는다. 신화는 근본적으로 이야기이다. 그러한 이야기는 고정된 판본으로 존재하지 않고 의미가 비워진 상황에서 반강제로 이끌려 들어온다. 그렇게 하는 것이 바로 이데올로기이다. 역사와 이데올로기가 신화와 관계맺는 상황은 역사와 이데올로기가 가변적이라는 점에서 계속 변화를 겪을 수밖에 없다. 그것을 완성된 의미론적 우주로 표출할 수 있을까? 그것은 담화에서 의미론적으로 포착되지 않는 잉여, 다시 말해 내포된 어떤 것을 탐구함으로써만 포착될 수 있을 것이다. 바르트의 신화론은 그것을 실천하려 했으며, 그런 점에서 그것은 매우 적극적인 해체론적 설화학의 담론을 보여준 것으로 간주된다.

3장
의미의 상대성과 국지성:
라스티에의 해석의미론

보편적인 의미론적 우주를 구축하고자 한 그레마스의 의미론은 그것이 갖는 지나친 보편주의 때문에, 비판을 받는다. 이론의 형식화는 그것이 국지적인 현상들에 적용할 때, 그 국지성을 설명하는 데 한계를 가질 수밖에 없다. 앞서 바르트의 예에서도 보았듯, 커뮤니케이션의 상황은 가변적이거나 우발적임으로써, 의미는 그 상황에 따른 내포성을 갖게 된다. 그레마스가 갖는 이러한 문제점을 극복하고 해석의 상황을 고려하여 제시된 라스티에의 해석의미론은 설화학에서 구조주의의 기획에 대한 하나의 해체의 사례로 언급될 필요가 있다.

라스티에는 언어학에서 기원했다고 주장하면서 지나치게 형식주의에 함몰됨으로써 의미론을 등한시한 텍스트 이론과 언어가 갖는 특수성을 고려하지 않는 즉 텍스트 의미론을 개념들과 보편적 원천들의 조합으로 환원시킨 기호학적이며 인지적인 이론들 모두를 거부한다.[225] 그렇다면

225 François Rastier, *Meaning and Textuality*, (trans.) Frank Collins & Paul Perron, University of Toronto Press,x.

그가 추구하는 것은 언어학적이면서도 의미가 구현되는 상황에 따른 가변성을 설명할 수 있는 보다 유연한 의미론이 될 것이다. 이러한 의미론은 자칫 잘못하면 편의적인 절충론이 될 수도 있지만, 라스티에는 그러한 함정을 피하기 위해 다양한 이론적 장치들을 마련한다.

의미론이 추구하는 가장 핵심적인 문제는 말할 것도 없이 '의미'이다. 의미는 객관적인 것인가, 아니면 주관적인 것인가? 이것은 의미를 탐구하는 해석학에서 가장 오래된 질문들 중의 하나이다. 지적인 것과 감각적인 것, 사고와 사물, 주체와 객체를 구분해온 서구의 오랜 관념론적 전통을 비판하면서 라스티에는 절대적인 객관성과 절대적인 주관성을 구분하는 것이 의미의 문제를 해결하는 데 도움이 되지 않는다고 말한다.[226] 그에 따르면 의미는 메시지로서 텍스트가 아닌, 발신자와 수신자 그리고 일련의 조건들 즉 텍스트적 장르와 사회적 실천과 같은 규범들을 포함한 커뮤니케이션의 상황들로서의 텍스트에 내재한 것이다. 텍스트는 절대 객관적인 의미를 포함하기보다는 단지 개연적인 해석을 유도하는 어떤 해석적인 지시를 함축하는데, 의미의 해석은 이러한 지시에 의한 해석적 통로를 따르게 된다. 그가 말한 텍스트 의미론은 해석의 언어학적 조건을 정의하는 것이기 때문에, 여럿의 숨겨진 의미 가운데 하나를 찾아내는 것이 아니라, 다양한 의미에 대해 그들의 상대적 접근성을 기술하고 그 개연성의 정도를 평가하는 것이다.

라스티에가 텍스트가 전달되는 상황에서의 중요한 요소로 텍스트적 장르를 들었다는 점은 주목할 필요가 있다. 구조주의의 관점에서 장르는 큰 의미를 갖지 않는다. 그레마스와 쿠르테스 역시 장르를 텍스트의 과학적 지형학에 의해 고려될 필요가 없는 이념적 형성체들로 보았다.[227] 라스

226 '의미'의 객관성에 대한 라스티에의 논의는 ibid., pp. 3-8 참조.

티에는 담화의 이론들이 장르의 연구를 소홀히 하는 것은 그들이 가진 보편주의적 주장들이 장르가 갖는 문화적 특성을 수용해내지 못하기 때문이라고 비판한다. 그에 따르면 언어의 사용은 무엇보다도 사회적 활동이기 때문에, 커뮤니케이션의 모든 상황은 그것을 지배하는 사회적 실천에 의해 결정된다. 발화자는 다양한 사회적 실천에 참여함으로써, 다양한 담화적 능력을 갖게 된다. 이때 각자는 하나의 혹은 여럿의 장르들에 숙달해 있음이 가정된다. 가령 학자는 논문을 쓰는 것이 일이므로, 논문 쓰는 일에 숙달되어 있다. 그리고 그가 논문을 쓰는 일은 그가 하는 가장 중요한 사회적 활동이다. 라스티에는 담화란 다양한 장르를 통해 조직되며 이들은 같은 장 안에서 다양하게 차이 지어지는 사회적 실천들에 대응한다고 말한다. 하나의 텍스트가 담화 안에서 어떤 위상을 차지하는 것은 그것이 갖는 장르적 특성 때문이다. 그리고 그러한 장르는 언어학적인 코드화를 그 토대로 한다. 라스티에가 장르를 언어학적인 것으로 규명하면서, 아울러 사회적 실천으로 연결시킨 것은 그의 의미론이 보편주의에서 벗어나 일종의 국지화를 꾀하고 있기 때문이다. 그는 모든 텍스트가 어떤 장르로부터 나온다는 사실과 모든 장르가 어떤 특수한 문화로부터 나온다는 사실 간에 어떤 모순도 찾을 수 없다고 단언한다. 따라서 장르에 대한 지식은 텍스트에 대한 독해의 개연성을 위한 기준을 마련하거나 지시관계를 결정하는 등, 텍스트 해석에 불가결한 요소로 작용한다는 것이다. 이 책의 첫머리에서 장르에 대한 해체를 꾀하면서, 보편적인 담화의 차원에서 설화의 구조를 기술하는 오늘날의 설화학의 흐름을 말한 바 있는데, 라스티에의 장르에 대한 관점은 해체된 것에 대한 복원처럼 보인다. 그것은 완결된 의미론적 우주에서 소외된 국지적인 요소들에 대한 관

227 장르에 관한 라스티에의 논의는 ibid., pp. 20-24 참조.

심에서 촉발된 것으로 오늘날 구조주의가 드러내는 보편주의에 대한 또 다른 해체의 움직임으로 간주할 수 있다. 그는 텍스트 유형론을 제시하면서 그것이 갖는 언어학적 토대에 대해 논의하는데, 그가 말한 장르는 이러한 유형론의 체계 안에서 매우 중요한 역할을 한다.

1. 텍스트 유형론의 언어학적 토대

라스티에는 그가 말한 해석의미론을 정당화하기 위해, 먼저 뷜러로 대표되는 기호의 기능 이론에 대해 비판한다.[228] 뷜러는 기호가 발신자와 수신자 그리고 지시대상과의 관계를 통해 기능을 수행한다고 하면서, 이들 세 요소와 관련하여 기호가 각기 다른 기호학적 유형을 나타낸다고 보았다. 즉, 발신자와 관련해서는 징후가, 수신자와 관련해서는 신호가, 지시대상과 관련해서는 상징이라는 기호의 유형이 나타난다는 것이다. 라스티에는 텍스트를 기호로 간주하는 이러한 이론이 커뮤니케이션의 상황에서 기호에 의해 매개되지 않는 발신자, 수신자, 지시대상 간의 관계들에 대해 설명할 수 없다는 점을 비판한다. 그는 이러한 이론이 갖는 선험적 성격 그리고 원형적 성격 때문에, 텍스트가 그것의 커뮤니케이션의 조건들과 갖는 관계를 설명하지 못하며, 따라서 상황에 대한 유형론을 정립하는 것이 불가능하다고 말한다. 이를 해결하기 위해서는 텍스트와 그것의 기능적 요소들(발신자, 수신자, 지시대상) 간에 어떤 매개가 필요한데, 라스티에는 그것을 장르들이나 담화들 같은 사회적 방언들에서 찾는다. 텍스트와 커뮤니케이션 상황들, 커뮤니케이션 상황들과 상황들 간의 관

228 기호의 기능 이론에 대한 라스티에의 비판은 ibid., pp. 24-27 참조.

계들을 코드화시키는 것이 바로 이러한 사회적 방언들이라는 것이다. 기존의 구조주의 기호학에서 기호를 모든 것으로 본 관점과는 달리 라스티에는 기호의 매개를 거치지 않은 부분에 대한 관심을 표명했으며, 그것을 국지적인 언어들, 가령 장르들이나 담화들로 설명하려 했다는 점은 매우 주목할 만하다.

라스티에는 기호의 기능 이론과는 다른, 커뮤니케이션의 상황들의 필요조건의 목록을 제시하는 다음과 같은 모델을 제안한다.[229]

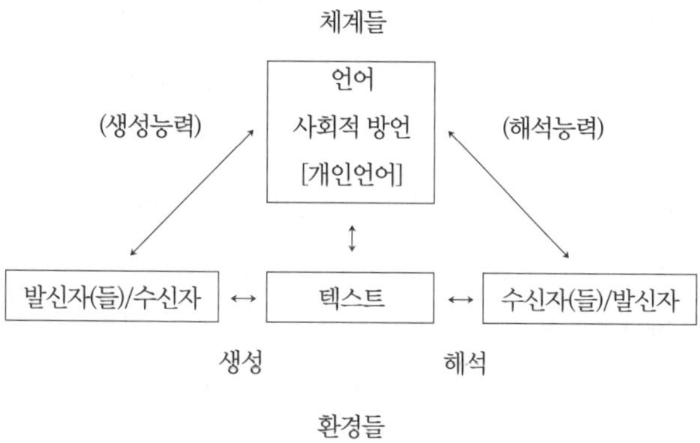

〈표 52〉 커뮤니케이션 상황의 필요조건들

이 도식에 대한 라스티에의 설명을 따라가 보자.

발신자와 수신자는 규칙에 따라 주체들로 간주된다.

먼저 발신자와 수신자는 행위자에 의해 점유된 장소들이다. 행위자란 사회관계들의 기호학에 의해 연결된 역할들의 집합들로 정의된다. 발화 자체의 행위자는 재현된 발화 안의 행위자들과 복합적인 관계를 갖는다.

229 커뮤니케이션과 해석의 조건에 대한 라스티에의 논의는 ibid., pp. 27–32 참조.

그리고 그러한 관계를 코드화하는 것이 바로 장르들이다. 가령 설화에서 설화를 말하는 이야기꾼(여기는 이야기꾼 아무개라는 개인이 아닌, 그야말로 이야기 화자로서의 이야기꾼)이 설화 안의 주인공과 어떤 관계를 갖는데, 그러한 관계를 코드화시키는 것은 설화라는 장르인 것이다.

이러한 분석을 넘어서는 또 다른 분석의 층위, 즉 사회학적이거나 심리학적인 층위에서 발신자와 수신자는 잠정적으로 발화 자체의 행위자 역할을 가정하는 개개인들이다. 이들은 생성적이고 해석적인 능력을 갖는다. 이들이 텍스트와 갖는 관계는 일방향적이 아닌 상호적이다. 텍스트는 그것을 생산하기도 하지만, 때로는 그것을 스스로 해석하기도 하는 작가에 어떤 작용을 한다. 독자 역시 텍스트를 재생산함으로써 그것에 작용한다.

라스티에가 말한 이러한 두 개의 층위가 상호 배척적인 것은 아니다. 발신자와 수신자의 개념은 라스티에에서 텍스트와 그 커뮤니케이션의 상황에 참여하는 개인들 간의 매개항으로 제시된다. 텍스트는 따라서 주관성의 단순하고 즉각적인 표현도 아니고, 텍스트의 생산과 해석에 의해서 언어학적으로만 구성되는 것도 아니다. 한 개인이 그의 주관성을 확인하는 것은 발신자와 수신자의 역할이 사회에 의해 코드화되어 부여되기 때문이다.

텍스트에서 실제로 작용하는 체계를 유형화한 라스티에의 설명은 이러한 사회적인 코드화가 무엇인지를 잘 보여준다.

먼저 기능적 언어가 있다. 이것은 언어학의 영역에 철저히 귀속되는 것인데, 규정이나 금지와 같은 명령법적인 것으로 나타난다.

그 다음으로 기능적 언어의 틀 안에서 긍정적이고 부정적인 규정을 구성하는 사회적 방언이 있다. 이는 어떤 특수한 사회적 집단이 아닌, 사회적 실천에서부터 비롯된다. 우리는 모두 이러한 실천과 결합된 여러 사회방언적 능력을 보유하고 있다. 각각은 의미론적인 영역에서 구조화된 어휘들과 그 자체의 텍스트적인 장르를 갖고 있다. 설화를 구연하는 것도 하나의 사회적 실천이 될 수 있는데, 그러한 실천을 하기 위해서는 일종의 사회방언적 능력을 가져야 한다. 설화에서 구연되는 특수한 언어적 관행들이 이와 같은 것인데, 그것은 예컨대 설화에 적절한 어휘나 설화가 갖는 여러 장르적인 속성들로 나타난다.

마지막으로 개인언어는 발신자 특유의 텍스트 규범체계를 말한다. 모든 화자가 그 나름의 습관이나 특성을 갖는다 하더라도, 이들이 모두 체계화된 개인언어의 능력을 갖는 것은 아니다. 때로는 개인언어의 규범이 장르의 규범을 위반하거나 그와 모순될 수도 있다. 설화의 경우는 비교적 이러한 현상이 잘 드러나지 않는다. 이야기꾼이 그 특유의 입담으로 설화를 구연할 때, 그것이 설화가 요구하는 장르적인 규범과 일치하지 않는 경우는 찾기 어렵기 때문이다.

라스티에는 이들 세 체계가 공시적으로 혹은 통시적으로 지속적인 상호작용을 한다고 말한다. 공시적으로는 이들은 텍스트 안에서 자연스럽게 간섭하며, 통시적으로는 다른 질서들이 구성하는 시간성으로 편입된다는 것이다. 이러한 체계들 간의 상호작용을 관찰하면 언어가 사회 안에서 변화하는 역동적 움직임을 포착할 수 있을 것으로 보인다.

라스티에가 말한 환경은 비언어적 맥락이라 할 수 있는데, 텍스트, 발신자, 수신자를 포함한다. 이는 텍스트의 내용을 실현시키기 위해 필요한 해석소를 포함하는데, 라스티에는 이것이 범위를 넓혀가면서 만들어지는 다음 세 가지 영역에서 정리될 수 있다고 말한다.

1) 텍스트와 결합된 기호학의 영역(모방적, 동작적, 조형적, 음악, 이미지들 등과 같은): 하나 혹은 여럿의 기호학은 언제나 존재한다. 언어학적 커뮤니케이션은 다기

호학적 성격을 갖는다. 설화는 언제나 어떤 말씨로 어떤 몸짓과 함께 구연되는데, 이때 이러한 설화 텍스트가 아닌 말씨나 몸짓 같은 것이 텍스트와 결합된 기호학의 영역으로서 하나의 환경으로 간주될 수 있다.

2) 커뮤니케이션의 상황, 그리고 무엇보다도 텍스트가 그 안에 위치하면서 다른 사회방언적 형성물들뿐 아니라 장르의 선택을 좌우하는 사회적 실천: 설화가 구연될 때, 그것은 어떤 사회적 요구에 따른 것이라 할 수 있다. 가령 좌중을 즐겁게 하기 위해 이야기꾼은 민담과 같은 장르를 선택하여 구연하는데, 그것은 청중들과 같은 사회적 방언을 공유하고 있기 때문에 가능하다.

3) 커뮤니케이션이 일어나는 사회에 대한 모든 백과사전적 지식: 이들은 거의 확실하게 발신자와 수신자에 대해 얻어질 수 있는 모든 지식을 포함한다. 설화가 구연될 때, 그것이 구연되는 21세기 한국 사회, 그리고 그 안에서 텍스트의 생성에 참여하는 이야기꾼의 직업이나 사회적 역할을 포함한 모든 지식들이 여기에 포함될 수 있다.

이러한 환경들은 텍스트 혹은 장르의 요구에 따라 만들어지며, 또한 텍스트를 읽는 과정에서 독해의 응집력을 강화시키는 역할을 한다. 환경은 텍스트와 따로 분리된 것이 아니라, 텍스트의 커뮤니케이션이 이루어지는 상황에 따라 변화됨으로써, 텍스트의 내용을 변화시키는 역할을 한다. 라스티에는 지시의 문제가 환경과 밀접한 관련을 갖고 있음을 지적한다. 지시의 문제는 언어학보다는 언어철학의 문제이며, 또한 의미가 구축된 뒤에 설정되는 것이기 때문에 텍스트나 체계뿐만 아니라 환경과의 상호관계나 대화자들에도 의존해야 한다. 따라서 외연적인 의미만을 다루는 의미론으로는 포착될 수 없다. 요컨대 해석의미론만이 그것을 해결할 수 있다는 것이 라스티에의 주장이다.

2. 텍스트의 의미부

이제 텍스트에 대한 라스티에의 논의를 살펴보자. 그는 텍스트의 의미론적 층위를 구성하는 네 가지 체계적 요소들로 주제부*Thematics*, 변증부*Dialectics*, 변론부*Dialogics*, 전략부*Tactics*를 제시한다. 이들은 텍스트의 분석과 장르의 유형론에 유용한 기술적인 개념들을 정의하고 조직하는 것들로 라스티에의 의미론에서 핵심을 이루는 것이다.

1) 주제부

주제부는 투여된 내용들과 이들의 계열체적 구조들에 대해 설명한다.[230] 주제를 어휘소의 내용(의미소)이라 한다면, 이들에서 종속적 자질들과 종차적 자질들이 반복적으로 나타나는 것을 확인함으로써 의미론적 우주의 구조를 기술할 수 있다. 이러한 주제의 두 가지 유형은 종속적 의소와 종차적 의소의 개념으로부터 비롯된 것이다.

종속적 주제는 텍스트 안에서 반복되어 나타나는 요소들과 그것의 구성을 통해 의미론적 부류들을 드러내는 것이다. 라스티에는 세 가지 유형의 종속주제에 상응하는 세 가지 유형의 의미론적 부류가 있다고 말한다.

1) 분류소*taxeme*는 의미소가 상호정의되는 최소의 부류를 말한다. 단군신화에서 곰과 호랑이는 //동물//이라는 분류소 안에서 서로 대립되는 의미소로 나타난다. 이러한 유형의 주제는 미시종속적이라 할 수 있다.

2) 영역*domain*은 보다 일반적인 부류인데, 여럿의 분류소를 포함한다. 그것이 코드화된 사회적 실천에 대한 언어학적인 재현을 구조화하는 한, 집단의 경험과 연결

---

230 주제부에 대한 설명은 ibid., pp. 33–40 참조.

되는 것이다. 단군신화에는 //동물//이라는 분류소 말고도, 쑥과 마늘과 같은 의미소를 포함하는 //식물//이라는 분류소, 환인이나 환웅과 같은 //신//이라는 분류소들도 존재한다. 이러한 분류소들이 단군신화에서 어떤 사회적인 실천을 한다면 그것은 한 나라를 세우는 건국에 관한 것이다. 이것은 단군신화를 전승하는 집단의 체험과도 밀접한 관련을 갖는다. 따라서 이들 분류소들은 모두 //건국//이라는 영역에 속하는 것으로 간주할 수 있다. 라스티에는 이러한 유형의 주제를 중시종속적이라 말한다.

3) 차원*dimension*은 가장 일반적인 부류들이다. 차원은 의미론적 단위들을 가로지르는 주된 대립들에 의해 함께 분절된다. 단군신화에서 드러나는 대립들, 가령 //신// 대 //인간//, //인간// 대 //동물//, //동물// 대 //식물//과 같은 것들이 바로 이러한 차원에 속한다. 이러한 유형의 주제는 거시종속적인 것이다.

이러한 종속적 주제들이 반복되는 양상을 통해 종속적 동위소가 구성될 수 있다. 라스티에는 앞서의 세 가지 주제들에 대응하는 세 가지 유형의 종속적 동위소가 있다고 말한다.

다음은 라스티에가 말한 종차적 주제들에 대해 살펴보기로 하자.

종차적 주제 역시 종차적 의소에서 비롯된 것이다. 종차적 의소란 의미소가 속한 분류소 안에서 하나의 의미소를 다른 의미소와 대립관계에 놓이게 하는 의소를 말한다. 종차적 의소들은 어떤 결정된 부류와 연결되지 않는다. 가령, 장끼를 //숫꿩//이라 한다면, //꿩//은 종속의소이지만, '숫'이 함축한 //수컷//은 종차의소이다. 장끼는 이미 꿩이라는 부류에 속하지만, 이러한 //수컷//이라는 종차의소는 이것과는 무관하게 나타나는 것이다. 텍스트에서는 상대적으로 고정된 종차의소들의 덩어리들이 반복해서 나타나면서, 의소분자*semic molecule*[231] 들을 만들어낸다. 그리고 이러한 의소분자들이 종차동위소의 전체적인 연결망을 유도한다. 바리공주 신화에서 주인공인 공주는 //왕의 딸//이다. 공주는 //왕//이라는 종속의소를 갖지만, 그러나 왕자와 같은 다른 의미소와 대립된 자질을 보여주는 //딸//이라는 종차의소를 갖는다. 바리공주 신화가 전개되면서, 이러한 여성성은 반복해서 나타나면서 바리공주 신화가 의미론적인 응집성을 갖도록 유도한다. 여기서 여성으로서 겪는 수난과 관련된 의소들의 덩어리가 바로 의소분자가 된다.

텍스트에서 의미론적인 응집성은 종속동위소와 의소분자에 의해 유도된 연결망이라는 두 개의 요소들에 의해 생겨나는데, 이러한 응집성이 텍스트성 안에서 본질적인 역할을 수행한다. 이 때문에 주제의 개념은 세부적으로 설명될 수 있으며 미시의미론의 바탕에서 이루어지는 것이다. 하나의 형태소[232]가 나타날 때, 종차주제와 종속주제가 동시에 드러날 수 있다. 텍스트에 대한 다중적 읽기에서 적어도 두 개의 종속주제와 특정 종차주제의 두 발생이 나타나는데, 라스티에는 이를 다음과 같은 그림으로 나타낸다.

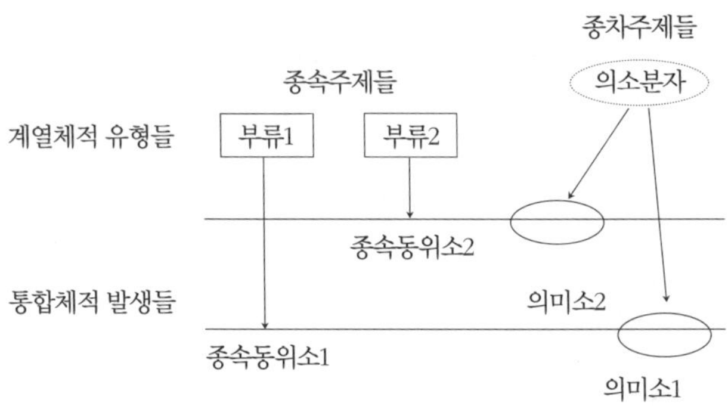

〈표 53〉 종속주제와 종차주제의 다중적 실현

231 '의소분자'란 필연적으로 어휘화되는 것이 아니거나 그것의 어휘화가 가변적인 의소들의 고정된 집단화를 가리킨다. '주제'theme도 그것이 의미론적으로 정의될 수 있을 때는 하나의 의소분자에 불과하다. ibid., p. 264.

232 '형태소'란 어떤 공시적인 상태에서 더 이상 분해될 수 없는 최소의 기호를 가리킨다. ibid.

라스티에가 말한 텍스트의 주제부는 순전히 의미론적인 것이며, 의소의 반복을 확인하는 데 토대를 둔 것이다. 복합적이건 단순하건 이러한 기호들의 반복만이 연결망의 존재를 알리는 해석소의 역할을 할 수 있다는 것이다. 가령 동질화를 통해 만들어진 불변의 부류들이 의소분자 안에서 집단화되고, 유형이 만들어질 때, 같은 요소들 혹은 같은 과정들을 드러내는 발생에 대한 분석이 가능한 것은 그것이 같은 분자의 발생들로 인지되기 때문이다.

라스티에는 종차주제의 내적 구조가 무엇이며 이들이 서로 어떻게 연결될 수 있는가를 보여주기 위해 소와로부터 가져온 주제화 그래프를 활용한다.[233] 이 그래프는 절점들 간의 연결을 나타낸다. 절점은 모든 층위에서의 의미론적 단위들(의소, 의소분자, 의미소)이며, 연결은 격들과 같은 의미론적 원소들로 명명된다. 가령, 다음과 그림을 보자.

[A] → (Att) → [B]

여기서 A와 B는 절점들이며, Att는 속격을 나타낸다.[234] 이들을 연결하

---

233 주제화 그래프에 대해서는 ibid., pp. 38-39, 최용호, 『텍스트 의미론 강의』, 인간사랑, 2004, pp. 124-128 참조.

234 라스티에가 제시한 격의 목록을 도표화하면 다음과 같다.
주어진 속성 ← 속격(Att) ← 해당 속성에 의해 규정된 요소
전달을 받은 요소 ← 여격(Dat) ←전달된 요소
수혜대상 ← 수혜격(Ben) ← 수혜항목
작용의 주체 ← 능격(Erg) ←작용의 과정 → 대격(Acc) →작용의 대상
시공간 ← 처소격(Loc) ← 시공간에 위치한 요소
사용된 요소 ← 도구격(Ins) ←도구의 사용이 적용된 대상
지향하는 것 ← 목적격(Fin) ←지향하는 요소
결과로 발생한 요소 ← 결과격(Res) ← 원인이 되는 요소
Ibid., p. 125.

는 화살표는 이들 간에 이루어지는 '명제적' 표현을 드러낸다. 이들은 텍스트 분석의 세 가지 층위에서 각기 다르게 나타난다. 미시의미론적 층위에서 절점들은 자질들을, 연결들은 원소들을 나타내며, 중시의미론적 층위에서는 절점들은 행위항을, 그리고 연결들은 격들을, 마지막으로 거시의미론적 층위에서 절점들은 행위자들을, 연결들은 변증법적 기능들을 나타낸다. 예를 들어, 격 관계는 발화의 행위항 혹은 서사의 행위자들 뿐 아니라 의미소의 자질들도 분절할 수 있다. 의소의 덩어리들은 하나의 의미소 안에서 모여지거나 아니면 텍스트를 통해 분산될 수 있다. 이러한 모든 것들은 텍스트 안에서 확산과 응축의 기능으로 나타난다. 따라서, 결정된 장르의 조건 안에서 의미소는 발화 혹은 텍스트와 등가적일 수 있다. 종차주제들이 그래프 안에서 투여되는 것은 중시의미론적 층위에서이다. 여기에서의 연결은 여격이니 속격이니 하는 것으로 이름붙일 수 있는 원소들로 나타난다.

라스티에가 제시한 주제화 그래프를 통해 다양한 층위에서 추출된 절점들 간의 격관계와 이들 간의 상호작용을 기술할 수 있다. 그런가 하면, 텍스트 안에서 반복되어 나타나는 요소들, 가령 종속적 동위소들 간의 관계들을 기술하고 서사적 시퀀스를 정립할 수도 있다. 절점들에서 변이들로 나타나는 것들이 연결될 때, 우리는 텍스트에서 다른 변이적인 발생들을 찾아낼 수 있으며, 이러한 주제화 그래프가 하나의 규범이나 사회화된 전범을 나타낸다면, 하나의 토포스 역할을 하기도 한다.

라스티에가 말한 토포스란 사회적인 구심성의 기저에 깔린 규범적인 공리이다.[235] 토포스는 주제부의 사회방언적 분야라 할 수 있는데, 거기에서 일어나는 것은 그 텍스트의 장르를 드러내는 지표가 된다. 하나의 텍

---

235 Rastier, op. cit., p. 265.

스트를 주제화 그래프로 그릴 때, 그 절점에 속하는 여러 의소들이 찾아지고, 이러한 것들이 다른 텍스트들에서도 나타날 때, 이들은 일종의 토포스라 할 수 있다. 신화에서 여러 판본들 간에 일어나는 변이들이 같은 사회방언적 요소를 가진 것으로 간주될 수 있으며, 따라서 토포스를 구성한다고 말할 수 있다. 삼국유사에 나오는 여러 시조들은 신성한 데서 출생했는데, 여기에서 처소격을 통해 주인공과 그 장소가 연결될 수 있다. 그러한 구조는 여러 설화에서 반복되어 나타남으로써, 하나의 장르를 드러내는 지표가 될 수 있다. 물론 이러한 토포스는 투여된 주제들의 변화에 따라 혹은 그 그래프의 구조에 따라 변형될 수 있는데, 이는 레비스트로스의 신화학에서 보로로 신화의 여러 변이들을 탐색하는 과정에서 드러나는 방식과 유사한 것이다.

라스티에는 또한 의미론적 우주를 가치부여적인 공간으로 분할하는 주제부의 한 분야를 상위주제부라 명명한다. 이는 의미론적 차원으로부터 비롯된 가장 일반적인 종속주제에 초점을 맞추는 것이다. 이러한 분야는 언어학 외에 주로 인류학이나 기호학에서 탐구되어 온 것인데, 가령 그레마스의 기호사각형은 이러한 상위주제부의 구조를 가장 잘 나타내는 것이다. 그러나 라스티에는 의미론적 구조가 단지 사각형으로만 환원될 수 없음을 지적함으로써, 이러한 상위주제부에 대한 연구가 앞으로 펼칠 새로운 가능성들을 암시한다.

2) 변증부

라스티에가 말한 변증부는 텍스트에서 일어난 상태들과 진행되는 과정들뿐만 아니라, 텍스트적인 시간 안에서의 간격들의 계기성을 설명하는 부분이기도 하다.[236] 따라서 이것은 주로 텍스트의 상적인 현상을 다루는 것이다. 중시의미론적 층위에서의 주제화 그래프의 구성은 텍스트의 변증부를 기술하기 위한 전제조건이 된다. 실제로 주제화 그래프의 절점들은 행위항과 과정들을 나타내고 이들의 연결은 이들을 분절하는 격관계들을 나타낸다. 의미소나 의소분자들은 이들 그래프의 절점들에서 비롯되는 것이다. 따라서 주제부는 중시의미론적 층위에서 변증부에 따라 분절된다고 말할 수 있다. 라스티에에 따르면 변증부는 그래프들의 시퀀스들과 이들의 상동화를 인지하고, 이들을 내용의 부류들에 대한 작용들의 연결로 해석하는 방식으로 그래프들 간의 관계를 설명한다.

이러한 변증부의 성격상, 이는 설화와 가장 깊이 관련된다. 라스티에가 말한 변증부에서 나타나는 질서는 다음 두 가지로 요약된다.

1) 과정의 현상들(시작, 지속, 종결 등)과 이들의 발생 유형(단일, 반복 등)을 정리하기 위해 상적 자질들이 고안된다.
2) 과정들 안 그리고 과정들 간에 간격들을 위치시키기 위해 시제적 자질들이 선택된다.

이러한 변증부에 대한 가설을 제시하면서 라스티에는 그간 이루어진 서사학의 성과들에 대해 비판을 가하고 있다. 이는 변증부가 서사학과 가장 밀접한 관계를 갖고 있으며, 특히 설화학의 논의에서 중요한 의미를 갖고 있음을 암시하는 것이다. 그는 그레마스를 비롯한 구조의미론자들의 설화학에 대한 논의가 지나친 보편주의에 함몰되어 있어 텍스트가 갖는 특수성을 기술해내지 못하며, 모든 것에 동일한 선험적 격자망을 씌어버린다고 비판한다. 모든 것에서 서사성을 찾아낼 수 있다고 하는 이러한 보편주의는 설화학을 언어학의 영역 밖으로 몰아낼 위험성을 안고 있다. 그러나 그가 제시한 해석적 관점에 따르면, 서사를 더 낮은 층위의 언어

236 이하 변증부에 대한 설명은 ibid., pp. 41–52 참조.

학적 단위로부터 구축하는 것이 필요하다. 주제화 그래프들과 텍스트의 층위에서 부여될 수 있는 더 큰 서사 단위들 간에는 복잡성의 차이는 존재하지만, 본질적인 차이는 존재하지 않는다. 가령 시각기호학의 관점에서 시각텍스트를 분석할 때도 이러한 주제화 그래프를 활용할 수 있고, 그에 따른 서사 분석의 특수한 방법을 고안해낼 수 있다. 라스티에의 서사 분석에서 주제화 그래프의 기술이 필요한 것은, 그의 방법이 보다 구체적인 담화에 대한 분석에서 출발하고 있음을 의미한다. 이러한 분석을 위해 그는 몇 가지 층위들을 제시한다.

그는 먼저 사건적 층위를 제안한다. 여기서 제시되는 개념은 행위자 *actor*, 역할, 기능들이다.

거시의미론적 층위에서, 행위자는 주제화 그래프에서의 절점으로 표현되며, 그것은 의소분자에 의해 구축된다. 그리고 이러한 분자는 하나의 유형으로 자리매김된다. 이것은 더 낮은 중시의미론적 층위에서 발생된 것으로 간주되는 행위항의 부류들을 '요약한' 것이다. 그것이 어떻게 다르게 발생한다 하더라도, 변증적 시간의 같은 간격 안에서 그 유형은 변화하지 않는다. 그러나 변증적 시간의 두 간격들 사이에서는 이러한 유형은 의소의 첨가나 삭제에 의해 변화될 수 있다. 이러한 유형과는 달리 행위자는 상대적인 고정성을 유지한다. 가령 설화의 주인공이 악한 인물이었다가 개과천선하여 선한 인물이 되었을 때, 유형으로서 그는 /악함/이라는 의소가 삭제되고 /선함/이라는 의소가 추가됨으로써 변화를 겪지만, 행위자로서의 인물은 그대로 남는다.

역할이란 주제화 그래프 안에서 행위자들 간의 상호작용의 한 유형을 말한다. 이는 행위자를 특성화시키는 데 기여하며, 그 행위자와의 관계에서 정의되는 것이다. 행위자의 역할의 집합은 그것의 상호작용적인 영역, 즉 이들의 연쇄와 상호작용적 이야기를 만들어낸다. 어떤 행위자가 갖는 상투적인 특성으로부터 그의 역할의 고정된 집단화가 이루어진다. 어떤 변증적인 간격 안에서 행위자의 역할은 그 행위자를 같은 간격 안에서 개별화시키는 의소분자와 상관관계를 갖는다. 그 분자의 각 의소는 다른 행위자들과의 관계에서 그 가치가 결정될 수 있다. 가령 바리공주신화에서 바리공주와 그의 아버지의 관계를 주제화 그래프로 그려보자.

[바리공주] ←-- (능격) ←-- [생명을 주다] --→ (대격) --→ [아버지]

바리공주는 생명수를 구해와 그를 버렸던 아버지의 목숨을 구한다. 바리공주가 생명을 주는 역할은 바리공주라는 행위자를 특성화시키는 데 기여한다. 물론 여기에서 그 역할은 그 생명을 부여받은 아버지와의 관계에서 정의될 수 있는 것이다. 바리공주가 신화에서 하는 일련의 행위들은 다른 행위자들과 관계되는데, 이를 통해 일종의 상호작용적인 영역이 만들어진다. 바리공주의 삶이 고난과 희생으로 점철되어 있다고 할 때, 이러한 특성은 그의 역할의 고정된 집단화로 나타난다. 바리공주가 아버지에 의해 일방적인 희생을 강요당했다면, 바리공주의 역할에서 /피강제성/이라는 의소가 찾아지며, 이는 아버지의 역할에서 찾아지는 /강제성/이라는 의소와의 관계에서 결정되는 것이다.

기능이란 행위자들 간의 전형적인 상호작용을 말한다. 이것 역시 담화나 장르에 따라 달리 나타난다. 수많은 기능들을 통해 일종의 유형론이 세워질 수 있는데, 그 기준으로 라스티에는 다음과 같은 것들을 제시한다.

1) 변증적 시간 안에서의 위치. 서사의 시작과 끝과 같은 절대적 지표들이나 인접적 기능과 같은 비교적 상대적인 지표들이 여기에 해당된다.

2) 고정된 기능적 통합체들이 존재함으로써, 기능들을 전제항과 피전제항으로 분류

하고 또 기술과정에서 누락된 기능들을 찾아 보충할 수 있다. 특정 장르 안에서 기능적 통합체들 간의 전제관계도 포착할 수 있다.

3) 상대적으로 어떤 기능이 촉발하는 것이라면(예를 들어, '명령') 어떤 기능은 마무리하는 것이다.(예를 들어, '수락') 행위자들도 이에 따라 유형화된다.

4) 기능들 가운데는 통합체로 집단화되는 기능들이 있는가하면,(예를 들어, '계약', '교환', '갈등') 그렇지 않은 기능들도 있다.(통합체 간의 경계로서의 '이동'의 기능)

5) 기능들 가운데는 가능한 것의 양태성에 의해 지시된 여타 기능들에 맞추어 생겨나는 것이 있다.(예를 들어, '도전'의 기능은 성취될 가능성이 있기 때문에 생겨난 것이고, '계약의 제안'의 기능은 그러한 계약이 체결될 가능성이 있기 때문에 생겨난 것이다.)

6) 기능들과 기능들의 통합체들은 '친화적'과 '대결적'이라는 두 가지 양식으로 범주화될 수 있다. 이러한 대립은 상호작용의 의미론을 위해 필요할 것으로 보인다.

이러한 기준을 바탕으로 라스티에는 기능들을 다음과 같이 도표화하여 보여준다.

친화적 통합체들	친화적 기능들	대결적 기능들	대결적 통합체들
계약	제안(t_1의 가능성)	도전(a_1의 가능성)	대립
	수용(t_2의 가능성)	응전(a_2의 가능성)	
교환	전달(t_1)	공격(a_1)	충돌
	전달(t_2)	반격(a_2)	
결과	재분배	인정	결과

〈표 54〉 기능 유형론의 사례

라스티에는 이러한 열 개의 기능에 '이동'이라는 기능을 추가한다. '이동'은 앞서 보았듯, 통합체들 간의 경계 역할을 하는 기능이다.

이러한 기능들의 도표는 라스티에가 단편소설 한 편을 분석하면서 만든 것이기 때문에 절대적인 것은 아니다. 담화나 장르가 달라짐에 따라 새로운 기능들의 범주가 만들어질 가능성은 항상 열려있다. 또한 이러한 기능들 간의 결합이 어떻게 이루어질 수 있는가에 따라 서사의 다양한 시학이 구현될 수 있다. 가령 한 쌍의 기능들 안에서 결속성(가령, '제안'과 '수용'), 기능의 쌍들 간의 양태적 변형들의 관계들(따라서, 교환은 무엇보다도 계약의 단계에서는 잠재적인 것이다), 그리고 전제의 관계들(예를 들어, '인정'과 '충돌' 사이의 관계)은 모두 서사적 긴장을 유발시키는 역할을 한다. 이러한 시학의 문제뿐 아니라, 라스티에는 텍스트에 대한 해석의 복잡한 통로에 대해서도 언급한다. 텍스트를 해석할 때, 위의 도표에서 같은 기둥 안의 기능들 간의 통합체적 관계뿐 아니라, 기둥들 간의 관계도 고려해야 할 경우가 있음을 지적한다. 다시 말해 종적이면서 횡적인 기능들 간의 복합적인 관계를 기술함으로써, 변증부를 갖는 모든 텍스트들이 분석될 수 있다는 것이다.

라스티에가 제시한 변증부의 또 다른 층위는 연기적 층위이다. 연기적 층위는 보충적인 법칙과 규정을 통해 사건적 층위보다 상위에 놓이는 층위로 간주된다. 여기서는 연기자*agonist*와 시퀀스가 문제된다.

먼저 연기자에 대해 살펴보자. 라스티에는 연기자를 그들의 분자유형(이들의 의소 구조에 따른)과 역할의 유형(이들의 상호작용적 구조에 따른)에 의해 정의된 행위자들의 부류라고 말한다. 연기자의 특성은 다음 세 가지로 요약될 수 있다.

1) 행위자는 텍스트를 통하여 여러 행위항적 위상들을 점유한다. 그러나 연기자는 결정된 행위항적 위상과 연결되지 않는다.

2) 연기자는 상위주제부로부터 비롯된 가치평가들을 통해 유형들이 된다. 예를 들어, 러시아 마법담에서 주인공, 원조자, 적대자와 같은 연기자들을 찾아내기 위해서는 과거 러시아 사회에서의 가치들에 대한 암묵적인 모델들을 설정하고, 이에 따라 선과 악을 구분할 수 있어야 한다. 모든 텍스트가 단일한 가치의 집합에서 생겨나는 것도 아니고, 가치 체계도 꼭 양항대립적인 것이 아니다. 또 이들이 모든 텍스트에 일관적으로 나타나지도 않으며, 텍스트 안에서도 변화를 겪기도 한다. 그런 점에서, 가령 프로프가 제시한 주인공이니 가짜주인공이니 하는 범주들이 오늘날 쓰여진 소설들에는 이론적으로 부적합할 수밖에 없다.

3) 결국, 프로프에 의해 제시된 연기자들의 목록을 보편화시키려 한다 하더라도, 그것은 그가 기술한 장르에 특수한 것일 뿐이라는 사실을 명심할 필요가 있다.

이와 같이 연기자는 일종의 방법론적 보편소이지만, 그것의 숫자와 자질은 텍스트의 장르 그리고 그것을 넘어서 텍스트가 비롯된 담화와 그것의 사회적 환경에 따라 결정되는 것이다. 따라서 연기자는 라스티에가 행위항과 같은 보편적인 항목을 맥락에서 국지화시켜 해체시킨 하나의 결과물로 간주할 수 있다.

연기자와 함께 라스티에가 연기적 층위에서 제시한 시퀀스는 서사적 기능보다 우위에 있는 층위의 단위들을 말한다. 기능적 통합체들이 동형적으로 나타날 때, 이들을 동질화하는 요소가 시퀀스이다. 가령, 레비스트로스가 오이디푸스 신화를 분석하면서 찾아낸 신화소는 여러 개의 항목들을 하나로 묶어낸 결과인데, 이때 그 신화소가 구현하는 의미는 오이디푸스 신화에서 반복적으로 동일하게 나타나는 것이라는 점에서 라스티에가 말하는 시퀀스와 유사한 것으로 간주할 수 있다. 그러나 연역적인 틀을 설정하여 신화소를 추출한 레비스트로스와는 달리 라스티에는 보다 경험적으로 이러한 시퀀스를 추출하는 것으로 보인다. 시퀀스 역시 연기자처럼 장르나 담화에 따라 달리 도출될 것으로 보인다.

라스티에는 텍스트의 주제부에서 상위주제층위를 제시한 것처럼, 변증부에서 상위변증층위를 제시한다. 그가 말한 상위변증층위는 상위주제층위에 의해 정의된 공간 가치들 간의 변증적 관계들을 설명하는 것이며, 더 정확히 말하면, 공간가치들과 변증적 간격들-최초의 상태, 매개적 간격, 최종의 상태-간의 상관관계를 확인하는 것이다. 신화에서 하늘과 땅이라는 공간이 있다면, 여기에 어떤 가치가 부여된다. 하늘에서 주인공이 내려온다는 주몽신화나 수로신화를 살펴보면, 하늘에 부여된 공간적 가치가 한 국가를 세우는 과정에서의 변증적인 시간적 간격과 긴밀한 관련성이 있음을 추론할 수 있다. 텍스트는 다양한 상위주제층위에서 비롯될 수 있는 것처럼, 다양한 상위변증층위에서 비롯될 수도 있다. 텍스트에 부여된 가치에 관해 논의하는 것은 의미론의 영역을 넘어서는 것처럼 보인다. 텍스트를 이러한 상위주제층위에 따라 기술하는 것은 우리를 더욱 복잡한 해석학적 통로로 유도한다. 라스티에는 이러한 세 가지 층위의 존재 여부를 통해 새로운 텍스트의 유형론을 제안하기도 했지만 아직은 시론적인 수준에 머무는 것으로 보인다.[237]

모든 통합체적인 구조와 마찬가지로, 변증부에서의 세 층위들은 변형을 통해 텍스트적인 의미작용을 분절한다. 따라서 변증부를 분석하기 위해서는 이러한 분절과 그것의 코드화가 반드시 선행되어야 한다. 앞서 레비스트로스나 그레마스에서 보았던 비교신화학은 이러한 변증적 변형 이론들이 매우 유용하게 활용될 수 있는 분야라 할 수 있다. 라스티에는 이러한 변형을 텍스트들 간에 일어나는 외적 변형과 텍스트 안에서 일어나는 내적 변형으로 구분할 것을 제안한다. 이때 전자는 통시론적이거나 공시론적이다. 언어학에서 주도적으로 행해진 역사적이고 비교론적인 방법들이 활용될 수 있는 것이다. 후자는 텍스트 내용의 내적인 시간성을 분절하는 것이다. 이를 위해서는 주제부에 대한 고려가 반드시 필요하다. 라스티에는 이러한 변증부에 대한 분석이 그간 모호했던 서사에 대한 개념을 분명히 하는 데도 중요한 기여를 할 것이라고 주장한다.

3) 변론부

라스티에가 말한 변론부는 기호학적 양태성을 바탕으로 한다.[238] 기호학적 양태성에는 존재, 양상, 인식, 의무, 욕구, 평가가 포함된다. 양태성에 대한 의미론적 논의는 이미 그레마스에서 깊이 있게 이루어진 바 있으나, 라스티에는 이러한 논리를 다른 방식으로 심화시킨다.

라스티에는 모든 양태성이 하나의 우주와 하나의 세계에 연결되어 있다고 말한다. 여기서 우주는 의미론적 그래프들의 자율적인 집합으로 나타나고, 세계는 우주 안에서 같은 방식으로 양태화된 그래프들의 집합으로 나타난다. 모든 우주와 모든 세계는 적어도 하나의 행위자와 결합되어

237

유형들 \ 층위	사건적	연기적	상위변증적
I	+	−	−
II	+	+	+
III	+	−	+

라스티에는 첫 번째 유형에 과학적이고 기술적인 텍스트를, 두 번째 유형에 신화적 서사를, 세 번째 유형에는 종교적인 텍스트와 현대시를 포함시켰다. 이에 덧붙여 그는 실제적과 신화적, 이념론과 가치론의 양항대립을 통해 다음과 같은 텍스트 유형론을 제안했다.

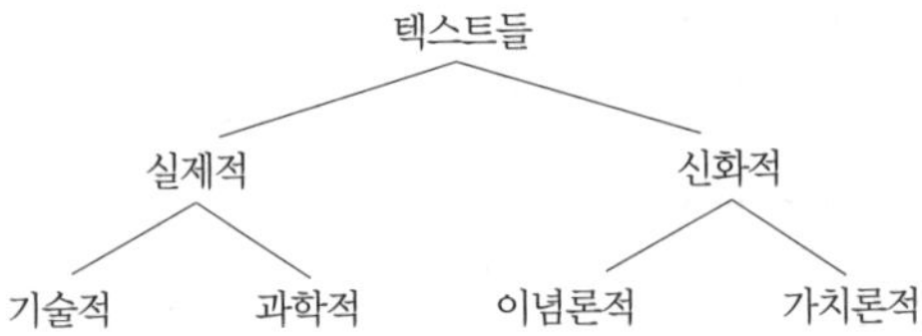

Ibid., p. 51.

238 변론부에 관해서는 ibid., pp. 53-61 참조.

있다. 이러한 양상을 라스티에는 다음과 같이 설명한다.

모든 행위자는 그것의 출현이 양화사를 갖는 주제화 그래프에 속한다는 이유만으로 적어도 하나의 우주에 위치해 있다. 그러나 한편으로 각각의 행위자가 필연적으로 하나의 우주를 갖는 것은 아니다. 하나의 우주를 갖지 않은 행위자는 다른 행위자들의 우주에 위치할 수 있다. 행위자를 정의하는 의소분자 안에서 행위자와 결합된 우주를 위한 어떤 자질도 선험적으로 요구되지 않는다. 그 밖에도, 여러 행위자들이 동일하거나 단순히 유사한 우주들과 결합되는 경우도 있다.

우주란 텍스트적 시간의 이미 결정된 간격 안에서 행위자와 결합된 주제화 그래프의 집합인데, 각각의 우주는 세 유형의 그래프 혹은 세계들로 분할될 수 있다.

1) 단언의 양태성을 포함하는 그래프들로 이루어진 실제 세계

2) 불가능성 혹은 비현실성의 양태성을 포함하는 그래프들로 이루어진 반실제 세계

3) 그것의 그래프가 상응하는 양태성을 포함하는 가능 세계

이러한 각각의 세계 안에는 이와 모순되는 명제들로 번역될 수 있는 그래프가 수용될 가능성이 존재한다. 이는 몇몇 예외적인 경우를 제외하고는 텍스트적 세계는 열린 세계이며, 이들 그래프들의 외연은 정의되기 어렵거나 비일관적임을 말하는 것이다. 그러나 적어도 어떤 해석이 가해질 때, 이들 세계는 한정적이 되지만, 그럼에도 불구하고 이들 해석이 추론에 의해 고안해내는 그래프들의 숫자가 고정적이거나 예측적인 것은 아니다. 한 우주 안의 세계들은 언제나 서로에게 열려있는 것은 아닌데, 가령 반실제 세계 안에서 그것의 외연이 진실인 그래프가 필연적으로 실제 세계 안에서 거짓이 되는 것은 아니다.

다음은 우주들 간의 관계에 대해 살펴보자. 그것의 세계들 각각 안에서 하나의 우주는 또다른 우주 안에 위치한 그래프들의 이미지들 혹은 복제물인 여러 그래프들을 내포할 수 있다. 하나의 우주는 전적으로 다른 우주 안에 포함될 수 있는데, 서사적 삽입 같은 것이 그러한 예이다.

라스티에는 텍스트에서 행위자들의 모든 우주들의 실제 세계 안에서 참인 명제들의 복제물은 지시 우주의 실제 세계를 만든다고 한다. 이러한 우주는 또한 반실제 세계와 가능 세계를 포함하는데, 이들은 유사한 방식으로 조직된다는 것이다. 비록 부재한다 하더라도, 지시의 우주는 재현된 발화자들과 결합되는 것이다. 마지막으로 라스티에는 독자가 모든 다른 우주들의 명제에 진리 가치를 부여할 수 있는 것은 이러한 지시의 우주에 의해서라고 하면서, 그것이 이루어지는 방식을 다음과 같이 설명한다.

먼저, 하나의 우주의 결정가능한 명제들은 이러한 우주의 실제 세계의 참명제들과 관련하여 그들의 가치를 전유한다. 다음, 참이건 거짓이건 혹은 결정불가능한 것이건 간에, 하나의 우주의 명제들은 같은 텍스트의 다른 우주들(지시 우주 밖의) 안에서의 이미지들이나 복제물들을 포함할 수 있다. 마지막으로, 다른 복제물들이나 이미지들은 지시 우주 안에서 구성되거나 발견된다. 따라서, 명제들은 세 가지 방식 즉 그것의 우주 안에서, 지시 우주 밖의 다른 우주 안의 복제물들 혹은 이미지들과의 관계에서 그리고 지시 우주 안에서 그 가치가 평가된다.

이러한 우주와 세계에 관한 논의는 설화에서 추론된 명제들이 어떤 진리 가치를 부여 받을 수 있는가하는 양태성의 문제와 깊이 연관되어 있다. 예를 들어 보자. 『삼국유사』 고구려조에 실린 주몽 이야기에는 여럿의 행위자들이 등장한다. 이들 각각은 그들의 우주를 갖고 있다. 유화가 해모수와 관계하여 알을 낳았을 때, 왕인 금와는 그것을 개와 돼지에게 던지라고 한다. 설화에서 '유화가 알을 낳다'라는 명제는 지시 우주를 포함하여 유화나 금와의 우주에서 모두 참인 명제이다. 그러나 금와가 그의 우주에서 참이라고 생각한 '알은 불길하다'라는 명제는 유화를 포함한 다른 행위자의 우주에서 그리고 지시 우주에서는 거짓이거나 결정불가능한 명제일 수 있다. 주몽에 관한 기술에서 등장하는 발화자는 결국 금와의 이런 생각이 거짓임을 말한다. 주몽이 나라를 세우는 과업을 기술하는 과정에서 만들어진 지시 우주에 따라 독자는 주몽 이야기에서 찾아지는 여러 명제들, 가령 '알은 불길하다'와 같은 것에 대해 어떤 평가를 내린다. 즉 '알은 불길하다'는 지시 우주에서 거짓으로 나타나는 것이다. 이때, 이러한 재현된 발화자와 결합된 우주가 아닌, 금와나 유화와 같은 개별적인 행위자와 관련된 우주를 라스티에는 지시 우주와 구분하여 상정 우주라고 한다. 이러한 행위자들과 이들의 우주 그리고 세계들 간의 역동적인 관계들은 텍스트의 변론부를 구성하는 중요한 요소들로 작용한다.

라스티에가 텍스트의 변론부에서 다루고자 한 또다른 문제는 텍스트의 유형에 관한 것이다. 기존의 서사학이 서사를 자연적 범주로 받아들임으로써, 텍스트에 대한 심화된 유형론으로 나아가지 못한 점을 비판하면서, 그는 서사가 아닌 서술에 따른 텍스트의 유형론을 제안한다. 그는 변증부에 속한 서사와 변론부에 속한 서술의 상호작용이 갖는 중요성을 언급하면서, 특히 사건적 변증부에 대한 변론부의 영향이 명확히 정의될 필요가 있다고 말한다. 그에 따르면, 이러한 층위에서는 내재적 변론부가 고려되어야 하는데, 그것은 기능들의 양태화 안에서 나타나는 것이다. 가령, '계약'이라는 기능은 계약하는 행위자들의 가능 세계 안에서 위치한 전달 그래프들의 교환으로 이루어진다는 것이다. 그가 말한 재현된 커뮤니케이션은 담화로 나타나는 커뮤니케이션인데, 여기에는 발화자와 수화자가 존재한다. 이들을 재현된 커뮤니케이션의 양극이라 할 때, 이들은 행위자이거나 연기자로 나타날 수 있으며, 이때, 변증부와 변론부는 서로 간섭한다. 다시 말해 서사와 서술 간에 어떤 혼동이 일어날 수 있는 것이다. 그러나, 라스티에는 커뮤니케이션의 양극이 변증적 기능과 결합되지 않는 경우도 제시하는데, 이 때 다음과 같은 두 가지 경우가 대안적으로 고려되어야 한다고 말한다. 첫 번째는 발화에 적절한 범주들이 그대로 남아있는 경우이다. 지시조응적이며 대명사적인 지시소는 적어도 하나의 발화적 초점과 하나의 해석적 초점을 국지화할 수 있게 한다. 이들은 명명되거나 기술될 수 없는 것이지만, 가령 성, 숫자, 시공간적 위치의 표지와 같은 의소분자를 갖는 것이다. 이들은 직접 우주들과 결합되거나 아니면 추론에 의해 우주들로 연결된다. 두 번째는 대화 자체가 더 이상 재현되지 않는 경우이다. 대화 없는 커뮤니케이션의 역설이 나타나는데, 객관성의 인상을 만들어내려는 금언적인 장르(가령 속담이나 과학적 초록들)에서 자주 보이는 것이다. 발화자와 수화자가 숨어있기 때문에, 우리는 이들을 정의하는 의소분자를 구성해낼 수 없다.

이러한 라스티에의 논의는 텍스트의 변증부와 변론부 간의 상관성을 통해, 재현된 커뮤니케이션의 유형론을 세우기 위한 토대가 된다. 발화자와 수화자는 이들이 명시된 우주와 결합되는가의 여부에 따라 내부변론적이거나 외부변론적이 되며, 발화자와 수화자는 배타적이거나 그렇지 않으면 포괄하는 대화자(다른 발화자와 수화자를 포함하는)이거나 포괄되는 대화자(다른 대화자의 우주에 포함된)가 된다. 라스티에가 제시한 발화자와 수화자의 유형은 다음과 같다.

발화자
-내부변론적
  -배타적
  -포괄적

–삽입된 발화들

–얽혀진 발화들

–외부변론적

–포괄적

–교대적 발화들

–배타적

수화자

–내부변론적

–배타적

–포괄적

–삽입된 수용

–얽혀진 수용

–외부변론적

–포괄적

–교대적 수용

–배타적

라스티에의 이러한 유형론은 그간 서사학에서 비교적 소홀히 다루어졌던 수화자의 유형에 대해 언급하고 있다는 점에서 주목된다. 라스티에는 이러한 발화자와 수화자의 유형이 반드시 통합되는 것은 아니라고 말한다. 상황에 따라 그리고 텍스트의 다른 부분들과의 관계 속에서 이러한 유형은 다양한 커뮤니케이션을 연출할 수 있다는 것이다.

라스티에의 변론부는 설화에서 시학을 논의하는 데 가장 유용할 것으로 보인다. 구술이 이루어지는 상황이 늘 전제되는 설화 커뮤니케이션의 특성은 설화가 갖는 구술성을 시학적으로 해명해내기 위해 매우 중요하게 다루어질 필요가 있다. 그런 점에서 발화자로서의 이야기꾼과 행위자나 연기자로 나타나는 등장인물들 간의 여러 상호작용들을 기술하는 것은 앞으로 설화 연구의 중요한 과제가 될 것으로 보인다.

4) 전략부

전략부는 의미론적 단위들의 선적인 조직을 설명하는 부분이다.[239] 여기에서는 표현의 국면과 내용의 국면이 함께 혹은 따로 다루어진다. 이들 두 국면의 단위들이 반드시 항목별로 대응하는 것은 아니므로, 이들은 각기 차별화된 선조성으로 조직된다.

먼저 내용의 전략부를 살펴보기로 하자.

라스티에는 먼저 소쉬르가 제시한 기표와 기의 간의 관계, 다시 말해 이들이 서로 분리될 수 없는 결합 관계를 갖는다는 전제에 대해 비판한다. 소쉬르의 견해를 수용한 예름슬레우가 제시한 언어의 내용 국면과 표현 국면 간의 동형성에 대한 전제 역시 라스티에는 수정되어야 한다고 본다. 한 마디로 라스티에는 '기표/기의'의 관계는 기의들 간의 관계에 의해 결정되는 것이라고 주장한다. 어떤 낱말이 하나의 문장에서 얼마든지 다른 의미로 쓰일 수 있는데, 이때의 의미를 결정하는 것은 이미 고정된 기표와 기의의 관계가 아니라, 하나의 문장에서 그것이 다르게 실현되는 것을 드러내는 관계라는 것이다. 이것을 결정하기 위해서는 담화의 맥락을 검토해야 하는데, 소쉬르나 예름슬레우가 생각한 기표와 기의 간의 고착된 관계로는 그것이 불가능하다. 그렇다고 해서 기의들이 단지 담화의 연쇄적 과정에만 종속되어 있는 것은 아니다. 발생의 측면에서 본다면, 이러한 연쇄성은 단순히 국지적인 것이지만, 해석의 측면에서 본다면,

239 전략부에 대해서는 ibid., pp. 62–67 참조.

그것은 전체적인 것이 될 수 있다. 다시 말해, 수없이 나타나는 선조성들이 해석을 위한 통로로 작용할 수 있는 것이다.

라스티에는 의미론에서 표현의 전략부를 다루기 위해서는 그것을 내용의 전략부와 관련지어야 한다고 말한다. 그는 이를 두 차례의 분절과 관련지어 설명한다. 먼저 1차적 분절과 관련하여 표현의 전략부가 다루는 두 가지 층위가 제시된다. 먼저 문장의 층위에서, 통합체 안의 낱말들의 질서, 통합체의 질서, 그리고 구두점이나 휴지에 의해 분리된 단위들을 다룬다. 문장을 넘어서는 층위에서는 기술물들의 단락들이나 절들, 구술부의 부분들인 시퀀스들과 그 밖의 분절 단위들을 다룬다. 이러한 두 층위에서 표현의 위치는 하나의 해석소[240]로 작용한다. 가령 그것은 의미를 선택하는 역할을 하거나, 형태론적인 격이 나타나지 않는 언어에서 우발적인 의소들의 도입을 가능하게 하기도 한다. 결국 그것은 초점화와 같은 강조나 여러 가지 양태화들을 드러내게 된다. 텍스트적 층위에서 문장을 넘어서는 단위들과 관련된 위치들은 해석적 통로 안에서 핵심적인 역할을 하는 것이다. 2차적 분절과 관련하여서는 운율이나 작시법이 문제되는데, 이는 낱말, 문장, 텍스트의 세 층위를 다양하게 포함한다. 여기서도 위치는 의미론적 관계들에 대한 해석소로 작용한다.

라스티에는 언어가 갖는 이러한 두 가지 국면, 즉 내용의 국면과 표현의 국면 모두에서, 단위들과 관련된 위치는, 언어의 기능적 체계의 부분이면서 동시에 다른 사례들의 부분인 규범들에 의해 코드화된다고 말한다. 그는 이러한 위치를 기의들과 관련된 위치, 기표들의 위치, 그리고 이러한 위치들 안에서 실현된 음성적, 조형적 혹은 의미론적 투여들로 구분

---

240 라스티에는 '해석소'를 '의소 관계를 정립시키는 언어학적 혹은 기호학적 요소'로 정의한다. Ibid., p. 263.

했는데, 여기서 위치들과 투여들 간의 관계들이 전략부와 주제부 간의 상호작용을 보여준다. 아직 거의 논의가 이루어지지 않았지만, 라스티에가 탐색하려 한 의미론적 리듬이 문제되는 것도 바로 이 지점에서이다. 그가 말한 의미론적 리듬은 전략부의 형식과 주제부의 구조 간에 규칙적인 상응이 일어날 때 나타난다.

라스티에는 의미론적 리듬뿐만 아니라, 전략부와 변증부 그리고 변론부 간의 관계를 통해, 변증적이고 변론적인 리듬에 관해서도 논의한다.

변증적 리듬은 특히 서사 기법이라 불리우는 것과 관련된다. 이것은 전략적 단위들의 분량과 관련한 변증적 간격들의 숫자에 의해 정의된다. 가령 아주 작은 전략적 단위들 안에서 많은 변증적 간격이 만들어진다면, 서술은 당연히 빨라지게 된다. 이러한 상대적 속도는 간격의 시간적 분량화에 의해 결정되는 '템포'와는 구분되는 것이다. 설화에서 시간의 흐름은 "그 뒤 십년이라는 세월이 흘렀지"와 같이 요약되는데, 이것은 빠른 변증적 리듬이 작용하고 있음을 말하는 것이다.

변론적 리듬은 전략적 단위의 숫자와 관계된 우주와 세계의 변화들에 의해 정의된다. 가령 연극은 상황을 행위로 보여주기 때문에 비교적 이러한 리듬을 포착하기 쉽지만, 자유간접화법으로 쓰여진 소설의 경우는 이러한 리듬이 변화를 겪으며 발화적이고 해석적인 초점들이 대체되는 양상을 보여주기도 한다.

라스티에는 전략부가 표면적인 것처럼 보이기도 하지만, 그렇다고 해서, 전략부가 다른 부분들에 종속되는 것은 아니라고 말한다. 해석의미론에서 표면보다 더 깊은 어떤 것도 존재하지 않는다고 그는 단언한다.

3. 의미부들 간의 상호작용

라스티에가 제시한 텍스트의 네 의미부들은 서로 상호작용을 한다.[241] 이들 상호작용에 따라 텍스트의 유형과 장르를 기술하는 것이 가능하다.

이들 네 의미부 중 주제부와 전략부는 필수적으로 나타나는 것이다. 최소한의 의미구조를 갖는 텍스트라 하더라도, 이들 두 의미부는 반드시 존재해야 한다. 이러한 극단적인 경우 외에도 다섯 가지 의미부 간의 상호작용이 찾아진다. 이를 라스티에는 다음과 같은 그림으로 보여준다.

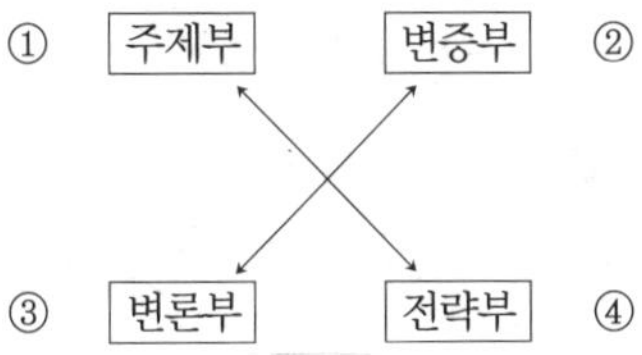

〈표 55〉 의미부들 간의 상호작용

이에 덧붙여 라스티에는 1－2－4, 1－3－4, 2－3－4와 같은 세 의미부 간의 상호작용도 존재할 수 있다고 말한다. 여러 예측가능한 상호작용이 모두 텍스트에서 실현되는가는 의문시되지만, 이러한 상호작용이 텍스트 유형론의 토대가 될 수 있음은 틀림없다. 그가 말한 이러한 상호작용이 선험적으로 존재하는 질서는 아니기 때문에, 결국은 끊임없는 상호작용을 보여주는 것이다.

라스티에는 의미부들 간의 관계가 체계성의 발생에 따라 변화하는 것으로 본다. 각각의 의미부는 세 가지 유형의 체계성, 즉 언어의 기능적 체계, 사회방언적 규범(장르의 규범을 포함한), 개인언어적 규범(선택적인)에 의해 지배되는데, 그 지배성의 정도가 앞에서 뒤로 갈수록 더 강해지

241 의미부 간의 상호작용에 대해서는 ibid., pp. 68–72 참조.

지만, 때에 따라서는 그 반대의 경우도 나타날 수 있다. 또 언어가 구성되는 과정에서 체계성 간의 모순이 생겨나기도 하고, 이것이 언어의 통시론적 변화에서 중요한 역할을 하기도 한다.

이러한 체계성 외에도 라스티에는 의미부 간의 상호작용이 일어나는 세 개의 층위, 즉 낱말, 문장, 텍스트의 층위를 제시한다. 그에 따르면, 문장의 층위는 텍스트의 층위와 같은 상호작용을 보여주지만, 그보다는 덜 복잡한 방식으로 이루어진다. 여기에서 전략부와 주제부는 필요하지만, 변증부와 변론부는 선택적이다. 문장 층위의 전략부 안에서 언어는 일반적으로 다른 사회화된 규범들을 지배한다. 반면 텍스트의 층위에서는 이러한 지배관계가 역전되는 경우가 많다. 낱말의 층위에서는 두 개의 필요한 의미부, 즉 전략부와 주제부에 관한 한, 언어의 기능적 층위의 규약은 보완적인 역할에 머문다. 이 층위의 전략부에서, 낱말의 형태소들의 분포는 엄격하게 규제된다. 또 주제부에 관한 한, 주어진 위치를 점유할 수 있는 내용들의 목록은 접사의 경우처럼 매우 한정적이다. 이러한 필수적 의미부 외에도 선택적 의미부 역시 낱말에서 작용할 수 있다.

라스티에에 따르면 이러한 상호작용은 낱말에서 텍스트로 갈수록 더욱 복잡해진다. 체계성의 유형의 지배도 이러한 층위에 따라 달라진다. 낱말에서 멀어질수록, 언어 기능체계의 지배는 약화되는데, 이에 따라 텍스트의 층위에서는 사회방언적이거나 개인언어적인 규범이 매우 강화된다. 라스티에는 이러한 규범이 곧 장르를 정의하는 지표가 된다고 말한다. 라스티에가 말한 장르는 단지 언어의 층위들 간의 관계뿐만 아니라, 이러한 층위 안에서의 의미부 간의 관계에서도 기술될 수 있다. 이러한 기술은 텍스트의 발화, 참조, 해석에 두루 간여하며, 기존의 고정된 장르를 상대화시킴으로써, 해석적 의미론의 담론을 확충시키는 역할을 한다.

4. 라스티에 해석의미론의 해체론적 함의

라스티에의 의미론의 많은 부분이 그레마스의 의미론과 유사하다. 무엇보다도 전체적인 의미론적 우주에서 서사적 층위가 필수적으로 설정되는 그레마스의 경우처럼, 라스티에 역시 그가 세운 체계 안에 서사는 편재해 있다. 그럼에도 불구하고, 라스티에는 그레마스가 만들어낸 의미론적 우주를 해체함으로써, 의미론에 대한 확충을 시도하였다.

의미에 대한 보편주의가 그레마스의 이상이었다면, 라스티에는 의미가 국지적으로 생성될 수 밖에 없음을 보여주려 한다. 발신자와 수신자가 텍스트를 전달하는 상황에서, 중요하게 다루어져야 할 것은 텍스트 자체가 아니라, 그러한 텍스트가 전달되는 여러 가지 조건임을 말한다. 가령, 발신자와 수신자는 각기 다른 환경에서 각기 다른 언어적 관습을 갖고 있다. 그것은 사회적 방언이나 개인언어 같은 것으로 나타난다. 이러한 것이 포착되기 위해서는, 단순히 언어체계뿐만 아니라, 그것을 둘러싼 여러 가변적인 환경들이 고려되어야 한다. 이러한 것은 곧 해석의 문제를 낳는다. 메시지가 생성되는 것을 알기 위해서는 해석의 과정을 거쳐야 하는데, 그 과정은 선험적으로 주어진 틀에 의해 이루어지지 않는다. 이러한 가변성은 텍스트의 유형과 장르에 대한 기술을 가능하게 한다. 구조라는 이름으로 국지적으로 실현되는 장르나 유형을 도외시하려 한 구조주의적 태도는 라스티에의 비판의 초점이 된다. 보편주의의 해체를 통해 국지성을 실현시키려는 라스티에의 생각은 그간 소홀히 다루어졌던 장르와 유형 그리고 구체적인 담화에 대한 관심을 복원시킨다.

그레마스는 의미생성 행로에서 여러 층위를 설정하고, 이들 층위를 생성적으로 설명하고자 했다. 여기에는 물론 표층이니 심층이니 하는 공간적 지표가 드러난다. 심층에서 표층으로 나아가는 생성의 과정은 모든 자연언어의 의미론에서 보편적인 것으로 간주된다. 그러나, 라스티에는 비록 그레마스가 언급한 여러 구조적인 주제들을 다루기는 하지만, 근본적으로 이러한 생성의 일관된 작용이 있다고 보지는 않는다. 그레마스가 말한 여러 층위는, 라스티에에서 의미부로 나타나는 것이다. 그러나 라스티에가 말한 의미부들은 심층이나 표층과 같은 공간에 위치하는 것도 아니고, 일관된 생성행로에 참여하는 것도 아니다. 이들은 다양한 방식으로 상호작용하면서 개인언어나 사회적 방언, 장르와 유형을 결정하기도 한다. 한 마디로, 라스티에의 체계는 끊임없이 새롭게 생성되는 담화들을 설명할 수 있는 도구로서의 역할에 충실할 뿐이다. 이러한 점은 닫힌 보편성에서 열린 국지성으로 나아가려는 시도에서 비롯된 것이다. 이를 통해, 의미론은 자의적인 해석을 피해야 한다는 언어학적 강박에서 벗어나 새로운 도구로 자유롭게 해석을 수용할 수 있게 되었다. 이러한 과정에서 보다 엄격한 과학성을 견지하기 위해, 라스티에는 다양한 이론적 용어들을 고안해 활용한다. 그의 이론이 언어학과 해석학 사이에서 어설픈 절충주의에 빠지지 않은 것은 바로 그런 까닭이다.

4장
가치화를 위한 해석소의 생산:
리츠카의 신화론

오늘날 기호학에서 핵심적인 쟁점은 전혀 성격이 다른 소쉬르와 퍼스의 기호학이 담화를 분석하는 데 어떻게 함께 활용될 수 있는가 하는 것이다. 앞서 설화학에서 해체의 논의는 주로 소쉬르의 기호 개념을 통해 만들어진 구조에 틈입하는 여러 가지 요소들을 수용하는 과정에서 이루어진 것이다. 그러나, 이들 논의는 구조의 변형이나 확장을 보여줄 뿐, 구조 자체의 폐기에 이르지는 않는다. 따라서 구조의 해체는 구조의 미분화나 국지화를 말하는 것으로 간주될 수 있다. 설화학에서 해석이 문제되고, 그러한 해석을 통해 어떤 가치가 추구되는가하는 문제가 제기될 때, 이에 대한 해답을 구조의 기술에서 찾을 수 있을지는 의문시된다. 여기에는 구조가 어떤 가치를 표명할 수 있도록 조정되는 과정이 필요하며, 그러한 과정에서 생성되는 기호작용을 설명하는 또다른 틀이 요구된다. 리츠카가 신화를 분석하는 관점은 이러한 또다른 틀, 다시 말해 퍼스의 기호학적인 개념들을 가져옴으로써 실현된다. 리츠카가 적극적으로 수용한 퍼스의 기호학은 소쉬르의 기호학과 출발부터가 다르다. 퍼스가 말한 해석소는 구조적 체계와는 무관하게 인간이 기호를 인지하는 어떤 상황에서든지 만들어진다. 기표와 기의 간의 어떤 약속된 재현 관계를 전제하는 소쉬르의 기호학이 설화학에 미친 영향은 이미 앞서의 여러 설화학의 논의에서 충분히 이루어졌다. 다양한 층위가 만들어지고 층위 안에서의 여러 구조적 요소들이 관계 맺는 양상들을 기술하는 구조주의 설화학은 어쩔 수 없이 '기술적'인 데 머물게 된다. 따라서 가치화라든지 목적론과 같은 화용론적 요소들을 수용하는 데는 한계가 있을 수밖에 없다. 리츠카는 기존의 신화학에서의 여러 구조적인 전제들에 대해 비판하면서, 신화를 비판적 상징으로 보는 새로운 가치론적 신화학을 제안한다. 이를 위해 그는 야콥슨의 언어학과 퍼스의 기호학의 이론을 끌어들여 새로운 방법론적인 도구들을 창안한다.

1. 재구성적 설명

먼저 그는 현상을 설명하는 두 가지 방식에 대해 말한다.[242] 하나는 인과적 관계를 기술하는 것이고 다른 하나는 규칙적 관계를 기술하는 것이다. 그는 후자의 관점에서 전자를 비판한다. 전자에서 중요한 것은 필연적 관계이다. 어떤 원인이 어떤 결과를 낳는다는 결정론이 여기에 관여한다. 리츠카는 신화학에서 이러한 이론이 전파론이나 원형론에서 나타난다고 본다. 문화의 접촉이나 전파를 통해 설화의 생성을 설명하는 전파론이나 원형이라는 모호한 개념으로 신화의 여러 상징들을 설명하는 융의 분석심리학은 모두 인과적 관계에 대한 설명을 시도한 것이다. 리츠카가

242 이하 리츠카가 말한 '재구성적 설명'에 대한 논의는 James Jakób Liszka, *The Semiotic of Myth : A Critical Study of the Symbol*, Indiana University Press, 1989, pp. 1-16 참조.

말한 규칙적 관계는 어떤 것이 왜 그리고 필연적으로 일어나는가에 대한 설명보다는 그것이 어떻게 가능한지에 대한 설명을 보여준다. 이러한 설명을 그는 '재구성적' *reconstructive* 설명이라 하는데, 여기에서는 명확한 인과론을 통한 예측이 불가능하다. 이는 자연적 법칙이 부재해서가 아니라 이러한 법칙을 극히 가변적이고 복합적인 국지적 조건들에 적용하는 과정이 매우 복잡하기 때문이다. 어떤 사실의 인과성을 결정적으로 설명하지 못한다 하더라도, 이러한 재구성적 설명은 인문학이 다루는 복합적인 현상들을 설명하는 데 중요한 역할을 한다. 리츠카는 이것이 법칙 *law*이 아닌 규칙*rule*에 의해 이루어지는 것이라고 하는데, 특히 그가 이것을 강조하는 것은 재구성적 설명이 이러한 규칙들의 가치평가적 기능에 초점을 맞추기 때문이다.

논의를 보다 분명히 하기 위해 그는 체계에 대해 두 가지의 구분점을 제시한다.

첫 번째 구분점은 기호체계에 대한 두 가지 의문에 관한 것이다. 하나는 체계 안에서 요소들이 맺는 관계가 무엇인가 하는 일반적인 문제, 즉 그것의 구성과 일반적인 성질에 관한 것이고, 다른 하나는 체계의 진화, 즉 하나의 체계가 다른 체계들과의 연계 안에서 어떤 기능을 하는가 하는 목적론적 기능의 문제에 관한 것이다. 전자가 일반적으로 구조주의에서 다루어진 체계를 말한다면, 후자는 그가 생각한 재구성적으로 설명된 체계를 말하는 것이다.

이를 보다 분명히 하기 위해 그는 두 번째 구분점, 즉 목적론*teleology*과 목적율*teleonomy*의 구분을 제시한다. 목적율은 한 마디로, 인과적 체계에 작용하는 법칙이다. 예를 들어, 살아있는 유기체가 스스로의 조절체계를 갖는다고 할 때, 이는 목적율에 의해 움직이는 것이다. 그러나 여기에는 규칙을 사용하는 자의 의도나 목적이 개입하지 않는다. 목적론이 목적율과 다른 점은 바로 이러한 규칙사용자의 의도나 목적이 개입한다는 점이다.

이러한 두 개의 구분점들을 결합하여 그는 기호체계에 관한 세 가지 설명의 유형을 보여준다. 첫 번째는 체계의 기원과 전개에 대한 것이고, 두 번째는 그 역사의 어떤 특정한 시기에 체계 안의 요소들 간의 구조적 관계이며, 세 번째는 체계의 일반적 기능 혹은 목적에 관한 것이다. 목적율적 체계의 경우, 기원과 진화는 생물학적 결정성을 가지며, 구조적 관계들은 인과론적일 것이며, 체계의 목적성은 원인들의 연쇄로 환원될 것이다. 목적론적 체계의 경우, 체계의 기원은 생물학적으로 조건지어거나 그렇지 않으며, 체계 안의 요소들 간의 구조적 관계는 일반적으로 규칙에 의해 이루어지며, 체계의 목적성은 비인과적 기능수행과 관계될 것이다. 특히 후자의 경우, 문화적 기호체계들에 적용될 때, 이는 인간 주체의 의도, 신념, 가치들과 관련될 것이다.

이러한 세 종류의 설명을 리츠카는 레비스트로스의 신화 분석의 예를 통해 보여준다. 신화적 체계의 기원 문제에 관하여, 레비스트로스는 대립을 향한 발생론적이거나 생물학적인 내부적 경향이 신화의 바탕에 있다고 말했다. 신화적 체계 안의 요소들 간의 구조적 관계들에 관해서는, 레비스트로스는 "신화가 다른 신화로 변형되는 것은 대립을 지배하는 규칙들의 체계적 적용을 통해서이다"라고 하면서, 이러한 변형의 규칙들이 반대, 모순, 역전, 그리고 대칭으로 이루어진다고 했다. 마지막으로 목적론적인 설명에 관해서는, 리츠카는 레비스트로스의 "신화의 목적은 모순을 극복할 수 있는 논리적 모델을 제공하는 것이다"와 같은 언명을 인용한다.

이러한 각 유형의 설명들은 모두 리츠카가 말하는 재구성적 설명의 범주에 속한 것으로 간주된다. 가령, 하나의 현상의 기원 혹은 진화를 설명하기 위해, 어떻게 그런 현상이 가능했는지에 대한 조건을 인용한다. 두 번째 유형의 설명은 체계의 규칙들이 주어질 때 체계 안의 어떤 사건이 어떻게 가능한지를 증명한다. 세 번째 유형의 설명은 체계의 규칙에 따라 어떻게 기능의 획득이 가능했는지를 증명한다. 다시 말해, 체계에 대한 어떤 설명이든, 그것은 재구성적 설명이 될 수 있으며, 그가 제안한 신화론도 기존의 신화 체계에 대한 설명을 이러한 재구성적 설명으로 전환시켜 보여주는 것이다. 이러한 재구성적 설명이야말로, 참여자와 관찰자로 하여금 신화를 구성하는 규칙들과 신화가 문화의 다른 규칙들과 갖는 관계를 이해하게끔 하며, 결과적으로 신화가 그 참여자들의 문화적 가치를 왜곡하거나 코드화하는 방식을 살피게 함으로써, 이러한 규칙들에 대한 성찰과 대화의 방법을 제공한다는 것이 리츠카의 주장이다.

2. 가치전이

이러한 재구성적 설명을 위해, 리츠카는 '가치전이'*transvaluation*라는 새로운 개념을 제시한다.[243] 그는 신화를 가치전이의 과정으로 간주한다. 이러한 가치전이를 설명하기 위해, 먼저 그는 유표성*markedness*과 등급*rank*이라는 두 가지 개념을 이끌어온다. 그에 따르면, 대립의 조직은 두 가지 가치부여의 과정을 통해서 일관성을 얻게 되는데, 하나는 계열체적 층위에서의 유표성에 의한 것이고, 다른 하나는 통합체적 층위에서의 등급에 의한 것이다.

유표성이란 대립의 양극 사이에 비대칭을 세우는 이들 간의 가치부여

243 '가치전이'의 개념에 대해서는 ibid., pp. 61–96 참조.

관계를 가리킨다. 유표성의 개념은 본래 프라그 학파의 음운론에서 비롯된 것으로, 다음과 같은 트루베츠코이의 설명을 참조해볼 수 있다.

> 상관적 대립의 두 항목(예를 들어, '유성음/무성음')은 등가적인 것이 아니다. 하나는 문제되는 징표를 가지며(혹은 그것의 긍정적 형태 안에서 그것을 가지며), 다른 하나는 그것을 갖지 않는다.(혹은 그것의 부정적 형태 안에서 그것을 갖는다.) 우리는 전자를 '유표적'이라 부르고 후자를 '무표적'이라 부른다.[244]

리츠카는 대립의 두 항이 갖는 비대칭성은 이들 두 항이 '주도적/종속적', '범례적/파생적', '정상적/비정상적', '비초점화/초점화'와 같은 위계관계에 놓이는 것임을 지적한다. 그런데 이러한 관계는 담화의 의미론적 분석뿐만 아니라, 문화의 일반적인 현상을 분석하는 데서도 찾아질 수 있다. 가령, '숙모'라는 말은 본래 친가와 외가의 숙모를 모두 포함한 개념이지만, 실제로 쓰일 때는 친가의 숙모를 지칭하는 데 쓰인다. 외가의 숙모를 '외숙모'라는 말로 지칭하는 것은 '외숙모'는 '숙모'에 비해 유표적인 것으로 받아들여지기 때문이다. 이것을 설명하기 위해서는 이러한 말이 쓰이는 사회의 통념이나 관습 혹은 제도와 같은 맥락에 대한 이해를 전제해야 한다. 어떤 항이 유표적인가 아니면 무표적인가 하는 것은 일종의 선택의 문제로서, 계열체적 관계 안에서의 가치부여가 어떻게 이루어지는가에 좌우된다.

리츠카가 가치전이의 개념을 설명하기 위해 끌어들인 또 하나의 개념이 등급이다. 유표성이 계열체적 관계들의 가치부여적인 국면이라면, 등

---

244 N.Trubetzkoy, "Die phonologischen Systeme", *Travaux du Cercle linguistique de Paris 4*, p. 97, Elmar Holenstein, *Roman Jakobson's Approach to Language: Phenomenological Structuralism*, Indiana University Press, 1974, p. 130에서 재인용.

급은 통합체적 관계들의 가치부여적 국면이다. 이것 역시 음운론에서 비롯된 개념이다. 음소들이 위계적 구조에 속할 때, 이들 음소들의 결합 관계는 통합체 안에서 일정한 규칙을 만들어낸다. 같은 음운론적 대립이라 하더라도, 이들이 어떤 등급에 놓이느냐에 따라, 다른 모음의 체계가 만들어진다. 이러한 등급 역시 가치부여적인 국면을 나타내는 것으로, 의미론이나 문화현상의 분석에 확대 적용될 수 있다.

리츠카는 이러한 두 개의 개념을 퍼스가 말한 해석소의 개념으로 재해석하여, 가치전이라는 새로운 개념을 만들어낸다. 그는 가치전이를 "한 지시대상의 지각되거나 상상되거나 인식된 유표성과 등급의 관계들을 그것의 기표들의 체계의 등급과 유표성의 관계들과 기호사용자의 목적에 의해 한정된 것으로 재평가하는 규칙적으로 이루어지는 기호작용"이라 정의한다. 하나의 기호가 다른 기호를 통해 해석된다는 점에서 이러한 가치전이는 퍼스가 말한 해석소의 하나라고 할 수 있다. 이러한 해석소가 생산되는 과정에서 나타나는 유표성과 등급은 앞서 말했듯, 가치부여적인 국면을 나타내는 것이며, 이러한 가치부여가 기호의 생산이라는 기호작용 안에 편입되면서, 기호사용자가 의도한 목적이 이루어진다. 따라서 가치전이의 분석은 기호가 어떤 상황 안에서 화용론적으로 실현되는 과정을 극명하게 보여줄 수 있다.

3. 설화 구조에서의 가치전이

리츠카는 이러한 가치전이의 개념을 통해 기존의 여러 구조주의 설화학에 대해 비판을 가한다. 프로프, 레비스트로스, 그레마스의 설화학에서 그가 중점적으로 비판한 것은 이들이 제시한 형식이나 구조가 서술의 가치부여적인 기능을 드러내지 못했다는 것이다. 이에 따라 그는 프로프가 제시한 설화의 형태론에서의 기능들 간의 관계를 그가 말한 가치전이의 틀을 통해 새롭게 기술한다. 여기서 기능들은 각각 유표항과 무표항으로 정리되고, 이러한 기능들이 등장인물과 맺는 관계를 통해 그것의 등급이 결정된다.[245]

리츠카는 일반적으로 서사가 유표화된 상황으로부터 무표화된 상황으로의 전환으로 이루어진다고 한다. 가령, 결핍의 발생(유표적)에서 그것의 해결(무표적)로, 악행에서 그에 대한 징벌(무표적)로, 주인공의 행위에서 그에 대한 보상(무표적)으로 나아가는 것이 서술의 일반적인 양상이다. 시퀀스 안에서도 또한 무표적 상황으로 마무리되는 것이 있다. 추적은 구원(무표적)으로, 투쟁은 승리(무표적)로, 증여자의 시험은 성공(무표적)으로, 난제는 그것의 성취(무표적)로, 출발은 귀환(무표적)으로, 낙인은 그것의 인지(무표적)로 마무리된다. 리츠카는 이러한 규칙을 통해, 프로프가 기술한 민담의 서사구조에서 세 가지 단계를 구분하는데, 첫 번째 단계가 위계의 파괴 즉 무표적인 것을 유표화하는 단계이고, 두 번째 단계가 유표화에 의해 위계 안에서 위기가 전개되는 단계, 즉 과도기적 단계이고, 세 번째 단계가 위계의 복원 그리고/혹은 증대, 즉 유표적인 것을 무표화하는 단계이다. 이것을 그는 다음과 같은 도표를 통해 보여준다.

245 프로프의 형태론에 대한 리츠카의 재해석은 ibid., pp. 113–116 참조.

기능	(무)	(유)	단계
금지	복종(무)	**(유)위반**	1단계 위계의 파괴: 무표적인 것의 유표화
악당에 의한 탄로	정보의 결핍(무)	**(유)획득된 정보**	
악당에 의한 속임	속임의 인지(무)	**(유)속임에 넘어감**	
악행	실패(무)	**(유)성공**	
도움의 요청	**수락(무)**	(유)거부	2단계 위기: 위계는 계속될 것인가?
출발	**귀환(무)**	(유)귀환의 실패	
증여자의 시험	**성공(무)**	(유)실패	
난제	**성공(무)**	(유)실패	
추적	**구원(무)**	(유)구원의 실패	
투쟁	**승리(무)**	(유)패배	
결핍	**해결(무)**	(유)미해결	3단계 위계의 복원과 증대: 유표적인 것의 무표화
낙인	**인지(무)**	(유)인지의 실패	
악행	**징벌(무)**	(유)미징벌	
영웅적 행위	**보상(무)**	(유)보상의 결핍	

〈표 56〉 가치전이에 의해 해석된 프로프의 기능들

등급은 각각의 기능들이 등장인물과 결합되면서 생겨나는 유표성에 따라 조정된다. 리츠카가 찾아낸 상대적인 위계들은 다음과 같은 것들이다.

금지의 위반에 따른, 희생자/발신자

악행에 따른, 악당/희생자

구원 요청의 수용에 따른, 주인공/발신자

원조적 도구의 수용에 따른, 증여자/주인공

투쟁에서의 승리에 따른, 주인공/악당

속임에 따른, 가짜주인공/주인공

탄로에 따른, 주인공/가짜주인공

구원에 따른, 주인공/희생자

보상에 따른, 발신자/주인공

여기에서 만들어진 등장인물들 간의 위계관계는 다음과 같은 것들이다.

악당의 희생자에 대한 지배는 주인공이 악당을 징벌함으로써 상실된다. 발신자가 당한 희생자의 상실은 주인공의 행위에 의해 매개된다. 발신자의 권위를 거부하는 희생자는 결혼을 통해 지위를 되찾는데, 이것은 동시에 주인공에 대한 보상으로 나타나는 것이다.

리츠카는 이와 같은 프로프의 형태론에 대한 재해석을 통해, 유표적 상황에서 무표적 상황으로의 전환이나 기능들에 따른 등장인물들 간의 등급이 민담의 서술에 일반적인 정합성을 부여하는 것임을 보여준다.

4. 신화의 가치론적 구조

리츠카의 신화론이 퍼스의 해석소의 개념의 의존한다 하더라도, 신화의 분석에 관여하는 구조주의의 여러 도구들을 전적으로 폐기한 것은 아니다. 그가 말한 신화의 구조 분석은 프로프가 말한 기능이나 레비스트로스가 말한 신화소와 같은 분절 단위의 추출을 전제로 한다. 그가 제시한 분절 단위는 '신화적 시퀀스'이다.[246] 신화적 시퀀스는 신화 안에서의 행위의 기본적인 단위로 정의된다. 이러한 단위는 행위의 언어학적 재현이라 할 수 있는데, 이는 행위의 문법과 언어의 문법이 연결되어, 언어와 서사 사이의 동형성이 생겨나는 양상을 보여주는 것이다.

신화적 시퀀스를 기술하기 위해 그는 브루너의 심리언어학과 본 라이트의 철학에서 추론해낸 몇 가지 범주들, 즉 능동자*agent*, 행동, 피동자*patient*, 결과를 제시하고, 이를 신화적 시퀀스의 토대로 삼는다. 그에 따르면, 신화는 행동의 재현인데, 그것은 일련의 계기적으로 관계맺는 시퀀스들로 이루어진다. 여기서 각각의 시퀀스는 행위 문장들의 통사적-문법적 구조를 반영해야 하며, 또한 한 이야기 안의 사건들을 분할하고 조직하기 위한 틀을 설정하는 구조적인 토대가 되어야 한다. 그 토대는 가령 다음과 같이 나타난다: 능동자가 피동자의 조건이나 상태를 변화시키는 방식으로 피동자에게 행위를 가한다. 여기에는 명사와 동사의 기능적인 통사론적 구분을 반영하는 시퀀스의 기능적으로 구분되는 두 가지 국면들이 있음이 확인된다. 신화적 시퀀스를 변별적 자질로 분석하는 과정에서 이러한 구분이 고려되어야 하지만, 또한 하나의 단위로서의 신화적 시퀀스의 통합성도 유지되어야 한다. 리츠카의 이러한 입장은 레비스트로스가 음소와 신화소의 관계를 설명하는 방식과 유사하다. 신화적 시퀀스에서 찾아지는 통사적 구분은 언어학적이면서 또한 담화적인 성격

246 신화적 시퀀스에 대해서는 ibid., pp. 117-121 참조.

을 갖는데, 이들이 완벽한 상응 관계를 가질 수 없는 것은 신화적 시퀀스가 갖는 상대적 복합성 때문으로 간주된다.

리츠카는 신화의 분석을 위한 세 가지 층위를 제시한다.[247]

그 중에서도 신화적 시퀀스가 자질들로 분석될 수 있는 두 개의 상관적 층위로 능동자적 층위와 행위항적 층위에서의 분석을 제시한다. 신화의 능동자적 층위는 신화에서 나타나는 능동자와 피동자들의 일반적 자질을 다루는 것인데, 이들은 문화적 맥락 안에서 정의되는 것들이다. 그가 제시한 자질은 다음과 같은 것들이다.

a) 능동자의 생물물질적 자질(남성, 동물, 인간 등)

b) 사회적 특성(친족 그리고 인척 관계)

c) 정치적 특성(계급, 등급 등)

d) 경제적 특성(사냥꾼, 어부 등)

능동자들 간의 문화적 관계를 특징짓는 여러 자질들은 함축적이면서 명백한 일련의 규칙들에 바탕을 둔 것이다. 이러한 규칙들은 비대칭의 관계를 정립하는 것이며, 이것이 유표성을 부여하는 바탕이 된다. 예컨대, 단군신화에서 단군은 능동자로서 여러 자질들을 갖고 있다. 그의 생물물질적 자질은 신의 아들이며, 사회적 특성은 환웅의 아들이며, 정치적 특성은 한 나라를 세운 시조이면서, 백성을 다스린 지배자이다. 이러한 모든 자질들은 그를 단지 평범한 존재가 아닌, 무언가 '특별한' 존재로 정립시킨다. 다시 말해, 그는 유표성을 갖게 되는 것이다. 이러한 유표성의 부여는 단지 단군신화 그 자체의 담화적 성격에서 비롯되는 것이 아니다.

247 신화의 분석을 위한 세 가지 층위에 대해서는 ibid., pp. 121–141 참조.

단군신화가 생겨난 여러 환경들이나 담화적 맥락에 대한 일반적인 고려를 통해 단군이 보통 인간과는 다른 위치를 갖는다는 사실이 추론되는 것이다. 이것은 단군신화에서 단군의 역할을 있는 그대로 기술해내는 것과는 다른 것이다. 단군신화는 어떤 목적에 의해 쓰여지고 전파되었으며, 그러한 목적에 합당한 역할을 단군이 함으로써 그에 걸맞는 가치가 부여되는 과정까지 포함하는 것이 단군신화에 대한 분석이라 할 수 있다.

이러한 능동자에 어떤 극적인 역할이 주어지면서, 능동자적 층위에 행위항적 층위가 어떤 관계를 부여한다. 이것을 리츠카는 능동자적 층위에 대한 행위항적 층위의 가치전이라고 말한다. 능동자들은 그들의 행위를 통해 주인공이나 악당, 원조자나 희생자와 같은 행위항으로 규정된다. 리츠카는 이러한 두 층위들 간의 관계를 통해 문화 안에서의 신화가 갖는 의미를 이해할 수 있다고 한다.

리츠카가 말한 행위항적 층위에서도 유표성과 등급은 중요한 의미를 갖는다. 그는 일반적으로 등장인물의 행위를 '주다/받다', '얻다/잃다'와 같은 양항대립으로 기술할 수 있다고 전제하지만, 이것만으로는 그가 생각하는 가치론적 분석에 도달할 수 없다고 믿는다. 결국 행위의 자질은 조건들이나 소유들의 등급적 가치에 어느 정도 의존할 수밖에 없고, 결국 그것을 결정하는 것은 문화의 가치 체계에 따를 수밖에 없는 것이다. 가령, 던디스같은 설화학자가 설화를 '결핍/결핍해소'와 같은 양항대립으로 구조화했다 하더라도,[248] 결핍한 것과 그것을 해소한 것이 갖는 문화적 가치에 대한 논의가 이루어지지 않는다면, 별 의미가 없는 것이다. 리츠카는 단순히 논리적-의미론적 분석이 놓쳤던 부분들을 이러한 유표성과

---

248 Alan Dundes, *The Morphology of North American Indian Folktales*, Suomalainen Tiedeakatemia Academia Scientiarum Fennica, 1980, pp. 61–64.

등급의 기술을 통한 가치론적 분석이 포착해야 한다고 본다. 이것을 바리공주 신화를 통해 설명해보자. 바리공주 신화는 전형적으로 결핍에서 그것의 해소로 나아가는 구조를 가진 서사이다. 여기에서 능동자와 피동자의 관계를 기술하면 다음과 같이 될 것이다.

> 임금(능동자)이 바리공주(가치)를 잃다
>
> 임금(능동자)이 목숨(가치)를 잃다
>
> 임금(능동자)이 바리공주(가치)를 얻다
>
> 바리공주(능동자)가 생명수(가치)를 얻다
>
> 바리공주(능동자)가 생명수(가치)를 임금(피동자)에게 주다
>
> 임금(능동자)가 목숨(가치)를 얻다
>
> 하늘(능동자)가 신직(가치)를 바리공주(피동자)에게 주다

이러한 분석은 그야말로 논리적-의미론적 분석에 그친 것이다. 리츠카가 말한 행위항적 분석을 위해서는 가치론적 변화에 주목해야 한다. 임금이 목숨을 잃는 것은 목숨을 얻는 것보다 가치론적으로 열세에 놓인 것이다. 이것은 유표적 상황을 야기시킨다. 바리공주의 행위는 이러한 유표적 상황을 무표화시키는 것이다. 다시 말해, 바리공주는 임금의 악화된 상황을 개선함으로써, 낮은 등급의 가치를 높은 등급의 가치로 전환시킨 것이다. 여기서 각각의 능동자와 피동자에게 행위항적 역할을 부여해보자. 처음에 바리공주는 희생자였지만, 그 다음 다시 거두어져 주인공이 되고 임금을 살리는 원조자가 된다. 임금은 처음에는 바리공주를 버린 악당이었지만, 목숨을 잃게 되어 희생자가 된다. 하늘은 바리공주에게 신직을 부여하는 원조자이다. 어떤 행위가 주인공의 행위이고 어떤 행위가 악당의 행위인지, 그리고 그러한 행위들의 결과가 어떻게 나타나는지를

기술하는 것은 행위항적 층위에서의 대립의 가치론적인 양상을 드러내는 것이다.

이러한 두 층위에 덧붙여 리츠카는 제 3의 층위, 즉 서사의 층위를 제시한다. 여기에서는 보다 포괄적인 서사 유형이나 플롯의 틀 안에서 제 2의 층위에서 수행된 행위들을 조율한다. 리츠카는 이러한 서사층위에서 어떤 모델이 형성될 수 있는가를 새롭게 제시하기보다는 기존의 서사의 플롯이나 유형의 논의를 그가 말한 가치전이의 개념을 통해 재해석한다.

그가 먼저 대상으로 삼은 것은 프라이가 제시한 네 개의 뮈토이이다. 프라이가 제시한 문학의 네 가지 서사적 범주는 희극, 로맨스, 비극, 풍자/아이러니인데, 이들은 신화의 구조적인 법칙에 바탕을 둔 것으로 간주된다. 이들 네 개의 뮈토이는 서로 상관되어 있는데, 프라이는 이를 다음과 같이 설명한다.

> 이들은 중심적이고 통합적인 신화의 네 가지 국면들이다. 아곤*agon* 혹은 갈등은 로맨스의 바탕이면서 원형적 주제이다. 이에 따라 극단적인 로맨스는 일련의 경이로운 모험으로 이루어진다. 파토스*pathos* 혹은 파국은 그것이 승리로 끝났든 패배로 끝났든 비극의 원형적 주제이다. 스파라그모스*sparagmos*, 혹은 영웅성이나 효과적인 행위가 부재하거나 해체되거나 패배로 갈 수밖에 없다는 생각, 그리하여 혼란과 무질서가 세상을 지배하리라는 생각은 아이러니와 풍자의 원형적 주제이다. 아나그노리시스*anagnorisis* 혹은 아직도 약간은 신비한 영웅과 그의 신부 주변에서 승리를 통해 새롭게 태어나는 사회에 대한 인식은 희극의 원형적 주제이다.[249]

249 Northrop Frye, *The Anatomy of Criticism*, Princeton University Press, 1957, p. 192, ibid., p. 132에서 재인용.

리츠카는 이러한 네 가지 뮈토이가 사실은 질서를 부여하는 위계의 폭력과 그것의 위반에서 기인한 폭력 간의 긴장을 드러내기 위해, 환상과 서사적 상상력에 의해 사용된 네 가지 기본적인 전략이라고 말한다. 이러한 관점에서 그는 하나의 위계에 대한 다른 위계의 승리를 강조하는 희극과 로맨스, 그리고 하나의 위계에 대한 다른 위계의 패배를 강조하는 비극과 풍자/아이러니를 구분한다. 이러한 구분은 더 세분될 수 있는데, 가령 희극에서는 낡은 억압적 질서에 대한 새로운 질서의 승리가 강조되는 반면, 로맨스에서는 새로운 도전세력에 대한 낡고 이상적인 질서의 승리를 지속적으로 찬양한다. 또 비극에서는 강고한 질서를 위반한 자가 몰락하는 것을 볼 수 있는 반면, 풍자에서는 희망적인 질서의 패배가 부조리와 환상을 통해 재생되는 것을 볼 수 있다. 리츠카는 이러한 위계에 의한 서사적 가치전이의 전략을 다음과 같은 도식으로 요약한다.

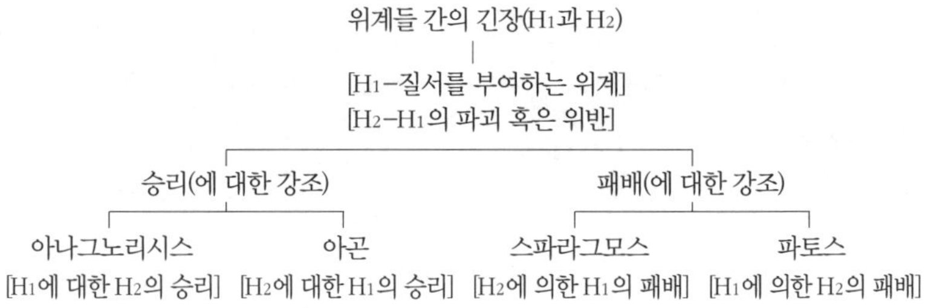

〈표 57〉 프라이의 네 가지 뮈토이를 위계와 그 파괴로 재구성하는 서사적 가치전이의 전략

이러한 가치전이에 대한 서사적 전략을 바탕으로 리츠카는 그것의 생성 법칙 즉 질서를 부여하는 폭력과 그것을 위반하는 폭력 간의 긴장을 밝히려 한다. 이를 위해 그가 이끌어온 것은 지라르와 터너의 제의에 관한 이론이다. 지라르는 제의가 질서가 없는 곳에 질서를 부여하는 목적을

갖는다고 본 반면, 터너는 제의가 그 참여자로 하여금 위계에서 해방되어 일종의 커뮤니타스로 나아가게 하는 기능을 갖는다고 보았다. 가령 희생 제의가 행해질 때, 지라르의 관점에서는 그러한 희생이라는 폭력이 제의에 가담한 집단 안에서의 일종의 약속된 폭력의 교환으로 보는 반면, 터너의 관점에서는 그러한 폭력이 일종의 과도기적인 무질서의 상태를 상징하는 것으로 본다. 이러한 관점이 야기하는 모순을 리츠카는 그가 말한 가치전이의 개념을 통해 해결한다. 질서를 부여하는 어떤 위계도 등급, 계급, 지위, 역할 등 – 즉 일반적인 사회적 가치 – 에 의해 차별을 부여함으로써 또한 긴장 즉 폭력의 가능성을 생산할 수 있으며, 그러한 부여가 단지 폭력 행위일 뿐 아니라, 동시에 사회 안에서 폭력을 위한 가능한 수단을 만들어내기도 한다는 것이다. 만일 '높은/낮은' 지위의 위계가 있다면, 긴장은 높은 지위에 의한 낮은 지위의 학대 혹은 낮은 지위에 의한 높은 지위의 전복과 같은 식으로 폭력을 유도한다. 결과적으로 위계의 존재는 동시에 그것의 가능한 위반의 존재이며, 그것의 가치전이는 가치를 부여하는 위계의 두 국면들 간의 긴장의 과정이며 놀이라는 것이 리츠카의 결론이다.

5. 리츠카 신화론의 해체론적 함의

리츠카의 신화론이 기존의 구조주의 설화학의 보편주의를 비판하는 데서 출발했다는 것은 라스티에의 경우와 유사해 보인다. 다만, 라스티에와는 달리 그는 여러 구조적 자질들을 기술하기보다는 이들 간에 일어나는 일종의 기호작용을 기술하고자 한다. 여기서 말하는 기호작용은 퍼스가 말하는 세미오시스와 같은 개념이다. 그런 점에서, 리츠카를 구조주의의 여러 전제들을 퍼스의 기호 개념을 통해 해체한 이론가라 말할 수 있다.

그가 신화의 분석에서 가장 초점을 맞춘 것은 그러한 신화가 어떤 가치를 실현하는가 하는 문제이다. 가치의 실현이란 반드시 어떤 목적을 갖는 것이고, 이러한 목적론적 전제는 그러한 것을 실현하기 위한 여러 도구들을 필요로 한다. 그 과정에서 리츠카는 소쉬르가 말한 계열체나 통합체, 야콥슨을 비롯한 프라그 학파가 말한 유표성의 개념을 이끌어온다. 그러나 이러한 개념들을 통해 현상을 기술하기보다는 이러한 개념에 작용하는 인식론적 문제 혹은 가치론적 문제에 관심을 갖는다. 이것은 리츠카를 구조주의 신화학자라 말할 수 없는 이유이고, 또한 구조주의에 대한 해체를 감행한 이론가라 말할 수 있는 이유이기도 하다.

그가 기본적으로 해석학적 전제를 수용하고 있다는 것은 그가 주장한 재구성적 설명에서 분명히 드러난다. 사실을 밝히기보다는 그것을 언어로 재구성할 수밖에 없다는 전제는 리츠카가 결국 담화를 다루는 해석학자에 가깝다는 것을 보여준다. 특히 이러한 재구성적 설명을 통해 목적이나 가치와 같은 문제를 다루는 것은, 기존의 구조주의 설화학이 도저히 감당해낼 수 없는 부분을 보여주는 것이다. 이를 위해 그가 말한 가치전이의 개념은 유표성과 등급이라는 개념을 도구로 쓰고 있지만, 궁극적으로 이는 이러한 개념이 작동되는 어떤 기호작용을 기술하기 위한 것이다. 가치전이는 신화에 대한 그의 논의 모든 곳에 편재함으로써, 구조가 어떤 형태로든 고착되는 것을 막아준다.

리츠카 역시 앞서 논의한 여러 구조주의 설화학자들처럼 층위를 나누고, 이들 층위에서의 여러 단위들을 분절해낸다. 그러나 이들 간의 관계를 기술하는 데서 리츠카는 구조적인 전제에서 벗어난다. 그레마스가 층위 간의 생성의 관계를 가정함으로써 생성행로를 구성한 것은 이러한 생성행로가 하나의 전체적 구조를 이룬다는 전제에서 비롯된 것이다. 그런 점에서 그는 충실한 구조주의자였다. 그러나 리츠카에서 이들 층위들 간의 관계는 구조적 관계가 아니라, 가치부여적 관계이다. 여러 층위들 간의 관계는 가치전이라는 그의 특유한 개념을 통해 설명되며, 거기에서 인간의 인식이 갖는 복잡성이나 여러 문화적 맥락에서의 가변성이 수용된다. 리츠카의 이러한 방법론적 실험이 얼마나 효과적으로 성공을 거두었는지는 속단할 수 없다. 다만, 리츠카가 보다 적극적으로 가치론적 문제에 천착하기 위해, 구조주의를 활용하면서도 그것을 넘어선 대안적인 이론을 제시하였으며, 앞으로 퍼스의 기호학이 설화 분석에 활용될 중요한 가능성을 보여주었다는 점은 반드시 짚고 넘어가야 할 것이다.

5장
상황성과 국지성의 포착을 위한 화용론적 실험

프로프와 레비스트로스를 거쳐 그레마스에 이르는 과정에서 설화학은 신화나 민담과 같은 형식적이고 미학적인 장르의 문제, 신화적 사유와 같은 본질적이고 인식론적 문제들을 포괄적이고 보편적인 언어의 문제로 전환시킨다. 이러한 구조주의 기획은 그레마스가 제안한 의미생성의 행로에서 완성되는 것처럼 보인다. 담화 일반의 전체적인 구조와 이러한 구조 안에서 일어나는 생성의 작용을 보여줌으로써, 담화의 논리적이고 의미론적인 구조가 명확해지고, 설화학 역시 보편적인 기호학 안에서 그 위치를 공고히 하게 된다. 그러나 이러한 흐름에서 또한 포착되지 않은 담화적 요소들이 드러나게 되고, 그럼으로써 이러한 완성된 기획을 해체하려는 움직임이 생겨나게 된다. 이러한 해체는 그러나 구조주의적 전제에 대한 전혀 새로운 전제 다시 말해 본질론적이거나 인식론적인 혹은 역사주의적인 전제를 들이대는 식으로 이루어지는 것은 아니다. 이론의 변화는 소거를 통한 대체로 이루어지지 않는다. 이론의 변화는 이론 자체에서 싹트는 것이며, 따라서 기존의 이론이 숙주가 되어 새로운 이론이 발아하는 것이다. 이것은 정-반-합으로 진행되는 변증법처럼 하나의 형이상학적 관념이 다른 형이상학적 관념으로 대체되는 방식으로는 이루어지지 않는다. 해체는 관념에 대해 이루어지는 것이 아니라, 담론에 대해 이루어진다. 지금까지 설화학에서 미시적으로 일어난 모든 해체들 역시 이러한 담론의 차원에서 다루어질 것들이다.

설화학에서 구조주의 이후 새롭게 문제되는 것은 구조가 일정한 틀로 고정되는 것에 대한 반성적 인식이다. 여기에서는 소쉬르가 말한 랑그와 파롤 간의 넘을 수 없는 경계에 대한 의문도 함께 제기된다. 구조주의에서 다루는 메시지와 코드 이외에도 텍스트가 작용하는 움직이는 양상을 기술하기 위해서는 텍스트가 그때그때 관여하는 여러 현실적 상황들이 고려되어야 한다. 하나의 상황에서 텍스트가 발현된다면, 그것은 보편적 텍스트라기보다는 국지적인 텍스트이며, 따라서 텍스트를 이해하기 위해서는 이러한 상황성과 국지성에 대한 납득할만한 설명이 필수적이다. 이것을 화용론적 관심이라 한다면, 이러한 관심을 담론화하기 위한 다양한 실험들이 수행될 수 있다.

이러한 실험들은 앞서 말했듯, 기존의 담론들을 숙주로 하여 진행된다. 기표와 기의, 통합체와 계열체와 같은 소쉬르의 용어가 수용되지만, 전혀 새로운 맥락을 창안해낸다. 무엇보다도 문제되는 것은 기호작용에 참여하는 주체들이다. 바르트가 신화가 갖는 내포성을 말했을 때, 그 내포성을 받아들이는 다양한 주체들을 전제한 것이다. 이들은 라스티에가 말한 개인언어나 사회적 방언을 사용하는 능력을 갖는 주체들이다. 따라서 메시지 안에서만 통사론적 역할을 수행하는 언어학적 주체를 넘어서 상황적이며 국지적인 주체로 자리매김된다. 또 이러한 주체는 어떤 의도나 목적을 갖고 있으며, 이를 담화를 통해 실행시키려 한다. 리츠카가 말한 가치론적 구조가 담화에서 추론될 수 있으며, 가치가 갖는 인식론적인 측면을 설명하기 위해 퍼스가 말한 해석소의 개념이 호출된다. 소쉬르에서 비롯된 구조주의 기호학의 전통이 퍼스의 화용론적 기호학과 만날 때, 이들이 갖는 전혀 다른 전제들로 인해 난관을 겪는다. 이를 극복하기 위해서는 치밀한 방법론적 전략과 도구를 활용하지 않으면 안 되는데, 리츠카가 제안한 가치전이는 바로 그러한 역할을 하는 것이다.

이러한 실험들을 우리가 해체라고 말하는 것은, 이러한 해체가 일어나는 과정에 반드시 재구성의 과정을 수반하기 때문이다. 상황성과 국지성을 설명하기 위해서는 보다 미시적인 이론의 고안이 필요하다. 가령 전체를 통틀은 하나의 구조로서 모든 것을 설명하기보다는 상황에 따라 달리 구성되고 조합되는 담론의 여러 가능성에 눈을 돌릴 필요가 있다. 바르트와 라스티에 그리고 리츠카가 행한 화용론적 실험은 기존의 형이상학적 관점에 끊임없이 문제를 제기하고 언어중심적인 관점을 확립해온 구조주의의 기획의 연장선상에서 이루어진 것이지만, 또한 상황성과 국지성를 복원하려는 담론적 실험을 시도하고 있다는 점에서 매우 중요한 해체론적 함의를 갖는다. 이러한 실험은 앞으로도 새로운 방식으로 계속될 것으로 보인다. 프로프, 레비스트로스, 그레마스가 설화학에서 확립한 거대담론을 화용론적인 관점에서 끊임없이 재해석함으로서 수많은 미시담론들을 생산해내는 것은 앞으로 설화학이 수행하게 될 해체의 실천들이라 말할 수 있다.

참고문헌

곽진석. 『한국민속문학형태론』, 서울: 월인, 2000.

김병욱 김영일 김진국 최정무 편역. 『문학과 신화』, 서울: 대람, 1981.

김병욱 편, 최상규 역. 『현대소설의 이론』, 서울: 예림기획, 1997.

김성도. 『구조에서 감성으로: 그레마스의 기호학 및 일반 의미론의 연구』, 서울: 고려대 출판부, 2002.

김열규. 『동북아시아 샤머니즘과 신화론』, 서울: 아카넷, 2003.

김열규 성기열 이상일 이부영. 『민담학개론』, 서울: 일조각, 1982.

김운찬. 『현대기호학과 문화분석』, 서울: 열린책들, 2005.

김현주. 『구술성과 한국서사전통』, 서울: 월인, 2003.

박인철. 『파리학파의 기호학』, 서울: 민음사, 2003.

송효섭. 『삼국유사 설화와 기호학』, 서울: 일조각, 1990.

송효섭. 『설화의 기호학』, 서울: 민음사, 1999.

송효섭. 『문화기호학』, 서울: 아르케, 2000.

송효섭. 『초월의 기호학: 뮈토스와 로고스로 읽는 삼국유사』, 서울: 소나무, 2002.

송효섭. 『탈신화 시대의 신화들』, 서울: 기파랑, 2005.

오세정. 『한국신화의 생성과 소통원리』, 파주: 한국학술정보, 2005.

장덕순 조동일 서대석 조희웅. 『구비문학개설』, 서울: 일조각, 2006.

최용호. 『텍스트의미론 강의』, 고양: 인간사랑, 2004.

최용호. 『의미와 설화성』, 고양: 인간사랑, 2006.

Babcock, Barbara A. "Reflexivity: Definitions and discriminations", *Semiotica*, vol.30,no.1/2,1980,pp.1–14.

Barthes, Roland. *Mythologies*, Paris: Seuil, 1957.

Barthes, Roland. *Image, Music, Text*, (trans.)Stephen Heath, New York: Hill & Wang, 1978.

Bateson, Gregory. *A Theory of Play and Fantasy: In Steps to an Ecology of Mind*, New York: Ballantine Books, 1972.

Bauman, Richard. *Verbal Art as Performance*, Prospect Heights: Waveland Press, 1977.

Bauman, Richard. *Story, Performance, and Event: Contextual studies of oral narrative*, Cambridge: Cambridge University Press, 1986.

Bauman, Richard & Briggs, Charles. "Poetics and Performance as Critical Perspectives on Language and Social Life", *Annual Review of Anthropology* 19, pp.59–88.

Bremond, Claude. *Logique du récit*, Paris: Seuil, 1973.

Briggs, Charles L. *Competence in Performance*, Philadelphia: University of Pennsylvania Press, 1988.

Csapo, Eric. *Theories of Mythology*, London: Blackwell, 2005.

Chandler, Daniel. "Biases of the Ear and Eye", http://www.aber.ac.uk/media/Documents/litoral/ 2008.8.18.

Chatman, Seymour. *Story and Discourse: Narrative Structure in Fiction and Film*, Ithaca & London: Cornell University Press, 1978.

Courtés, Joseph. *Le conte populaire: poétique et mythologie*, Paris: PUF,

1986.

(Ed.) Culler, Jonathan. *Deconstruction: Critical Concepts in Literary and Cultural Studies I-IV*, London & New York: Routledge, 2003.

Derrida, Jacques. "Structure, Sign, and Play in the Discourse of the Human Sciences", (eds.)Richard Macksey & Eugenio Donato. *The Languages of Criticism and the Sciences of Man: The Structuralist Controversy*, Baltimore & London: The Johns Hopkins Press, 1970, pp. 247-272.

Derrida, Jacques. 『입장들』, 박성창 편역, 서울: 솔, 1992.

Derrida, Jacques. 『그라마톨로지』, 김성도 옮김, 서울: 민음사, 1996.

Doty, William G. *Mythography: The Study of Myths and Rituals*, Tuscaloosa & London: The University of Alabama Press, 2000.

Dundes, Alan. *The Morphology of North American Indian Folktales*, Helsinki: Suomalainen Tiedeakatemia Academia Scientiarum Fennica, 1980.

Dundes, Alan. *Interpreting Folklore*, Bloomington: Indiana University Press, 1980.

Erlich, Victor. *Russian Formalism: History-Doctrine(3rd edition)*, New Haven & London: Yale University Press, 1981.

Fine, Elizabeth C. *The Folklore Text: From Performance to Print*, Bloomington: Indiana University Press, 1984.

Finnegan, Ruth. *Literacy and Orality: Studies in the Technology of Communication*, Oxford: Basil Blackwell, 1988.

Foucault, Michel. *Language, Counter-memory,Practice*, (ed.)Donald F. Bouchard, Ithaca: Cornell University Press, 1977.

(Ed. & trans.) Garvin, Paul. *A Prague School Reader on Esthetics, Literary*

Structure, and Style, Washington,D.C.: Georgetown University Press, 1964.

Goffman, Erving. *Frame Analysis*, Boston: Northeastern University Press, 1974.

Goody, Jack. *The interface between the written and the oral*, Cambridge: Cambridge University Press, 1987.

Goody, Jack. *The Power of the Written Tradition*, Washington & London: Smithsonian Institution Press, 2000.

Greimas, A.J. *Sémantique structurale*, Paris: Larousse,1966.

Greimas, A.J. *Du sens*, Paris: Seuil, 1970.

Greimas, A.J. *Du sens Ⅱ*, Paris: Seuil, 1983.

Greimas, A.J. *Des dieux et des hommes*, Paris: PUF, 1985.

Greimas, A. J. & Courtés, Joseph. *Semiotics and Language: An Analytical Dictionary*, (trans.) Larry Crist and Daniel Patte and James Lee, Edward McMahon Ⅱ, Gary Phillips, Michael Rengstorf, Bloomington: Indiana University Press, 1982.

Groupe d'entrevernes. *Analyse sémiotique des textes*, Lyon: PUL, 1979.

(Eds.)Hartshorne, Charles & Weiss, Paul. *Collected Papers of Charles Sanders Peirce Ⅰ-Ⅵ*, Cambridge: The Belknap Press of Harvard University Press, 1960.

Hénault, Anne. *Narratologie, sémiotique générale*, Paris: PUF, 1983.

Hjelmslev, Louis. *Prolegomena to a Theory of Language*, (trans.) Francis J. Whitfield, Madison,Milwaukee, and London, The University of Wisconsin Press, 1969.

Holenstein, Elmar. Roman *Jakobson's Approach to Language:*

Phenomenological Structuralism, Bloomington: Indiana University Press, 1974.

Hymes, Dell. "Discovering Oral Performance and Measured Verse in American Indian Narrative", *New Literary History*, vol. Ⅷ, no.3, 1977, pp. 431-457.

Jakobson, Roman. *Selected Writings 2*, The Hague: Mouton, 1971.

Jakobson, Roman. *Language in Literature*, (eds.)Krystyna Pomorska & Stephen Rudy, Cambridge & London: The Belknap Press of Harvard University Press, 1987.

Lévi-Strauss, Claude. *Structural Anthropology*, (trans.) Claire Jacobson & Brooke Grundfest Schoepf, Harmondsworth: Penguin Books, 1963.

Lévi-Strauss, Claude. *Structural Anthropology 2*, (trans.) Monique Layton, Harmondsworth: Penguin Books, 1973.

Lévi-Strauss, Claude. 『야생의 사고』, 안정남 옮김, 서울: 한길사, 1999.

Lévi-Strauss, Claude. 『신화학 1: 날것과 익힌 것』, 임봉길 옮김, 서울: 한길사, 2005.

Lévi-Strauss, Claude. 『신화학 2: 꿀에서 재까지』, 임봉길 옮김, 서울: 한길사, 2008.

Lincoln, Bruce. *Theorizing Myth: Narrative, Ideology, and Scholarship*, Chicago & London: The University of Chicago Press, 1999.

Liszka, James Jakób. *The Semiotic of Myth : A Critical Study of the Symbol*, Bloomington & Indianapolis: Indiana University Press, 1989.

(Eds.)Maranda, Pierre & Maranda, Elli Kőngås. *Structural Analysis of Oral Tradition*, Philadelphia: University of Pennsylvania Press, 1971.

Ong, Walter J. *Orality and Literacy: The Technologizing of the Word*,

London & New York: Methuen, 1982.

(Ed.)The Peirce Edition Project. *The Essential Peirce*, Bloomington & Indianapolis; Indiana University Press, 1998.

Propp, Vladimir. *Morphology of the Folktale(2nd edition).* (trans.) Laurence Scott, Austin & London: University of Texas Press, 1968.

Propp, Vladimir. *Theory and History of Folklore*, (trans.) Ariadna Y. Martin & Richard P. Martin, Minneapolis: University of Minnesota Press, 1984.

Rastier, François. *Meaning and Textuality*, (trans.) Frank Collins & Paul Perron, Toronto Buffalo London: University of Toronto Press, 1997.

Rastier, Francois. "On Signs and Texts: Cognitive Science and Interpretation", http://www.chass.utoronto.ca/french/as-sa/ASSA-No5/FR1.htm 2008.5.4.

Saussure, Ferdinand de. *Cours de linguistique générale*, Paris: Payot, 1984.

Scribner, Silvia & Cole, Michael. *The Psychology of Literacy*, Cambridge & London: Harvard University Press, 1981.

Segre, Cesare. *Structures and Time: Narration, Poetry, Models*, (trans.) John Meddemmen, Chicago & London: The University of Chicago Press, 1979.

Sherzer, Joel. "Poetic Structuring of Kuna Discourse: The Line", (eds.) Joel Sherzer & Anthony C. Woodbury. *Native American Discourse: Poetics and Rhetoric*, Cambridge: Cambridge University Press, pp.103-139.

Shklovsky, Victor. "Art as Technique", (trans.) Lee T. Lemon & Marion J. Reis. *Russian Formalist Criticism: Four Essays*, Lincoln/London: University of Nebraska Press, 1965, pp. 3-24.

Tedlock, Dennis. "Ethnopoetics", http://www.ubu.com/ethno/discourses/tedlock_ethno.html 2008.8.18.

Todorov, Tzvetan. *Les genres du discours*. Paris: Seuil, 1978.

(Ed.)Todorov, Tzvetan. 『러시아 형식주의』, 김치수 역, 서울: 이화여대 출판부, 1981.

Tomashevsky, Boris. "Thematics", (trans.) Lee T. Lemon & Marion J. Reis. Russian *Formalist Criticism: Four Essays*, Lincoln/London: University of Nebraska Press, 1965, pp. 61-95.

색인

ㅅ

ㅇ

ㅈ